U0137803

吕思勉国史课

下

吕思勉 • 著　程念祺 • 导读　李波 • 注释

上海古籍出版社

第四册

第一　元太祖　太宗　世祖(二时间)

教材

蒙古种族，本居黑龙江上游，斡难、克鲁伦两河俱在今外蒙古。之间，世臣服于辽、金。南宋时，其酋成吉斯汗崛起，恃其武力，并吞诸部落。今内外蒙古、新疆及葱岭以西地，悉隶入版图。又遣兵灭西夏，南下伐金，未克而卒，是为太祖。子太宗立，约宋击金，灭之。既降高丽，又西征，陷今俄罗斯旧都，今墨斯科。进军欧洲中原，破各国同盟军，全欧大震，至今称为黄祸。太宗三传，至世祖，建都大都，即燕，在今直隶。定国号曰元。先平高丽之乱，遂大举南下，灭宋，统一中国。又征缅甸，降西南夷，服安南及南洋诸国。是时，亚洲全部及欧洲东北部，几尽归元。疆域之广，为中国历史所仅见。

元太祖

要旨

授元太祖、太宗、世祖概略，俾知蒙古之

兴及其统一。

准备

元代疆域图。

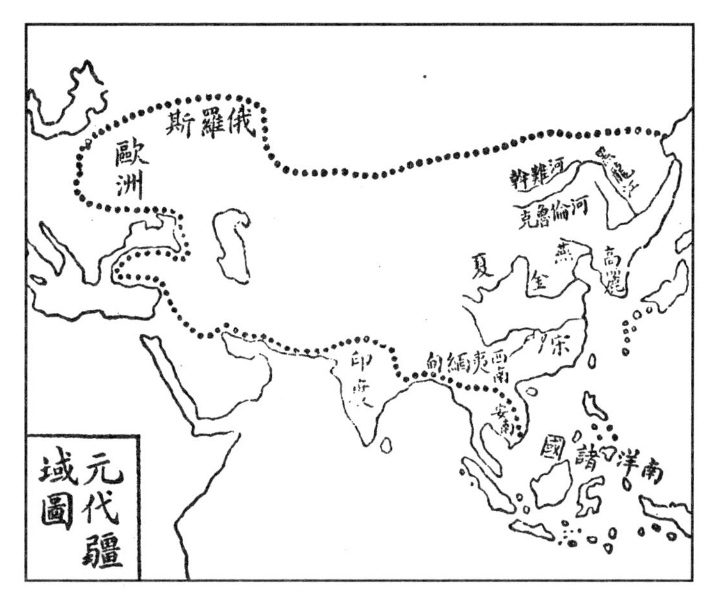

元代疆域图

预习

于课前指定下列数事，使先分时自习之。

（一）笔记：摘课中难解字句，录入笔记。

（二）绘图：依本课所示地图摹绘。

（三）复习前课：探揣宋亡后中原大势属于何人。

教授次序

（甲）预备

（一）检查预习：令各出图簿，教师巡阅。地图，则查其有无不合；不合者使改正之。笔记簿，则查其何处不解，俾教时知所注意。下同。

（二）指示目的：金之称帝，不自入中国始也，元亦何独不然。今为诸生讲蒙古之兴，及其代宋而有天下之事。爰书课题元太祖、太宗、世祖。于板，并指疆域图示之。

（乙）提示

（一）讲第一节：起课首，至“是为太祖”止。蒙古为今民国五大族之一，图中所绘黑龙江上游两源之间，为其最初蕃殖地，旧与辽、金相接，故为所臣服。宋高宗时，其部众渐强，离金独立。宁宗时，成吉斯汗崛起，既并吞邻部，兵力遂及西方，所有内外蒙古及新疆葱岭以西诸国，均被征服。西夏亦为所破。此即《元史》所称为太祖者也。指所附图像示之，曰此即其遗像。成吉斯汗，太祖初建之汗号，姓奇渥温，名铁木真。讲毕，指生将本节文字朗读一遍，令诸生开书同听之，（如误）教师范读，正其句读。再指生口述大义，（如误）则略述前讲复演之。下同。

（二）讲第二节：起“子太宗立”，至“至今称为黄祸”止。太宗名窝阔台，太祖第三子也。约宋共灭金，以成太祖未竟之志。时宋理宗端平元年也。继又用兵东方，降高丽，复遣将率兵西征，乘势击今俄罗斯，陷其都城。进逼欧洲腹地，欧洲北部诸国起联合军御之，亦为所败。由是欧洲有黄祸之说。同上。

（三）讲第三节：起“太宗三传”，至“统一中国”止。太宗没，传定宗贵由[1]。定宗没,传宪宗蒙哥[2]。宪宗没,世祖立,始建大都,用汉人刘秉忠言,取《易经》"大哉乾元"之义,定国号曰元。时高丽内乱,遣兵讨平之,收为外藩。以宋臣贾似道背盟拘使,遂以全力并宋。临安既下,南方相继归元,而统一之势成矣。世祖,名忽必烈。同上。

(四) 讲第四节:起"又征缅甸",至课末止。世祖之武功,尤不止此。中国西南边境,若缅甸,若西南夷,若安南,若南洋诸国,或在灭宋以前,或在灭宋以后,皆为其兵力所慑服。至是元之版图,几几乎包有亚洲,兼括欧洲之东北部。指图中所画虚线示之,此即元疆界。洵秦汉以来所未有也。缅甸,今英属。安南,今法属。同前。

(丙) 整理

(一) 回讲:令生徒将各节文字,或分或合,轮流口述。述时将教师已讲读者,略举大概。

(二) 约述:使答次列各项,不许开书。[一] 蒙古初居何地?[二] 太祖之武功若何?[三] 太宗之武功若何?[四] 元朝之称,始于何帝?[五] 元代疆域若何?

(三) 联络比较:[一] 元太祖视耶律阿保机何如?[二] 元太宗视西夏赵元昊何如?[三] 元世祖视阿骨打何如?[四] 元代疆域,视汉武帝时,孰为广狭?

(四) 思考:[一] 斡难、克鲁伦两河,在今何地?[二] 葱岭以西之地,是否尚属亚洲?[三] 俄罗斯旧都,今为何地?[四] 元以前,中国兵力有及于欧洲者否?[五] 元之大都,今为何地?[六] 元帅南下,宋何以不能御?

(五) 作表及填注地图:令生徒就本文摘要,分类,试作简

---

① 贵由:太宗长子。

② 蒙哥:太祖第四子拖雷的长子。

表。(如不能作)书左式于板示之,使载入笔记簿。

元太祖武功
- 并吞诸部落,尽有今内外蒙古、新疆及葱岭以西地
- 西破夏,南下伐金

元太宗武功
- 灭金
- 降高丽
- 陷俄罗斯旧都
- 败欧洲同盟军

元世祖武功
- 平高丽之乱
- 灭宋
- 征缅甸
- 降西南夷
- 服安南及南洋诸国

备考

蒙古种族之历史,已详第三册第二十九备考。

铁木真,即合不勒之曾孙,并有贝尔加湖以南,及内外蒙古地。以宋宁宗之开禧二年,会诸部长于斡难河源,上汗号曰成吉斯。后灭花剌子模,伐钦察部,遂有葱岭以西地。

西夏,当宋宁宗时,屡为蒙古所侵,纳女请降。已而纳蒙古仇人,铁木真自将伐之,城邑皆陷,夏主出降。

金废帝即位,铁木真与金绝,大败金师。嗣又分三道进兵,尽取河北诸郡县。及废帝遇弑,宣宗即位,遣使求和。以燕京不可守,迁都于汴。铁木真怒,复引兵围燕,下之。又令将攻定辽东未下郡县,于是金益蹙。太宗即位,使其弟拖雷从汉中沿汉水以东,已则从白坡渡河,共逼汴京。金哀宗弃汴,奔蔡州。太宗遣使于宋,议与宋共伐金,约以河南地与宋。宋使孟珙、江海与元兵合破蔡州,金亡。

宋理宗端平三年,太宗使其侄拔都等率兵五十万征俄罗斯,以速不台为先锋。既入俄罗斯,北向屠烈野赞,陷墨斯科,取几富,遂入欧洲腹地。一军自马扎儿今匈牙利。渡多脑河,一军自孛烈儿今波兰。西侵略今奥国北境。欧洲北部诸国起联合军,逆击于固利(利

固)尼资,亦为所败。全欧震动,捏迷思今德意志。诸部民,皆荷担而逃。既而太宗殁,蒙古军乃东还。

世祖至元六年,高丽臣林衍废其主植而立安庆公淐,世祖遣兵讨之。会衍死,乃诛其子,以兵卫植复国,高丽遂臣服于元。

缅甸国,建都于蒲甘,威振后印度。世祖督使入贡,不应。屡遣将征之,以暑甚,班师。至元二十年,更出兵征之,破其国都,缅王请纳币以降。

初定宗时,命世祖总理漠南军事,世祖乃从四川入云南,伐大理国,降其王段智兴。更进入吐蕃,其主苏固图惧而出降。因与喇麻扮底达和。更遣将侵安南,其王陈日煚,纳币以和。至元十九年,世祖遣将伐占城[①]。又二年,再伐之,假道安南,其王不许,乃伐之,失利而归。至元二十四年,又遣将征安南,陷其都城,其王走于海。明年,再伐之,乃遣使谢罪。占城不久亦降。

世祖既征占城、安南,南洋诸国,亦先后入贡。独爪哇不服,至元二十九年,遣兵三万击破之。

---

① 占城:又称占婆,今越南南部。

第二　耶律楚材(一时间)

教材

耶律楚材,辽之旧族也。幼孤,受母教。及长,博览群书,旁通天文、地理、历数、医卜之学。后入仕蒙古,历事太祖、太宗三十余年,政迹甚著。蒙古起自游牧,施行政治,多与华俗悬殊。楚材取中国之长,去蒙古之短,为之斟酌损益,一切国制,渐见善良。太祖之世,州郡任意杀人,楚材设法禁之,民得无扰。太宗之世,国无赦令,楚材设法以赦罪轻之人,民命赖以保全。

要旨

授耶律楚材概略,俾知蒙古开国之大政治家。

预习

笔记:复习第三册第二十二、二十七等课及前课。

教授次序

(甲)预备

(一)检查预习:同前。

(二)指示目的:元之武功,诸生既知之矣。然军事与内政,相辅而行。内政不兴,则军事上之效力,必不能若是。诸生亦知蒙古开国,固有大政治家在乎。爰书课题于板示之。

(乙)提示

(一)讲第一节:起课首,至“政迹甚著”止。耶律,辽之国姓。楚材,辽遗族也。幼受母教,后且能通天文、地理、历算、医卜之学,固一大学问家也。元太祖既灭金,召而用之,已见信任。继事太宗,历年颇久,故政迹亦最著。可见博极群书,实为其生平事业之本。楚材,字晋卿,辽东丹王后裔。同前。

(二)讲第二节:起“蒙古起自游牧”,至“渐见善良”止。蒙古人民逐水草而居,一切政治,向与中国不同。而楚材能因势利导,使之舍短从长。于是开国制度,渐有规模,而部落之旧俗,为之一变。洵可称为大政治家矣。同前。

(三)讲第三节:起“太祖之世”,至课末止。楚材为政,以省刑为最先。蒙古开国,其刑人也,任意而不任法,故用刑尤酷。楚材设法以禁之,然后州郡始不敢轻于杀人。此太祖时之事也。然至太宗时尚无赦令,楚材为之增置,罪轻者始得免死。于是民不苦吏,生命之受其保全者多矣。同前。

(丙)整理

(一)回讲:同前。

(二)约述:[一] 耶律楚材通何种科学?[二] 历事蒙古何帝?

[三] 蒙古国制因何改良?[四] 楚材政治,何者最有益于百姓。

(三) 联络比较:[一] 耶律楚材可比于管仲否?[二] 幼孤受母教,视孟子何如?[三] 楚材取中国之长,去蒙古之短,视辽圣宗效中国文治何如?[四] 蒙古开国,用刑从重,能如金世宗几于刑措否?

(四) 思考:[一] 中国天文、地理、历数、医卜之学,始于何时?[二] 游牧社会之政治,可施于中国否?[三] 州郡任意杀人可乎?[四] 罪轻之人是否当赦?

(五) 作表:

耶律楚材之
- 学问
  - 博览群书
  - 旁通天文、地理、历数、医卜之学
- 政迹
  - 用中国之治,化蒙古之俗
  - 禁止州郡任意杀人
  - 设法以赦罪轻之人

备考

耶律楚材,辽东丹王突欲八世孙履之子,生三岁而孤,夙承母教。及长,入仕于金,为中书省左右司员外郎。元太祖定燕,闻其名,召见之,处之左右,呼为长髯人而不名。帝每征讨,必先以咨楚材,所决料皆应验,由是日见亲用。时帝方经营西土,未暇定制。州郡长吏,生杀任情,至孥[①]人妻女,取货财,兼土地。而燕蓟留后长官尤贪暴,杀人盈市。楚材奏请禁州郡,未奉玺书,不得征发。囚当

① 孥:通“奴”,以为奴婢。

大辟[1]者,必待报。违者罪死。于是贪暴之风稍戢[2]。及太宗即位,时中原甫定,民多误触禁网,国法无赦令。楚材议请肆宥,民以得安。楚材又通术数之学,尤邃于《太玄》。时从征西域,以金大明历不应,制庚午元历上之。蒙古主每征伐,必令楚材预卜吉凶之兆,亦自灼羊胛以符之,然后行。后又定赋税,一衡量,立钞法,定钧输。庶政略备,民得苏息。为相十余年而卒,封广宁王,谥文正。

① 大辟:杀头。

② 戢(jí):收敛。

第三　元之衰亡(二时间)

教材

元初西征，所得之地悉分封诸子镇之，其后渐不相睦。及世祖立，太宗孙海都遂联合西北诸王以抗元，边境大扰。已而海都又约辽东诸王，东西夹击。世祖亲征之，互有胜负。及成宗时，海都始走死，而先后构兵四十年。元之威势，亦因以顿衰。其后传至顺帝，怠荒逸乐，民生益困。值黄河屡决，饥民多起为盗。有韩山童[①]者，倡白莲会[②]，自称宋后，煽众起兵，群雄应之。郭子兴、张士诚、陈友谅等，先后起而割据。迨东南既失，北伐之师日逼，顺帝北走上都，在今察哈尔。元遂不复君临中国。

要旨

授元入中国概略，俾知衰亡之远因。

---

① 韩山童：今河北栾城人。

② 白莲会：即白莲教，民间宗教。

准备

元代疆域及四汗国图。

预习

笔记：绘图。复习本册第一课“太宗三传”以下一段。

教授次序

(甲) 预备

(一) 检查预习：同前。

(二) 指示目的：元代武功之盛，疆域之广，诸生既知之矣。亦知其衰亡所由兆乎。爰书课题于板，并指地图示之。

(乙) 提示

(一) 讲第一节：起课首，至“边境大扰”止。自秦设郡县，封建之制久已不适于用。蒙古初以西北领土分王诸子，即分裂之祸所自始。宪宗之立，太宗之子孙已不谓然。及世祖立，积嫌益深。海都之乱作，边境骚然，而西北无宁日矣。海都，太宗之孙。同前。

(二) 讲第二节：起“已而海都又约辽东诸王”，至“亦因以顿衰”止。海都封地，在今内外蒙古之西。迨辽东诸王为其所煽，遂成东西夹击之势。世祖两面应敌，先平辽东，后用兵西方，师久无功。迨成宗立，海都势衰，旋卒，乱始定。此数十年中，兵连祸结，元气大伤。视开国时威势，相去远矣。成宗，名铁木耳，世祖之孙。同前。

(三) 讲第三节：起“其后传自(至)顺帝”，至“煽众起兵”止。成宗在位十三年，传武宗、仁宗、英宗、泰定帝、明宗、文宗，共六君。经二十余年，至顺帝，昏淫无道，不理国政，民多困乏。又值河患，年屡不登，内地盗贼渐起。于是白莲会教徒，假托宋后，乘机作乱，东南遂日以多事。顺帝，名妥欢帖睦尔，明宗长子。同前。

（四）讲第四节：起"群雄应之"，至课末止。韩山童等之乱，元已不支。而东南诸豪俊，又复各据一方，以与元抗。迨明太祖兼并东南，遂图北伐，帝不能御，乃弃大都而投上都，以保蒙古旧壤。自是长城以内，遂不属元。郭子兴，今安徽定远县人。张士诚，今江苏泰县人。陈友谅，今湖北沔阳县人。同前。

（丙）整理

（一）回讲：同前。

（二）约述：[一] 元初封建之制何如？[二] 海都何故抗元？[三] 继世祖而立者何帝？[四] 元末首先起兵者何人？[五] 继起割据者何人？[六] 顺帝北走何地？

（三）联络比较：[一] 元代封建与周之比较。[二] 海都之叛，视汉之七国何如？[三] 元顺帝视宋徽宗何如？[四] 白莲会与汉末黄巾之比较。[五] 元末群雄，视隋末豪杰何如？[六] 顺帝北走，可比宋高宗南渡否？

（四）思考：[一] 诸王叛元，世祖何以不能制？[二] 辽东当今何地？[三] 成宗何人之子？[四] 顺帝怠荒逸乐，欲国不乱得乎？[五] 上都当今何地？

（五）作表及填注地图：

元之衰亡
- 诸王不睦
- 海都倡乱
- 黄河屡决
- 韩山童倡白莲会
- 群雄割据东南
- 顺帝北走上都

备考

元太宗殁，子定宗立。定宗殁，太祖之孙蒙哥，为库里尔泰库里尔泰，大会之义。蒙古大汗，本由王族功臣及酋长等组织大会推定之。及世祖，始破坏此法，故海都等以为口实。所推，是为宪宗。于是太宗之子孙皆不平，宪宗执其党首戮之，迁太宗子失烈门、太宗孙海都于阿尔泰山附近。世祖即位，太宗之子孙不平愈甚。盖自太祖以来，蒙古诸王族于其国内，皆有分地。而太祖四子之后，分地尤大。今史家所称为四大汗国者也。四大汗国者：曰伊儿汗，领俄属中亚南部，伊兰高原，及小亚西亚一带之地，拖雷之后也。曰钦察汗，东自吉利吉思荒原，西至匈加利，举欧洲东北之地尽有之，术赤之后也。曰察哈台汗，领阿母河以东，至天山附近，察哈台之后也。曰窝阔台汗。领阿尔泰山一带，及新疆北部，太宗之后也。四汗之中，以窝阔台之后，与拖雷之后，嫌隙最深。至元世祖年号。六年，海都乘世祖南与宋争，自立为蒙古大汗，钦察、窝阔台、察哈台三汗国皆助之。十四年，世祖以皇子那木罕为北平王，与宪宗子昔里吉等讨之，昔里吉叛助海都。二十四年，海都又诱辽东诸王与之夹击世祖。世祖先使伯颜阻海都于和林，而自将大军，破辽东诸王于辽河，又亲赴和林征海都，海都不战而退，世祖乃引兵还。后海都至成宗时始死，与世祖构兵，前后凡四十年。

元顺帝至正十一年，韩山童起兵于直隶，军败被执，其部将刘福通[①]遁河南，奉山童子韩林儿为帝，国号宋，当时名之曰红巾贼。山东、山西、陕西多应之，不数年间，张士诚据江苏，郭子兴据安徽，徐寿辉据湖北，国号天完，陈友谅杀之，自称汉帝。

---

① 刘福通：今安徽阜阳人。

第四　明太祖(二时间)

教材

朱元璋，濠州在今安徽。人。幼为僧，乘元季[①]之乱，从郭子兴起兵。既又自将兵地，定都应天，在今江苏。号吴王，破陈友谅、张士诚等。既有东南地，乃命徐达、常遇春等北伐。元顺帝弃大都走，元璋遂即帝位，国号明，是为太祖。时长城以外，尚为元有，屡出侵扰。太祖遣将攻之，内蒙古及辽东，皆相继降，边衅渐平。遂分封诸子于边要地，使之镇守。太祖既统一中国，定法制，禁胡服，诏郡县立学，尊崇孔子，以科举取士，使海内才俊，受其范围。又惩元政废弛，峻法严刑，虽功臣不稍贷。当太祖略地时，征求贤士，得青田在今浙江。刘基。基陈时务十八

明太祖

① 季：末。

策，太祖用之，平定东南。又筹开国方略，卒成明初之治。其有所建白，辄屏人密议，太祖尝比于汉高之得张良。

常遇春

徐 达

要旨

授明太祖概略，俾知明代之统一。

准备

明太祖肖像。

预习

笔记：复习前课，探揣继元主中国者何人。

教授次序

（甲）预备

（一）检查预习：同前。

（二）指示目的：自顺帝北走，元遂不复君临中国，诸生既知之矣。然逼元北走者果何人乎。爰书课题于板，并指图像示之。

（乙）提示

（一）讲第一节：起课首，至“是为太祖”止。太祖姓朱，名元璋，濠州人。今安徽凤阳县。幼失父母，贫无所依，故为僧。元季大乱，从子兴起兵皖北。后别为一军，率之渡江，据金陵，定都焉，始称吴王。灭友谅，擒士诚，东南大定。旋命徐、常诸将伐元，指附列肖像示之。兵逼大都，顺帝遁走，遂即帝位，国号曰明，太祖其庙号也。应天，今江苏省会。徐达，濠州人。常遇春，怀远（今安徽怀远县）人。同前。

刘　基

（二）讲第二节：起“时长城以外”，至“使之镇守”止。时长城以外犹未归明，故元兵屡次南侵图规复。洪武太祖年号。三年，太祖遣将分道征之。用兵数年，内蒙古及辽东，始相继服。而封建诸王，亦于是时实行。分封诸子，如棣封燕王，镇北平；桂封代王，镇大同；权封宁王，镇大宁，皆是。同前。

（三）讲第三节：起“太祖既统一中国”，至“虽功臣不稍贷”止。自蒙古称帝中华，礼俗政教，几为一变。明太祖统一后，如定法制，禁胡服，建学校，尊孔子，皆其最急者也。科举取士，虽沿唐宋，而八股文则自明开之。海内才俊，苟有志于利禄，莫不受其范围。元末刑法失中，太祖矫之以严峻。惟功成之后，猜忌勋旧，大狱屡兴，不免失之太刻。同前。

（四）讲第四节：起“当太祖略地时”，至课末止。明之兴也，将帅既有徐、常诸人，而谋略之士，则首推刘基。指图像示之。基洞明时务，初遇太祖，条陈十八策，遂见任用。嗣后开国规模，无不由其手定。太祖至比为张良，信不诬也。青田，今浙江青田县。刘基，字伯温，后封诚意伯。同前。

（丙）整理

（一）回讲：同前。

（二）约述：[一] 太祖初从何人起兵？[二] 既定东南，命何人北伐？[三] 明初边境，何人镇守？[四] 统一后政治何如？[五] 开国方略，何人所定？

（三）联络比较：[一] 明太祖比汉高祖何如？[二] 徐达、常遇春可比汉韩信否？[三] 明初分封诸子，视元初分封诸王何如？[四] 刘基视宋之赵普何如？

（四）思考：[一] 明之应天，当今何地？[二] 使明太祖不破友谅、士诚，能命将北伐否？[三] 太祖何以不使功臣居边要？[四] 科举与学校之得失。[五] 青田，在今何地？[六] 刘基谋略，是否亚于张良？

（五）作表：

明太祖事略
- 从郭子兴起兵
- 破陈友谅、张士诚
- 北伐大都，元帝北走
- 即位应天
- 分封诸子，镇守边要
- 尊崇孔子
- 以科举取士
- 峻法严刑

明初
- 将帅—徐达、常遇春
- 文臣—刘基

备考

朱元璋，字国瑞。先世家沛，徙句容，再徙泗州。父世珍，始迁居濠州之钟离，生四子，太祖其季也。年十七，江淮旱蝗，大疫，父母兄皆殁。孤无所依，乃入皇觉寺为僧。郭子兴起兵，太祖从之。旋别为一军，渡江南下。至正十五年，据金陵。既而大破陈友谅于鄱阳湖，杀之。移军破张士诚，南降方国珍，大江南北悉定。又命胡廷瑞南定福建、两广。使徐达、常遇春北伐，乃先略山东，收河南，破潼关，渡河而北。所至辄破，进逼燕京。元顺帝奔上都，时至正二十八年也。太祖即位，定都金陵，建元洪武。

洪武三年，封子九人为王。十一年，又封子五人为王。二十四年，又封子十人为王。太祖惩宋元孤立，故择名城大都分封子弟。其护卫甲士，少者三千人，多者至万九千人。

洪武三年，始设科取士，令各省连举三年，自后三年一举。乡试以八月，会试以二月。

明太祖既即位，即定郊社、宗庙、典礼、卫所、官军及将帅将兵之法，诏衣冠悉如唐制，放元宫人，禁宦官预政典兵。规模可谓宏远矣。惟晚年诛戮功臣，如蓝玉、李善长、傅友德，皆杀戮殆尽。

刘基，浙之青田人。幼颖异，其师郑复初，谓其父爚曰：“此子必大君之门矣。”元至正间，举进士，除高安丞，已而弃官去。及太祖下金华，定括苍，闻基及宋濂等名，以币聘之。基既至，陈时务十八策，太祖大喜，筑礼贤馆以处基等。因问进取之计，基曰：“士诚自守虏[1]，

[1] 守虏：采取守势的敌人。

不足虑。友谅劫主胁下，名号不正，地据上游，其心无日忘我，宜先图之。陈氏灭，张氏势孤，一举可定。然后北向中原，王业可成也。”其后果如所言。

第五　明成祖(二时间)

教材

燕王棣，太祖第四子，拥重兵镇燕。今京兆。时惠帝继太祖立，忧诸王强大，议削其地。棣举兵南下，美其名曰靖难。惠帝不能御，出亡，不知所终。棣入应天，即位，是为成祖。旋迁都燕，名曰北京，而以应天为南京。时元裔衰微，去帝号，自称鞑靼①可汗。帝亲征之。其西部瓦剌②，旧蒙古属也，势较强，寻亦为帝所破。又置指挥等官于辽东，在今奉天③。使镇抚之。今西藏、青海等处，亦相继内附。初，成祖疑惠帝亡在海外，令宦者郑和往踪迹之，借以耀兵异域。和造大舶，率众自江苏海道出发，首达占城，在交趾，即今安南。宣示中国威德，招抚南洋群岛。

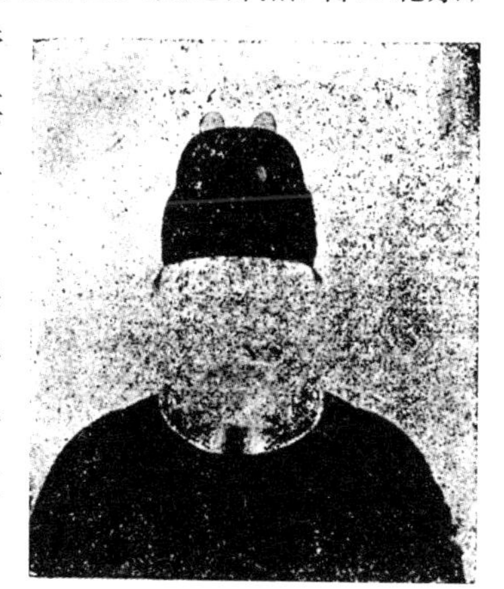
明成祖

---

① 鞑靼(dá dá)：明对东部蒙古的称号。
② 瓦剌：明对西部蒙古的称号。
③ 奉天：在今辽宁省。

前后奉使七次，通三十余国，足迹所经，西至印度，入红海，经阿剌伯及阿非利加沿岸之地。世俗所传三保太监下西洋是也。遂开东西航路交通之渐。

要旨

授明成祖概略，俾知迁燕后之国势。

准备

明成祖肖像。明代疆域图。

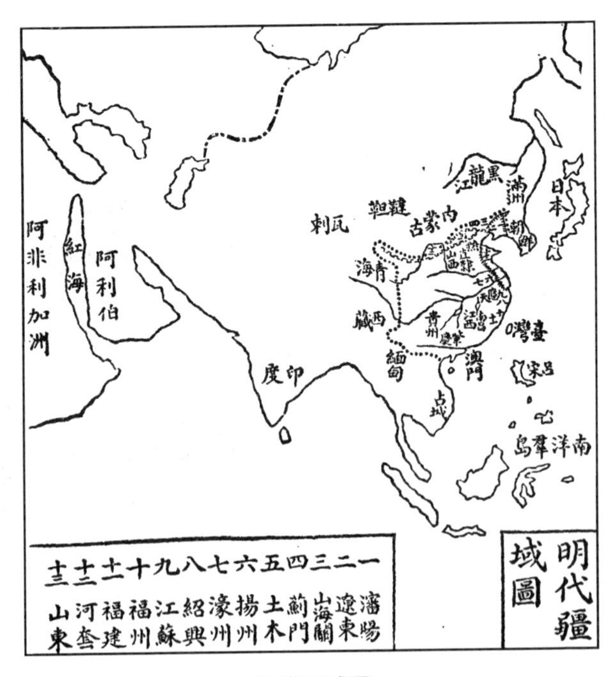

明代疆域图

预习

笔记：绘图。复习本册第三"元初西征"至"边境大扰"一段，及前课。

教授次序

(甲) 预备

(一) 检查预习：同前。

(二) 指示目的：元初诸王封地过大，致有海都之乱，诸生既知之矣。明太祖开国亦分封诸子，是不鉴元代之失也。及太祖殁后，果有乱事。爰书课题于板，并指图像示之。

(乙) 提示

(一) 讲第一节：起课首，至"美其名曰靖难"止。洪武三年，太祖封子九人为王，燕王棣其一也。燕为北方重镇，故兵马最多。太祖崩，惠帝立，诸王渐跋扈，帝以为忧。朝臣齐泰、黄子澄等，乃献削藩之策。议甫行，棣遽发难，是为靖难之师。惠帝，名允炆，太祖孙。同前。

(二) 讲第二节：起"惠帝不能御"，至"而以应天为南京"止。棣英果善战，素轻惠帝。其时宿将凋零，无人御敌，故燕师南下，旋迫应天。相传帝即出亡，或曰焚死。史无明文，存疑而已。棣即位，是曰成祖。未几，迁都北京，以南京为陪都。指疆域图示之。于是形势上之关系，视太祖时一变。同前。

(三) 讲第三节：起"时元裔衰微"，至"亦相继内附"止。时元裔仍居和林①,改称鞑靼可汗。成祖迁都后,率师亲征,大败之于斡难河。又征瓦剌,使奉明令。先后分遣使者,招降辽东诸部,设官镇之。西藏、青海等处,太祖时未暇远略。至是震于兵威,亦皆受册封,比于属国。同前。

(四) 讲第四节:起"初成祖疑惠帝亡在海外",至课末止。太祖时,本严禁宦官干政。成祖南下,宦官以内应功,遂渐用事。郑和航海之举,一则踪迹惠帝,一则耀武南洋,成祖盖有深意焉。据地图:由江苏出洋,沿亚洲海岸,以达非洲。所经各地,在今日轮舶往还,视为甚易,当日恃帆樯之力,远涉重洋,至于七次,则不得不惊为创举。于是三保太监之名,中外宣传。而东西洋之交通,亦萌于此矣。郑和,云南人。三保,和之小字。同前。

(丙) 整理

(一) 回讲:同前。

(二) 约述:[一] 成祖何人之子?[二] 靖难之兵,因何而起?[三] 成祖迁都何地?[四] 元去帝号,改何名称?[五] 西方内附者何地?[六] 郑和下西洋,自何处出发,所经何地?

(三) 联络比较:[一] 燕王靖难,视海都叛元何如?[二] 明成祖迁燕,视汉武定都洛阳何如?[三] 成祖亲征瓦剌,视宋真宗亲征契丹有无同异?[四] 郑和通南洋三十余国,视班超降西域五十余国,孰难孰易?

(四) 思考:[一] 燕兵南下,惠帝何以不能御?[二] 成祖迁都北京何意?[三] 辽东形势与北京之关系。[四] 青海、西藏在中国何方?[五] 占城今属何国?[六] 印度、红海、阿剌伯,是否在亚洲,抑属非洲?

---

① 和林:今蒙古国境内,元太宗、定宗、宪宗时的都城。元朝败退漠北,仍以此地为政治中心。

（五）作表：

明成祖大事记
- 拥重兵镇燕
- 举兵靖难
- 迁都北京
- 亲征鞑靼及瓦剌
- 置指挥官于辽东
- 西藏、青海内附
- 命郑和下西洋，宣示威德

备考

太祖太子标早卒，惠帝允炆，标之子。太祖初欲立燕王棣为太子，格于群议，不果。燕王心不平，阴有异志。及惠帝即位，用齐泰、黄子澄同参国政。时燕、周、齐、湘、代、岷诸王，流言相煽，帝与泰、子澄谋，而削藩之议起矣。棣以姚广孝[1]为谋主，日夜练兵铸械。至建文惠帝年号。元年七月，棣反，以诛齐、黄为名，号其兵曰靖难。帝命耿炳文讨之，炳文败。代以李景隆，又大败。既而铁铉、盛庸破燕兵于济南，几获棣。棣乃引还。姚广孝力劝再发，棣又大举南下，改由徐沛，建文四年六月，自瓜洲渡江，进军龙潭，逼金川门，谷王橞、李景隆开门迎降。燕王入即位，惠帝不知所终。

元顺帝殁，子爱猷识理达腊嗣，殁，子脱古思铁木儿嗣。五传至坤帖木儿，为其臣鬼力赤所弑，改称鞑靼。其知院阿鲁台，复杀鬼力赤，迎立元裔本雅失里。成祖以书谕之，不听，反杀我使者。帝命丘福讨之，败殁。永乐成祖年号。八年，帝亲征，大破本雅失里及阿鲁台，元之亡也。其遗臣猛可帖木儿据西垂，统瓦剌部之众。猛可帖

① 姚广孝：僧人，法名道衍，长洲（今江苏苏州）人。

木儿死，众分为三：其酋曰玛哈木，曰太平，曰把秃孛罗，明皆封之为王。既而玛哈木谋南下，边将以闻。永乐十二年，帝亲征，三部合力相抗，帝大破之。

初成祖疑惠帝遁迹海外，永乐三年，遣中官[1]郑和等踪迹之。多赍[2]金币，率兵三万七千余人，造大船六十二，由苏州刘家港泛海，至福建，达占城，以次遍历西洋，颁天子诏，宣示威德。因给赐其君长，不服，则以兵慑之，诸邦咸听命。比和还，皆遣使者随和朝贡。成祖大喜，未几，复遣和往，遍赍诸邦，由是来朝者益众。和历事成祖及仁、宣二朝，出使南洋凡七次，其所经历之地，西至红海，南达非洲东岸，计程数万里。

---

① 中官：即宦官。

② 赍(jī)：挟带。

第六　于谦(二时间)

教材

自成祖再传至宣宗，明治颇振。宣宗卒，子英宗立。时瓦剌部长也先，奉鞑靼可汗入寇北边，宦官王振[①]劝帝亲征，败于土木，在今直隶。被虏，京师大震。时朝臣有主张南迁者，于谦持不可，一意备战。于是立英宗弟郕王监国，旋即位，是为景帝，遥尊英宗为太上皇，而以战守之事，委之于谦。后也先挟英宗为质，屡次内犯，于谦严备之，不能得志，遂释英宗归。已而景帝有疾，群臣仍奉英宗复位，诬杀于谦。瓦剌部众，亦为鞑靼所破。然其后鞑靼渐强，进陷河套，又扰明边。世宗[②]时，直逼北京，

于　谦

---

① 王振：蔚州(今河北蔚县)人。

② 世宗：名厚熜，宪宗之孙。

任其大掠而去。及穆宗[1]立，乃就抚，西塞以宁。

要旨

授以于谦概略，俾知英宗被虏，景帝守御之政策。

准备

于谦肖像。

预习

笔记：复习第三册第二十五“金人伐宋”以下一段，及前课。

教授次序

（甲）预备

（一）检查预习：同前。

（二）指示目的：成祖亲征，诸生既闻之矣。乃甫历数传，北方又不靖，使非有人焉，力谋守御，则明几复为南渡之宋。诸生亦欲知其人乎。爰书课题于板，并指图像示之。

（乙）提示

（一）讲第一节：起课首，至“京师大震”止。成祖殁后，传仁宗[2]，

---

① 穆宗：名载垕，世宗子。

② 仁宗：名高炽，成祖长子。

仁宗殁，传宣宗，皆守成之主，号称太平。至英宗之世，也先自大同入寇，时太监王振用事，劝帝亲征，欲因以立功。帝至土木，寇猝至，被虏，京师闻耗，上下震惧，是为土木之变。宣宗，名瞻基。英宗，名祁镇。土木，堡名，在今直隶怀来县西二十五里。同前。

（二）讲第二节：起“时朝臣有主张南迁者”，至“委之于谦”止。瓦剌既虏英宗，势益张。明廷遂有迁都之议，独于谦力辟其说，专主用兵，遂拥立景帝，遥尊英宗为太上皇，于是丧君有君，战守可以着手矣。于谦，钱塘（今浙江杭县）人。景帝，名祁钰，初封郕王。同前。

（三）讲第三节：起“后也先挟英宗为质”，至“诬杀于谦”止。谦既当国，也先犹屡挟英宗，与明挑战，屡为谦所败。后也先知久留英宗无益，乃遣使请和，归英宗。英宗还京师，居于南宫，时景帝景泰元年八月也。七年正月，景帝有疾，石亨、徐有贞等以兵迎英宗复位。景帝疾益笃，旋殁。亨与有贞复诬于谦而杀之。小人之无良，真不可以理喻也。同前。

（四）讲第四节：起“瓦剌部众”，至课末止。未几，也先被其部人所杀，瓦剌衰，而鞑靼渐强，遂破瓦剌，西据河套。自英宗殁，历宪宗、孝宗、武宗，明边世受其扰。迨世宗即位，曾有规复河套之议，乃误信严嵩①，阻格不行。鞑靼酋俺答遂入寇，直犯京师，无可如何也。至穆宗时，张居正②当国，整饬内治，武备尤严。俺答乃求和，边境暂得无事。河套，今绥远特别区域鄂尔多斯旗。世宗，名厚熜。穆宗，名载垕。同前。

（丙）整理

（一）回讲：同前。

（二）约述：[一] 英宗时北方何国入寇？[二] 英宗何以被虏？

---

① 严嵩：字惟中，江西分宜人。

② 张居正：字叔大，江陵（今湖北荆州）人。

[三] 于谦奉何人监国? [四] 也先屡次内犯,何以不能得志? [五] 英宗何以复辟? [六] 瓦剌为何人所破? [七] 世宗后,明西北边之情状。

(三) 联络比较: [一] 王振劝英宗亲征瓦剌,视寇准劝真宗亲征契丹何如? [二] 于谦力阻南迁,视李纲力请回汴,同异若何? [三] 明英宗能南归,宋之徽、钦终于北狩,其故安在? [四] 明代之鞑靼,视宋代之西夏若何?

(四) 思考: [一] 英宗亲征瓦剌,谋之宦官,何故? [二] 土木在今何省? [三] 英宗被虏,不立监国可乎? [四] 使于谦不严战守,英宗得南归否? [五] 景帝有疾,何不立景帝之子? [六] 于谦何故被杀? [七] 河套在今何地?

(五) 作表:

英宗与于谦
- 王振劝英宗亲征
- 瓦剌虏英宗
- 于谦立景帝
- 于谦严备瓦剌
- 瓦剌归英宗
- 群臣奉英宗复辟
- 英宗杀于谦

备考

英宗正统十四年,瓦剌酋也先入寇,自大同入,诸边守将皆逃。时宦者王振用事,劝帝亲征。七月,帝发京师,仓猝就道,军中常夜惊。过居庸关,至宣府,风雨连日,警报益亟,群臣请留,振不听。至大同,敌势甚盛,振知不能敌,乃至土木堡,为也先兵所围。四面大呼,蹂躏而入,帝以亲军突围不得出,下马据地坐,虏遂拥之去。败报闻，群臣聚哭于朝。议战守，或请南迁，于谦力主死守，议遂定。以太皇太后旨命郕王监国，以于谦为兵部尚书。九月，太后命郕王即位，是为景帝，尊英宗为上皇。十月，也先挟英宗犯京师，于谦统诸将击却之。明年七月，也先议和，使右都御史杨善等报之。八月，上皇至自瓦剌，入居南宫。

景泰七年正月，武清侯石亨、右都御史徐有贞等以兵迎上皇于南宫，遂复位，废景帝，仍为郕王。时景帝固已疾笃，旋殁。下于谦于狱，既而杀之。谦性忠孝，忘身殉国，死之日，天下冤之。

河套者，地在黄河南，自宁夏至偏头关，延袤二千余里，多水草。外为东胜卫，东胜而外，土地平衍，敌来不能隐。明初曾置戍守之，后以旷绝内徙，其地遂空。英宗时，有阿罗出者，其属潜居河套。宪宗时，鞑酋[①]孛来及小王子、毛里孩等先后入居之，自是虏遂深入，抄掠无宁日矣。世宗时，曾铣总督三边。铣有才略，感帝知遇，因建收复河套之策，条八议以进。帝许之，而严嵩忌其功，阴陷之，帝意遂中变。嘉靖二十九年，鞑酋俺答入寇，长驱至通州，分兵剽昌平，京师戒严，诏各镇勤王，既而虏骑渡河，驻安定门外。仇鸾、杨守谦等，皆以兵至。严嵩恐战败得罪，禁将士毋战，曰："寇饱自飏去耳。"虏纵横畿内八日，所掠已过望，乃徐引去。至穆宗时，俺答之孙把汉那吉与俺答不协来降，三边总督王崇古纳之，疏请授以官职，以招徕俺答；若俺答桀骜，则明示以欲杀，以挠其志。时张居正为相，力主其议，俺答竟受抚，封顺义王。

---

① 酋：首领。

第七　王守仁（一时间）

教材

王守仁，余姚在今浙江。人，少好旅行，年十五，即出塞，纵观形势。十七，筑室阳明洞今浙江绍兴县会稽山中。中，潜心求学，故一号阳明先生。初官兵部主事，以言事触武宗怒，谪贵州龙场驿丞。其地苗獠杂处，守仁因俗化导之。后江西盗乱，朝臣举守仁巡抚其地，屡平巨寇。宁王宸濠据南昌在今江西。反，守仁率师讨之，执宸濠，藩祸以定。守仁宗孟子良知之说，其为教专以致良知为主，知行一致，可以施诸实用，与空谈义理者迥殊，世谓之阳明学派。

要旨

授王守仁生平概略，俾知明代理学，有阳明一派。

准备

王守仁肖像。

王守仁

预习

笔记：复习第二册第六“孟子独宗仲尼”以下四句，及第三册第二十八全课。

教授次序

（甲）预备

（一）检查预习：同前。

（二）指示目的：宋代理学有濂、洛、关、闽四派，诸生既闻之矣。亦知明代复有特标学派者乎。爰书课题于板，并指图像示之。

（乙）提示

（一）讲第一节：起课首，至“故一号阳明先生”止。守仁，字伯安，生明宪宗成化八年。自少居北京，性豪迈不羁，十五岁，纵观塞外经月，慨然有经略四方之志。后归会稽山中，肆力于学，以所居曰阳明洞，故号阳明。与周敦颐之号濂溪，张载之称关中，同一例也。余姚，今浙江县名。同前。

（二）讲第二节：起“初官兵部主事”，至“藩祸以定”止。明武宗[1]时，宦官刘瑾[2]用事。守仁初出仕，即上疏劾瑾，武宗怒，贬为龙场驿丞。龙场故苗疆，在任数年，为讲伦理之学，苗獠感化。后盗发江西，吏不能治，以尚书王琼荐，擢赣南巡抚。守仁至，用以盗攻盗之法，甫一年，巨寇悉平。宸濠之叛，连陷江西诸郡，东下安徽，声势甚

① 明武宗：名厚照，孝宗长子。

② 刘瑾：陕西兴平人。

大。武宗亲征，会守仁以计擒宸濠，乱遂定。其事功大略如此。獠，鲁皓切，音老，苗之别种。宸濠，太祖子宁王权之后。南昌，今江西省治南昌县。同前。

（三）讲第三节：起“守仁宗孟子良知之学”，至课末止。守仁之学，初泛滥于词章，中出入于佛老，久之，乃恍然悟澈圣贤之微旨，于是取孟子所谓良知，合诸《大学》所谓致知，为致良知之说。其教人也，始主知行合一，终乃专揭致良知三字。世以其稍异朱子之学，初颇反对之，先生乃刊行朱子晚年定论，以释学者之疑。此可知阳明之学，实非别为一派也。同前。

（丙）整理

（一）回讲：同前。

（二）约述：[一] 守仁何省人？[二] 阳明之号，因何而起？[三] 述守仁之事功。[四] 述守仁之学说。

（三）联络比较：[一] 王守仁视于谦若何？[二] 守仁触怒武宗被谪，视朱熹触怒权贵去职，何如？[三] 宸濠据南昌反，视燕王举兵燕京何如？[四] 阳明学派，视闽学派同异若何？

（四）思考：[一] 旅行与求学之关系。[二] 阳明洞在今何省？[三] 守仁之学，何以能化苗獠？[四] 知行一致与空谈义理，施之于今，孰为适用？

（五）作表：

王守仁事略
- 少好旅行
- 筑室阳明洞，潜心求学
- 谪龙场驿丞，苗獠感化
- 平江西盗
- 执宁王宸濠
- 教人以致良知为主
- 世谓阳明学派

备考

明武宗时，宦官刘瑾专权。守仁时官兵部主事，抗疏劾之，瑾怒，廷杖四十，谪贵州龙场驿丞。瑾欲杀之，使人伺其后。守仁赋诗，置衣冠大江侧，若自沉者，而潜附商舶抵故人家。既而之龙场驿，在任数年，为讲伦理之学，苗皆感化。瑾败，乃召还，苗人为生祠以祀之。江西南赣为盗贼巢穴，兵部尚书王琼荐守仁才足办贼，乃以为赣南巡抚。守仁至任，知左右多贼耳目，呼老隶诘之，隶不敢隐。因贳[1]其罪，令诇[2]贼，动静无不知。于是讨大帽山、横水、左溪、桶冈诸贼，悉破之。又诱斩浰头贼首池仲容，境内大定。守仁所将皆文吏及偏裨小校，甫一岁，平数十年巨寇。人惊以为神。

宁王宸濠，封地在南昌。宸濠因武宗游幸不时，人情危惧，阴有异志。御史萧淮上疏发其奸状，帝命人往收其护卫，宸濠遂发兵反，略九江、南康诸郡，陷之。守仁得反书，集众议曰："贼若出长江，顺流东下，则南都不保。吾当以计挠之。"乃多遣间谍持檄，言都督许泰已率京军四万，赣南、湖广等各帅所部，合六十（十六）万，直捣南昌。所至缺供者，以军法论。又为书遗宸濠心腹，叙其归国之诚，令劝宸濠早日东下。宸濠果疑，不敢东。已知为守仁所绐[3]，乃自将攻安庆，守仁诇知南昌空虚，引兵夜抵其城，破之，获宸濠家属。守仁既得南昌，知宸濠必还救，设伏中道以待，贼还，官军与战于黄家渡，大破之。宸濠尽发九江、南康兵赴援，守仁遣奇兵乘虚复两郡。明日再战，又破之。贼联舟为方阵，方设朝，官军奄至，宸濠易舟而

① 贳（shì）：宽贷，赦免。

② 诇（xiòng）：侦察，刺探。

③ 绐（dài）：骗。

遁，官军要而擒之。宸濠起事至此，才三十五日耳。

守仁天资异敏，不苟言笑。初筑室阳明洞中，泛滥二氏学，数年无所得。谪龙场，穷荒无书，日绎旧闻，忽悟格物致知，当自求诸心，不当求诸事物。喟然曰："道在是矣。"其为教，专以致良知为主，学者翕然[1]从之，世遂有阳明学云。

① 翕(xī)然：一致。

第八　戚继光(一时间)

教材

戚继光,字元敬,幼倜傥,负奇气。家贫,好读书,通经史大义。及长,备倭山东,倭寇畏之。倭寇者,起于日本西部,明初常为东南沿海患。成祖时,日本大将军①入贡受封,因命严捕倭寇,海疆稍靖。世宗时,内地奸人又引之入寇,所至焚掠,为患更甚。命戚继光等率师痛剿,先破之于浙江,又破之于福建,东南始无倭患。及穆宗时,移镇蓟门,边备修饬,敌无由入。著有兵书,为谈兵者所遵用。

要旨

授戚继光战功,俾知明代御倭之概略。

预习

笔记:复习本册第五明代疆域图,搜求东方海中与我国对

① 大将军:即室町幕府。

倭船式

峙者何国。

教授次序

(甲) 预备

(一) 检查预习：同前。

(二) 指示目的：明之中叶，于谦御瓦剌，王守仁擒宸濠，诸生既闻之矣。其后海疆多事，将帅中长于战守之略者，亦大有其人。爰书课题于板，指示之。

(乙) 提示

(一) 讲第一节：起课首，至“倭寇畏之”止。继光姓戚，定远人，元敬其字也。幼时，气宇英爽，异于常儿。家虽贫，诵读不辍，经史大义，能了然于胸。其学有根柢已如此。家世袭登州卫今山东蓬莱县。指挥，及继光长，以世职备倭寇于山东。寇不敢犯。可见古来名将，未有不以读书致用者也。同前。

(二) 讲第二节：起“倭寇者”，至“海疆稍靖”止。日本，自元代互禁通商，其西部岛民，私出海营贸易者，皆无赖之徒。久之，多流为盗。我国东南沿海，常受其扰。当时目为倭寇，善使帆樯，进退趫捷。指附图示之，告以此即其船之形式。明太祖曾命汤和于浙闽等省濒海，筑城防之。成祖即位，日本大将军入贡，受王封，通使不绝，得互市之利，并代擒倭寇来献，海滨赖以稍安。同前。

明世宗

(三) 讲第三节：起“世宗时”，至课末止。成祖八传至世宗，宠任严嵩，疆事日坏。倭以奸民汪直等为谋主，江浙承平既久，士不知兵，以故贼踪所至，无不残破。指附图世宗肖像示之。继光奉命剿倭，战舰火器，焕然一新。于浙江、福建等，先后皆著战绩，东南一带，倭氛始息。穆宗立，移镇蓟门，边防益固。所著有《纪效新书》《练兵实纪》等，皆实有经验，非徒托空谈，后世练兵者多用之。蓟门，今京兆蓟县。同前。

(丙) 整理

(一) 回讲：同前。

(二) 约述：[一] 戚继光幼时状况。[二] 倭寇起于何地？[三] 明成祖及世宗时东南海疆状况。[四] 继光破倭寇，在今何省。

(三) 联络比较：[一] 戚继光比王守仁何如？[二] 倭寇为患，视瓦剌何如？[三] 继光著兵书，视岳飞洞明兵法，有无同异？

(四) 思考：[一] 不读书可以为名将否？[二] 我国东南沿海与日本之关系。[三] 内地奸人引倭入寇，其罪可胜诛乎？[四] 蓟门在今何省。

（五）作表：

明代倭寇记
- 明初—为东南沿海患
- 成祖时—命日本大将军严捕
- 世宗时—
  - 内地奸人又引之入寇
  - 戚继光痛剿之

备考

明制，浙江设市舶，置提举司，驻宁波，海舶至则平[①]其直[②]，制驭之权在上。及世宗时，撤天下镇守中官，并撤市舶，而滨海奸人遂操其利。初，市犹商主之，及严通番之禁，遂移之贵官家，负其直者愈甚。倭丧其资不得返，则大恨。而大奸若汪直、徐海、陈东、麻叶辈，为之主谋，诱之入寇。海盗袭其服饰旂号，分掠内地，无不大利。故倭患日剧。嘉靖三十二年，汪直勾诸倭大举入寇，江浙悉被蹂躏。大抵真倭十之三，从倭者十之七也。三十三年，命兵部尚书张经[③]总督军务。明年五月，败倭嘉兴、王江泾。时严嵩党赵文华以工部侍郎督察军情，颠倒功罪，经复不能竟其功，代以胡宗宪[④]。宗宪以计诱汪直诛之，倭失主谋，乃南走，流劫闽广。四十二年四月，寇兴化府陷之，远近震动。诏以俞大猷充总兵官，戚继光副之，二人皆名将。大猷以谋略称，继光以节制胜，于是一败之长乐，再歼之平海，而寇之侵犯他州县者，亦先后为诸将所破斩，东南始荡平。然寇掠已二十余年矣。大猷，字志辅，凤阳人。

---

① 平：通“评”，评价。

② 直：通“值”，价值。

③ 张经：字廷彝，福建侯官（今福建省福州市）人。

④ 胡宗宪：字汝贞，安徽绩溪人。

第九　东林诸贤（一时间）

教材

宦官干政，明初本悬为厉禁。自成祖起兵靖难，宦官内应有功，渐见信任。自是宦官寖横，遂有挟英宗亲征，导武宗微行等事，为明代巨患。神宗时，无锡在今江苏。顾宪成既罢官归，而讲学于东林书院。学者慕之，相与论朝政，评人物，士大夫或遥相应和。于是东林之名大著，忌者亦多。熹宗朝，忌者假宦官魏忠贤之力，以排击之。东林诸贤，多为所诬陷。正人君子，无幸免者。

要旨

授东林诸贤概略，俾知明代士大夫之气节，与宦官之权势。

预习

笔记：复习第二册第十五全文。

教授次序

(甲) 预备

(一) 检查预习：同前。

(二) 指示目的：东汉党锢之狱，诸生既闻之矣，非独东汉为然也，即明季亦有之。爰书课题于板，指示之曰：此即明之季世与宦官为仇敌者。

(乙) 提示

(一) 讲第一节：起课首，至“为明代巨患”止。明初不许宦官干政，至立铁牌以禁之，可谓善矣。自成祖靖难，利用此辈，而太祖之禁遂弛。嗣位诸帝，不知鉴戒，宦官权力遂盛。如英宗任王振，则挟以亲征。武宗任刘瑾，则导以微行。坐是小人日亲，君子日疏，而祸根遂蟠固①而不可拔。同前。

(二) 讲第二节：起“神宗时”，至“忌者亦多”止。顾宪成，字叔时，无锡人也。神宗万历中，官吏部，因事忤帝意，削籍归。里有东林书院，宋大儒杨时讲学处，宪成修葺之，与同志讲学于其中，从游者甚众。于朝政人物，时有臧否，声气广通，当时有东林党之目。于是非东林党，畏其清议，两不相容，而势成水火矣。神宗，名翊钧，穆宗子。

(三) 讲第三节：起“熹宗朝”，至课末止。神宗殁，熹宗即位，宦官魏忠贤用事，擅作威福，专恶正人。时适有三案之争，非东林党因假手忠贤，以排击东林，借端诬陷。搜捕之使四出，凡诸贤之附籍东林者，无有幸免。于是朝野善类，为之一空。熹宗，名由校，光宗子。魏忠贤，肃宁今直隶肃宁县。人。同前。

---

① 蟠固：根深蒂固。

(丙) 整理

(一) 回讲：同前。

(二) 约述：[一] 明代信任宦官，始于何帝？[二] 顾宪成何县人？[三] 东林之名，因何而起？[四] 熹宗时何人诬陷东林？

(三) 联络比较：[一] 明代宦官，视唐代宦官何如？[二] 顾宪成可比王守仁否？[三] 东林诸贤，视东汉党锢，有无同异？[四] 魏忠贤与郑和之比较。

(四) 思考：[一] 宦官寖横，何以不重申厉禁？[二] 东林书院始于何代？[三] 讲学家评论涉于朝政人物，能不招忌否？[四] 正人君子排击殆尽，是否国家之福？

(五) 作表：

东林党祸始末记 {提倡东林者顾宪成
排击东林者魏忠贤

备考

明太祖严禁宦官不许读书识字及干预政事，建文时御之尤严。燕兵之逼也，内官多逃入军中，漏朝廷虚实，成祖以为忠于己，深德之。及即位，诸宦官自诉其功不已，帝患之。会镇远侯顾成等出镇诸边，帝以其建文旧臣疑之，乃命宦官与之偕行，赐以公侯章服，位诸将上。已又设京营提督，使为监军。又建东厂，使刺外事。一代厉阶，基于此矣。王振，挟英宗亲征，事已见前。至导武宗微行，则事出刘瑾。瑾兴平人，本谈氏子，依中官刘姓以进，因冒其姓。初侍武宗于东宫，及帝即位，瑾与马永成、高凤、罗祥、魏彬、丘聚、谷大用、张永并以旧恩得幸，人号“八虎”。日进鹰犬角觝之戏，导帝微行，帝大欢乐之。瑾又劝帝增置皇庄四百余所，畿内为之大扰。自阁臣刘健、谢迁，下至部曹李梦阳、王守仁、御史陈琳、贡安甫等，凡海内号称忠直之臣，皆为瑾所中，相继罢去。瑾势愈炽，曾矫诏下五品以下官三百余人于狱，其横如此。后太监张永与瑾不协，奏发其十七罪，帝乃诛之。

顾宪成，万历中以进士官户部主事，转吏部。寻被谪为桂阳州判官，既又擢吏部文选郎中，会廷推阁臣忤帝意，削籍归。既归里，名益高。宪成姿性绝人，幼即有志圣学。至是，益殚精研究，力辟王阳明之说。里故有东林书院，宪成与其弟允成创修之，偕同志高攀龙、字存之，无锡人。钱一本字国瑞，武进人。等讲学其中。学者称泾阳先生。一时士夫响应，学舍至不能容。讲习之余，往往讽议朝政，裁量人物，由是东林之名大著，而忌者亦多。神宗在位久，怠于政事，廷臣渐立门户。既而梃击、红丸、移宫三案[①]起，凡与东林忤者，皆目为邪党，废斥殆尽。识者已忧其过激生变，及忠贤势成，其党果倚之以倾东林，捕戮诸贤，天下骚然矣。忠贤，初名进忠。万历中选入宫，私于熹宗乳媪客氏。熹宗立，封客氏为奉圣夫人，二人遂皆有宠，并擅威福。忠贤掌东厂，缇骑四出，凡正人君子，排斥诛逐，无一免者。天启七年，熹宗殁，思宗立。素稔忠贤恶，深自儆惕。廷臣交章劾忠贤，忠贤大惧，以重宝赂信邸太监徐应元求解。帝斥应元，而安置忠贤于凤阳，寻命逮治，忠贤自缢死。

---

① 三案：光宗在位前后发生的宫廷案件。光宗，名常洛，神宗子，在位仅二十九天。

第十　满洲之兴(一时间)

教材

努尔哈赤，姓爱新觉罗，满洲[1]在今东三省。部之酋长也。其人民大抵金人[2]后裔，世服从于中国。明初曾设卫以抚之。传至努尔哈赤，攻并近部，拓地日广。明神宗不欲用兵，乃授为将军，赐之金帛，以羁縻之。满洲益骄，日渐窥边，屡败明兵，遂取辽东，建都沈阳。在今奉天。努尔哈赤没，子皇太极立，西灭蒙古，东降朝鲜，北定黑龙江，建国号曰清，是为清太宗。追尊努尔哈赤为清太祖，而明之边事日亟矣。

要旨

授满洲崛兴概略，俾知明季之边患。

---

① 满洲：作为地理名词，指东北三省；作为族名，即今满族。

② 金人：即曾经建立金朝的女真族人。

预习

笔记：复习本册第四、第五关于辽东等文，及明代疆域图，探揣东北边诸部与长城以内之关系。

教授次序

(甲) 预备

（一）检查预习：同前。

（二）指示目的：明自英宗以来，边疆西北有瓦剌、鞑靼之肆扰，沿海有倭寇之纷纭，诸生既闻之矣。未几，东方又多事，此与明之存亡，尤最有关系者也。爰书课题于板，并指疆域图满洲地位示之。

(乙) 提示

（一）讲第一节：起课首，至"拓地日广"止。努尔哈赤生于明世宗嘉靖三十八年，长有武略，爱新觉罗其姓，满洲其部族之称也。满洲今为五大民族之一，然在明初，特东方一部落耳。其人民本为东胡族，与金人同出一源，地属明建州卫①，此外尚有海西、扈伦等卫，忌努尔哈赤之强，合兵来攻，皆为所败。于是满洲部始大。同前。

（二）讲第二节：起"明神宗不欲用兵"，至"建都沈阳"止。满洲既并邻部，明不能讨，神宗亦厌言兵，因授为龙虎将军，岁赐银八百两，蟒缎十五匹，借为笼络之计。乃努尔哈赤雄心勃发，渐掠明边。明廷命杨镐②

---

① 建州卫：在满洲部族聚居地设立的羁縻机构。

② 杨镐：今河南商丘人。

征之无功，辽河以东七十余城先后被陷，努尔哈赤遂称帝于沈阳，定都焉，建元天命。时万历四十四年也。沈阳，今奉天沈阳县，即省治。同前。

（三）讲第三节：起“努尔哈赤殁”，至课末止。熹宗天启六年，努尔哈赤举兵十三万攻明边，不克，旋病卒。其子皇太极嗣，用兵之略，等于其父。西至蒙古，东至高丽，北至黑龙江，相继征服。始建国号曰清，改元天聪，事在明怀宗崇祯九年。皇太极在位十七年，庙号太宗。努尔哈赤为清太祖，太宗即位后所追尊之号也。明以清兵屡次侵入，御之无策，国力由此益疲。同前。

（丙）整理

（一）回讲：同前。

（二）约述：[一] 满洲之兴，始于何人？[二] 述明神宗羁縻满洲之政策。[三] 满洲建都何地？[四] 述清太宗之武功。

（三）联络比较：[一] 努尔哈赤视金太祖阿骨打何如？[二] 满洲攻并近部，视蒙古初起时，有无异同？[三] 清太宗之武略与蒙古太宗武略之比较。

（四）思考：[一] 满洲为金人后裔，有无明证？[二] 努尔哈赤取明辽东，神宗何以不讨？[三] 沈阳在今何省？[四] 清太宗既取高丽、蒙古等地，明之边防宜若何慎固？

（五）作表：

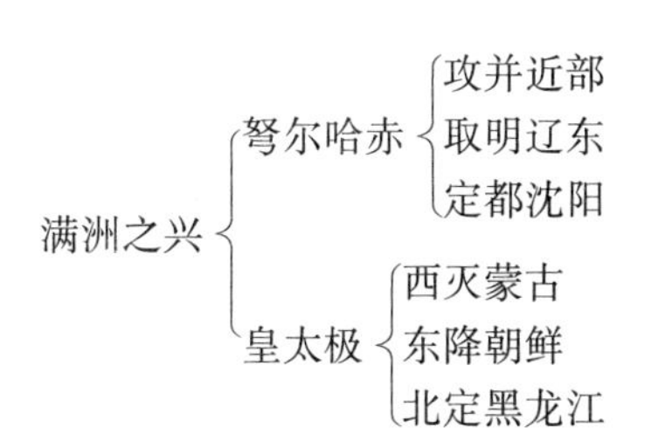

备考

清始祖名布库里雍顺，姓爱新觉罗，居长白山东，盖与金同族，女贞[1]之裔也。其部落号满洲，后中衰，至都督孟特穆，始定居赫图阿拉，今奉天兴京县。是为清之肇祖。四传至景祖觉昌安，景祖生显祖塔克世。太祖者，显祖之长子也，以明之嘉靖三十八年生，英毅有武略。初满洲诸部，有称苏克苏浒者，部人尼堪外兰构明李成梁攻古呼城，今吉林县西南。城主阿太章京之妻，景祖女孙也。景祖闻警，与显祖往援，城陷，皆死焉。太祖年二十五，乃起兵攻尼堪外兰，克之。旋吞并旁近诸部落，败其与蒙古之联合兵。万历四十四年遂称帝，建元天命，国号满洲。越二年大举侵明。明年，明经略杨镐集兵沈阳，分四路深入，太祖先破其中路，既而三路皆溃。天启元年，太祖陷沈阳，进陷辽阳，徙都之。五年，复迁都于沈阳。天命十二年，太祖卒，第八子皇太极立，是为清太宗，改元天聪。寻建国号曰清，改元崇德。灭漠南蒙古，降朝鲜，屡大举侵明，深入杀掠，明事益不可为矣。

---

① 女贞：即女真。

第十一　徐光启(一时间)

教材

徐光启，上海在今江苏。人，明大臣中首倡西学者也。先是明武宗时，葡萄牙国人始来广东，旋侨居澳门。在今广东。未几，西班牙人占吕宋，在今南洋群岛。荷兰人占台湾，皆与中国互市。神宗时，天丰教①徒亦相继来华传教。光启信其说，从教徒利玛窦等学，译著天文、算法、农政、水利诸书。西洋科学，由是输入中国。熹宗初，满洲寇边，利用骑射。光启请仿造西式枪炮以御之，不听，而明之兵力，遂不复振。光启于其故里，筑有天

利玛窦

① 天主教：基督教三大宗派之一。

文台，今遗址犹存。

要旨

授徐光启概略，俾知欧风东渐及中国有西学之始。

预习

笔记：复习本册第五"令宦者郑和"以下一段，及附图西南洋沿海一带地名。

教授次序

（甲）预备

（一）检查预习：同前。

（二）指示目的：学术之进化与时势俱，然亦必有提倡之者。今之西学，果始于何时，倡于何人乎？爰书课题于板，指示之。

（乙）提示

（一）讲第一节：起课首，至"皆与中国互市"止。中国首倡西学者为明徐光启。光启，熹宗时宰相，今之江苏上海县，其本籍也。西人之至中华，始于明武宗时，葡萄牙、西班牙、荷兰等，先后航海东来，或居澳门，或占吕宋，或占台湾。而以舶来品，与中国商贾，交易有无，谓之互市。澳门，本属广东，今割于葡。吕宋，初属西班牙，今割于美。台湾，本我国行省，今割于日。同前。

（二）讲第二节：起"神宗时"，至"由是输入中国"止。西洋教会中人，大抵兼长各种科学。互市既通，天主教徒，亦相继偕来。当时风气未开，信者甚少。利玛窦者，教徒中深通科学者也。指附图示之，即其人。光启既崇其教，又从之研究天文、算术、农政、水利等学。学成，以华文译之，勒为成书，以诏后学，是为华人考求西学之始。利玛窦，意大利人。同前。

（三）讲第三节：起"熹宗初"，至课末止。骑射之利，不敌枪炮，此尽人所知者也。满洲之扰明边，实恃骑射制胜。天启中，光启请多铸西式火器，以资城守，熹宗不能用，边事遂日坏。旋以疾告归。晚年于天文之学，所得益深。今上海徐家汇天文台，是其所创建也。同前。

（丙）整理

（一）回讲：同前。

（二）约述：[一] 徐光启何省人？[二] 明武宗以来，与中华互市者何国？[三] 光启从何人学西学？[四] 光启故里，今有何遗址？

（三）联络比较：[一] 徐光启提倡西学，视王守仁提倡致良知之学何如？[二] 天主教徒来华传教，视佛教东来何如？[三] 利玛窦旁通诸学，视耶律楚材何如？[四] 满洲尚骑射，视赵武灵王胡服若何？

（四）思考：[一] 葡萄牙、西班牙、荷兰，在五大洲中何洲？[二] 澳门、台湾，今为何国领土？[三] 西洋科学，明以前有译为成书者否？[四] 天文台何以至今犹存？

（五）作表：

明代西洋互市诸国
- 葡萄牙—居澳门
- 西班牙—占吕宋
- 荷　兰—占台湾

徐光启事略
- 为明大臣
- 信天主教
- 译著天文、算法、农政、水利诸书
- 请仿造西式枪炮御满洲
- 筑天文台于上海

备考

自蒙古统一亚细亚，东西两洋之交涉日多，黑海沿岸，为最要之贸易场。顺帝时，土耳其国握黑海之航海权，于是远游之人，不得不别寻新航路。而经营东方之事业，乃因之而进步焉。

明孝宗时，吉融二世为葡萄牙王，奖励航海业。弘治十一年，葡人滑士科、达轧摩绕好望角而达印度。武宗正德五年，葡人略印度西海岸之卧亚为根据地，建商馆于锡兰及印度东海岸，而麻六甲、爪哇皆为所得。至正德九年，始入中国海，阅三年而至广东，建商馆于宁波、厦门。世宗嘉靖四十二年，又占澳门为根据地，同时建商馆于日本。自孝宗弘治间至怀宗崇祯十三年，凡一百四十年间，葡人实握东洋商业之霸权焉。

明世宗正德十五年，西班牙人麦折伦始由亚美利加之南，而出太平洋，后至嘉靖四十四年，始占菲律宾群岛为根据。神宗万历八年，遣使于明，求通商，为葡商所阻，不得要领。故仅于日本之平户开商馆。

荷兰前为西班牙之属，至明神宗万历八年，称独立国。二十四年，始来东洋，夺西班牙之锡兰、麻六甲、苏门答腊等殖民地，又驱逐葡萄牙、西班牙之商民。四十七年，占爪哇为根据。熹宗天启四年，占台湾。与中国及日本之贸易极盛。

神宗万历九年，罗马教士利玛窦始来中国，从事布教，凡二十年。万历二十九年，与同志庞迪我入北京，神宗许其建立会堂。中国之有天主教堂，盖自此始。

徐光启，字子先，由庶吉士历赞善。从利玛窦学天文、历算、火器，尽通其术。遂遍习兵机、屯田、盐筴、水利诸书，累疏请练兵制炮，以资城守，朝廷多不能用。天启时，官礼部侍郎，为魏忠贤党所劾，落职。崇祯元年，召还，复申练兵之说，旋以左侍郎理部事兼东阁大学士，入参机务。光启雅负经济才，有志用世。及入阁，年已老，周延儒、温体仁专政，不能有所建白。寻卒，谥文定。

第十二　明怀宗(一时间)

教材

熹宗殁，怀宗立，首诛魏忠贤，朝纲一振。以袁崇焕知兵，举山海关以外专任之。清太宗惮崇焕，因纵反间，谓崇焕通清。怀宗遂杀崇焕，而满洲之兵益炽。中国连年用兵，迭次加赋。又重以天灾，民不聊生，流寇乘之而起。官兵又剿抚乖方[1]，李自成、张献忠，遂日以滋大，所过残破。已而自成由山西进攻直隶，京师陷，怀宗缢于煤山，自成遂称帝[2]。张献忠入四川，称大西国王。及清兵入关，自成、献忠始相继灭亡。

要旨

授明怀宗概略，俾知明之所由亡。

---

① 乖方：失度，失当。

② 帝：大顺皇帝。

袁崇焕

预习

笔记：复习本册第九“熹宗朝”以下一段，及第十满洲之兴全文。

教授次序

（甲）预备

（一）检查预习：同前。

（二）指示目的：明自熹宗任用魏忠贤，国事大坏，而边事又日亟，其亡已无可逭[①]矣。今试为诸生述之。

（乙）提示

（一）讲第一节：起课首，至“而满洲之兵益炽”止。怀宗名由检，熹宗弟，光宗第五子也。即位后首除魏忠贤，朝政为之一清。时袁崇焕以知兵闻，帝举山海关以外命之经略，以御满洲。清太宗甚畏之，惜反间之计卒行，致良将不得其死，而清乃不可制矣。袁崇焕，字元素，东莞县（今广东东莞县）人。同前。

（二）讲第二节：起“中国连年用兵”，至“所过残破”止。屡次用兵，则国用不足，势必出于加赋。加以迭遇旱荒，饥民载道，于是流寇之祸起。首发难者为高迎祥[②]等，屡剿无功，旋抚旋叛。而李自成、张献忠势复日长，所过郡县，无不残破，中原遂不可收拾矣。李自成，米脂县（今陕西米脂县）人。张献忠，肤施县（今陕西肤施县）人。同前。

---

① 逭（huàn）：逃避。

② 高迎祥：陕西安塞人。

（三）讲第三节：起“已而自成”，至课末止。自成、献忠辈，初非有大志也，缘为饥寒所迫，以致此耳。自成起陕西，未几，入山西，攻直隶，陷京师。怀宗出宫，登煤山，望见烽火连天，叹曰：“苦我民耳！”遂自缢，其以身殉国，有足哀者。自成遂称帝，献忠则于是时入蜀，立国号，自称王。及清兵入关，二寇始相继歼除。煤山，一称万岁山，又名景山，在今京兆清宫北面。同前。

（丙）整理

（一）回讲：同前。

（二）约述：［一］怀宗即位，首诛何人？［二］袁崇焕因何见杀？［三］流寇最著者何人？［四］怀宗缢于何处？

（三）联络比较：［一］明怀宗视元顺帝何如？［二］袁崇焕可比于戚继光否？［三］明末流寇，视唐末黄巢之乱有无异同？

（四）思考：［一］怀宗诛魏忠贤，可谓明欤？［二］清太宗用反间，怀宗何以不悟？［三］流寇之乱，怀宗何以不能讨？［四］煤山在今何地？

（五）作表：

明怀宗事略｛即位诛魏忠贤
信清人反间，杀袁崇焕
京师陷，缢于煤山

明末流寇｛李自成
张献忠

备考

袁崇焕，初以进士官知县。天启二年，擢兵部主事，超升佥事，监关外军。崇焕力主守宁远以捍关内，会孙承宗为蓟辽经略，用其策，使崇焕屯军宁远。宁远在山海关外二百余里，面辽东湾，与桃花岛相对。崇焕既至，增筑城垣，明年工成，遂屹然为关外重

镇。天启六年,清太祖以兵十三万来攻,崇焕集将士誓死守,激以忠义,皆感愤。清兵进攻,矢石雨下而不退,城圮[①]丈余,崇焕身先士卒,辇石塞缺口。身再被创,战益力,将士皆愧奋,城复合。明日又攻,崇焕发巨炮,成血河。凡三日,三攻三却,围遂解。清太祖自起兵以来,未尝遇劲敌如崇焕者。至是悒悒不自得,不数月,遂殁。捷闻,擢右佥都御史,辽东巡抚。七年,以关内外专属崇焕。而魏奄以其不附己,使其党劾罢之。怀宗即位,忠贤伏诛。崇祯元年,起崇焕为兵部尚书,督师蓟辽。二年十月,清太宗将兵十余万,由喜峰口入,趋京师。崇焕闻警,星驰入援,先清军三日至,清军相视骇眙。先是清军获太监二人,使人守之,清太宗使守者故作耳语,言袁巡抚有密约,此事当成。明日阴纵二人还,太监以告帝,帝惑焉,竟下崇焕于狱,旋杀之。崇焕死,遂无人能御清兵者矣。

明神宗时,海内凋敝已极,崇祯时,复迭加天下田赋,前后凡二千万。民力益不支,而流寇之祸,遂无可为矣。李自成者,米脂人,马贼高迎祥之甥,从迎祥叛。张献忠者,肤施县柳树涧人也。崇祯三年,聚众据十八寨,自称八大王,与迎祥等合。

崇祯十七年三月十七日,李自成犯京师,环攻九门。门外先设三大营,贼至皆降。十八日外城陷,上出宫,登煤山,望南城烽火彻天。叹息曰:“苦吾民耳!”十九日昧爽,内城亦陷,上乃复登煤山,自书衣襟为诏,有曰:“朕死无面目见祖宗,任贼分裂朕尸,无伤百姓一人也。”遂以帛自缢于山亭而崩。吴三桂[②]闻京师陷,乃乞援于清。清兵入关,自成遁归陕西,后屡为清兵所破。自成在襄阳,一日晨

---

① 圮(pǐ):毁坏,倒塌。

② 吴三桂:字长伯,辽东人。

起，以十余骑入九宫山，为乡民所杀。

张献忠据成都，谋窥关中，乃屠四川民，烧其宫室，夷其城，率众北出。至顺庆之凤皇坡，猝遇清兵，中矢堕马死。

第十三　史可法(二时间)

教材

史可法，祥符在今河南。人，怀宗末年为南京兵部尚书。闻北京陷，乃与南中诸将立福王由崧于南京，以图恢复。可法为相，旋督师，出镇淮扬，开府扬州。在今江苏。可法行不张盖，食不重味，寝不解衣，颇得将士心。清摄政王多尔衮自北京贻书可法劝降，可法不屈。遂南下，攻扬州，可法战死，南京陷，福王出奔，被执。南京失守，继可法而起者，则有郑芝龙[①]立唐王于福州，在今福建。张国维[②]等奉鲁王监国于绍兴。在今浙江。未几，清军入福建，唐王被执，芝龙降清，鲁王亦飘泊海上

史可法

① 郑芝龙：福建泉州人，郑成功父。

② 张国维：字玉笥，浙江东阳人。

而死。明臣瞿式耜等，又立桂王于肇庆，在今广东。以抗清军。兵败，式耜死之，王奔走西南者，凡十余年。后亡入缅甸，缅人献之清军，卒被害。

要旨

授史可法概略，俾知明亡之后，东南志士图恢复者，大有其人。

准备

史可法肖像。

预习

笔记：复习本册第五明代疆域图，注意南方形势。及前课。

教授次序

(甲)预备

(一)检查预习：同前。

(二)指示目的：自明怀宗殉国，清军乘机入关，借平寇为名，代明而帝中国。汉人之心，固不服也，于是有志之士群起而图恢复，其最著者为史可法。爰书课题于板，并指图像示之。

(乙)提示

(一)讲第一节：起课首，至“开府扬州”止。可法官南京兵部尚书时，已在崇祯末年，国事已不可为。及怀宗凶问[1]至，以为丧君有君，与诸将共立福王由崧。福王者，神宗之孙也。可法为相，志图恢复，为奸臣马士英、阮大铖所嫉，遂出督师，开幕府于扬州，镇淮、扬以控燕齐，既以阻清人南下之兵，亦将以谋北伐也。淮，今江苏淮安县。扬州，今江苏江都县。同前。

（二）讲第二节：起“可法行不张盖”，至“福王出奔被执”止。可法在军，能与士卒同甘苦，其能得将士心也，观于以上所列三事可知矣。清军入关，世祖福临尚幼，政权皆操之于多尔衮，以南方未服，特贻书可法，诱之降。可法答书，辞意绝不少屈，至今读之，犹凛凛有生气焉。迨清兵下扬州，可法力竭而死。未几，南京陷，福王出走，卒被虏。盖马、阮居中，遇事掣肘，故虽有可法之忠，终无补危亡之局也。多尔衮，清世祖叔父。同前。

（三）讲第三节：起“南京失守”，至“鲁王亦飘泊海上而死”止。福王既败，南方图恢复者，更有其人。立唐王者，则有郑芝龙等。立鲁王者，则有张国维等。清兵既得南京，旋下浙、闽，福州失守。唐王为清所执，不屈而死，芝龙降。绍兴失守，国维战死，鲁王航海走厦门。未几，沉于海。唐王，名聿键，太祖九世孙。鲁王，名以海，太祖十四世孙。同前。

（四）讲第四节：起“明臣瞿式耜等”，至课末止。匪[2]独浙、闽然也，即广东亦有恢复之师。瞿式耜者，明之广东巡抚也，与湖广总督何腾蛟[3]等，奉桂王监国，以肇庆为根据地，以图再举。及清兵入广，式耜力竭而死。桂王遁入缅甸，清索桂王急，缅人献之，为吴三桂所杀。瞿式耜，字起田，常熟（今江苏常熟县）人。桂王，名由榔，神宗孙。同前。

---

① 凶问：死讯，噩耗。
② 匪：即“非”。
③ 何腾蛟：字云从，贵州黎平人。

(丙) 整理

（一）回讲：同前。

（二）约述：[一] 史可法图恢复，所立何人？[二] 可法出镇何地？[三] 清廷何人贻书可法？[四] 唐王何人所立？[五] 奉鲁王监国者何人？[六] 桂王何人所立？

（三）联络比较：[一] 史可法视宋之文天祥何如？[二] 福王不能死守南京，乃致出奔，视怀宗能无愧否？[三] 唐王鲁王，视宋之帝昰、帝昺何如？[四] 瞿氏耜死节，可比宋之陆秀夫否？

（四）思考：[一] 淮、扬形势，可以屏蔽南京否？[二] 北兵南下，可法战死，福王何以不发援兵？[三] 郑芝龙既图复明，又降清室，其为人何如？[四] 张国维与瞿式耜，可得谓明之忠臣欤？

（五）作表：

史可法事略
- 立福王于南京
- 督师淮扬
- 拒多尔衮劝降书
- 战死扬州

继史可法图恢复者
- 郑芝龙立唐王
- 张国维奉鲁王
- 瞿式耜立桂王

备考

史可法，字宪之，大兴籍，河南祥符人也。福王即位，拜礼部尚书东阁大学士。马士英、阮大铖者，逆奄之党也。福王之立，二人之力居多，居中用事，忌可法。可法遂请出镇淮、扬，开府扬州。请饷为进取资，士英靳不发。又以卫允文为兵部右侍郎，总督兴平军，以夺可法权。时清以豫王多铎为靖国大将军，率兵下江南。顺治①二年四月，清兵渡淮，攻扬州，可法檄诸将赴援，皆不至。清兵用巨炮

① 顺治：清世祖年号。

击城西北隅，城陷，可法自刎，不殊。一参将拥可法出小东门，既被执，可法大呼曰："吾史督师也！"遂被害。五月南都陷，福王走芜湖，清兵追及之，福王降，为清兵所杀。

南都既陷，大学士黄道周、南安伯、郑芝龙等奉唐王聿键称帝于福州，改元隆武。芝龙故海盗，阴怀异心，通款于清，不设备。唐王无实权，无如何也。顺治三年八月，清兵克延平，王奔汀州，追及之，被执，不食死。初，北都之陷，诸王南奔，鲁王以海奔台州。顺治二年六月，兵部尚书张国维起兵绍兴，迎王监国，国维督师江上。三年六月，清兵克绍兴，鲁王航海依郑成功以终。

清兵之陷福建也，前广东巡抚瞿式耜、湖广总督何腾蛟等立桂王于肇庆，改元永历，于是西南响应。而王性仁柔，宦官王坤干政。时唐王弟聿鐭亦称帝于广州，二王争位，治兵相攻。未几，清克广州，聿鐭死之。桂王闻之大震，弃肇庆走梧州，复走桂林。既而清兵破平乐，又弃桂林，奔全州。桂林留务，悉委瞿式耜。清兵攻之，不克。会江西、广东义师复起，式耜乘之，尽复广西州县，王乃还桂林。顺治七年十一月，清兵克桂林，式耜死之，王展转奔缅甸，后为吴三桂所害。

第十四　清世祖(一时间)

教材

清世祖，名福临，太宗子也。即位时尚幼，叔父多尔衮摄政。会明将吴三桂借兵定内乱，多尔衮遂统兵入关。自成弃北京走，清兵进占之，乃迎世祖，定为国都。分兵西讨自成、献忠，戮其余党，流寇悉平。江淮以下，亦渐征服。遂南下，攻明诸王之自立于一隅者。同时又下剃发留辫之令，不从者斩。江南一带，虽起反抗之师，清兵一至，无不溃败。清于是统一中国。

要旨

授清世祖概略，俾知清代之统一。

准备

清世祖肖像。

预习

笔记：复习本册第十及前课。

教授次序

（甲）预备

（一）检查预习：同前。

（二）指示目的：清代未入关之历史，诸生既闻之矣。入关以后，当自何人述起？爰书课题于板，并指图像示之。

（乙）提示

（一）讲第一节：起课首，至“定为国都”止。清太宗连年用兵，久有席卷中原之志，崇德太宗年号。八年卒，子福临立，是为世祖。年幼，多尔衮摄政。会流寇陷明都，怀宗殉国，明将吴三桂，时镇守山海关，贻书多尔衮，借兵定乱。清遂长驱入关，李自成战败，遁走陕西。清遂因明宫阙，定都北京。时明崇祯十七年，即清世祖顺治元年也。同前。

（二）讲第二节：起“分兵西讨”，至“自立于一隅者”止。世祖既定北京，因遣兵西向，讨李自成及张献忠，二寇相继灭亡，并歼其余党。江淮一带，自史可法战死，扬州、南京亦下。唐、桂诸王虽为明遗臣所拥立，不久亦次第荡平。于是中国南方，亦皆为清有。同前。

（三）讲第三节：起“同时又下剃发留辫之令”，至课末止。满洲辫发之俗，汉人最不愿从。乃胁以严令，不从者斩，可谓酷矣。加以降臣叛将，借清势所至残杀，人民尤愤。于是义兵纷起，沿江一带尤盛。然皆起自仓猝，未更训练，饷械又不足，率旬日即败。清于是遂统一中国。同前。

(丙) 整理

(一) 回讲：同前。

(二) 约述：[一] 清世祖何人之子？[二] 明将借清兵定乱者何人？[三] 世祖入关，定都何地？[四] 江南士民反抗清兵者，其结果何如？

(三) 联络比较：[一] 清世祖可比元世祖否？[二] 吴三桂借清兵，视石敬瑭借契丹兵何如？[三] 清初令民剃发留辫，视明初禁民胡服何如？

(四) 思考：[一] 清与明世仇，何以肯允吴三桂借兵？[二] 清兵入关，李自成何以不能御？[三] 借兵定乱，义举也，而即占人国都可乎？[四] 江南一带，反抗清兵何意？

(五) 作表：

清世祖事略
- 吴三桂借兵定乱
- 多尔衮统兵入关
- 世祖定都北京
- 讨自成献忠
- 征服江淮
- 南下攻明诸王
- 下剃发留辫之令
- 平江南反抗之师
- 统一中国

备考

清世祖顺治元年，明崇祯十七年也，四月，命摄政睿亲王多尔衮为奉命大将军，率师收明山海关外地。先是[①]，三月初，明以流寇内

① 先是：在此之前。

逼，召宁远总兵平西伯吴三桂，统兵入卫。三桂至丰顺，闻燕京已陷，急遣使至清，乞师讨贼。摄政王得三桂书，即日进兵，大破自成，自成遁。五月摄政王入北京，十月清世祖至自盛京。

义师之起，虽由宗社之痛、种族之感，实亦剃发之令，有以激成之。其时起于江南一带者，嘉定则有侯峒曾、黄淳耀，江阴则陈明遇、阎应元，松江则沈犹龙，徽州则温璜，绩溪则金声，吴江则吴易，宜兴则卢象观，太湖则葛麟，崇明则荆本彻，昆山则王佐才，嘉兴则徐石麒。各集众自保，效死不去。或通表唐王，受其封拜，或近受鲁王，节制浙、闽，恃以阻清兵之南下。然皆未更训练，饷械又不足，率旬日即败。惟太湖、江阴二军，稍有纪律。徽州军恃险，支持稍久而已。

第十五　郑成功(一时间)

教材

郑成功者，芝龙子也。初，芝龙降清，成功泣谏之，不听。成功愤明之亡，募兵据厦门，在今福建。以图再举。清使芝龙作书招之，成功不从。分其众为七十二镇，乘清兵远攻桂王，夺取福建、浙江，进逼南京，谒①明太祖陵，沿江响应。后以战不利，率舟师退出，逐荷兰人据台湾。辟田野，修战具，定法制，设官职，兴学校，规模整齐，有独立国气象。明之遗老②多归之。

要旨

授郑成功概略，俾知效忠祖国战胜欧人之伟人。

准备

郑成功肖像。

---

① 谒(yè)：此指到陵墓表达敬意。

② 遗老：忠于前朝的老人。

预习

台湾郑氏家祠及郑成功

笔记：复习本册第十三“郑芝龙立唐王于福州”以下一段及前课。

教授次序

（甲）预备

（一）检查预习：同前。

（二）指示目的：清自世祖入关，荡平流寇，戡①定东南，全国遂臻统一。然斯时闽海一隅，仍有举义旗与之抗者，诸生亦欲知其人乎？爰书课题于板，并指图像示之。

（乙）提示

（一）讲第一节：起课首，至“以图再举”止。成功，芝龙子，少读书，明大义。芝龙初奉唐王，继而降清，成功以父为明不终，谏之。继之以泣，其父不从。成功愤甚，乃弃儒服，募兵士，据厦门，奉明年号，以图恢复。豪杰之士，不以家族为念，而以国家为重，如成功者，亦可谓为人所难矣。厦门，今福建思明县。同前。

（二）讲第二节：起“清使芝龙作书招之”，至“沿江响应”止。清以成功故，待芝龙甚厚。芝龙数以书招之，成功迄不答。日益治兵，布署有法，官军深畏之。顺治十七年，清师大举入滇，攻明桂王。成功知东南空虚，进兵闽、浙。五月，以舟师由海入江苏，溯流而上，克镇江，攻南京，谒孝陵。别率所部，进取皖省。大江南北，望风纳款者

① 戡：平。

甚众，东南人心大震。同前。

（三）讲第三节：起“后以战不利”，至课末止。会清崇明总兵率师至南京，出成功不意，大破之。成功乃以余舰归厦。台湾一隅，在明中叶，即为荷兰人所据。成功逐去荷兰人，占以为殖民地。其建设一切，如辟田野、修战具等事，俨然在海外成一国家。指附图示之，此郑氏之家祠。而明之遗老，耻为清之人民者，多依附焉。观其立国规模，整然大备，吾人可不崇拜之乎！同前。

（丙）整理

（一）回讲：同前。

（二）约述：[一] 郑成功何人之子？[二] 成功据厦门，有何举动？[三] 据台湾后，规画何如？

（三）联络比较：[一] 郑成功视宋之文天祥何如？[二] 清使芝龙作书招成功，与多尔衮贻书劝史可法，用意同否？

（四）思考：[一] 厦门在今何省？[二] 成功进逼南京，何以仍不能占据？[三] 台湾在中国南洋，抑在北洋？[四] 明之遗老，何以不归清而归成功？

（五）作表：

郑成功事略
- 泣谏芝龙降清
- 募兵据厦门
- 夺取福建浙江
- 进逼南京
- 逐荷兰人据台湾
- 治台有独立国气象

备考

顺治三年，清兵下仙霞岭，唐王出奔，郑芝龙谋出降。成功泣谏不听，乃慨然去儒服，航巨舰，走厦门，出没闽海。桂王封成功为延平郡王，成功日治兵，谋大举，募漳、泉勇士十七万，以五万习水战，五万习骑射，五万习步卒，万人为游兵，万人被铁甲为选锋，转战福州温台间，官军深畏之。顺治十六年，清师大举入滇，成功知东南空虚。五月，以舟师入自崇明，泝江而上。时沿江要害，悉驻重兵，设大炮，守御綦[1]严。成功仅十七舟，长驱而进，无敢撄其锋者。六月，破瓜州，克镇江。于是清之江浙援兵大集，诸统帅皆宿将，而管效忠尤以材勇称。成功所部仅二千人，御之于杨蓬山，血战竟日，清兵大败。成功乃进规南京。七月抵金陵，鲁王臣张煌言别率所部，由芜湖进取徽宁。皖江南北，望风纳款者，四府三州二十四县，东南人心大震。会崇明总兵梁化凤，以七月二十四日，率师至金陵，出成功不意，大破之于仪凤门外。大将甘辉战死，成功乃以余舰归厦门。

明天启四年，荷兰人据台湾，筑安平城，又筑赤嵌城，次第开拓，全土归其掌握。成功之败于江南而归也，以子经守厦门，而自率舟师向台。荷兰帅虑土人潜通成功，捕治甚严，华人旅台者大愤。会其僚有负官帑无以偿者，走附成功，为之导，且以舆图献，成功览之，叹曰："此亦海外之扶余矣。"乃以二万五千人登陆，断安平、赤嵌两城之交通，急攻赤嵌，下之。围安平九月，荷兰帅开城降，成功受其降而纵之。

---

① 綦(qí)：十分。

第十六　清圣祖(二时间)

教材

世祖没，子玄烨立，是为圣祖。即位时，年尚幼，太师鳌拜①专权，帝察其奸，诛之，遂亲政。初，世祖封吴三桂、尚可喜、耿继茂于云南、广东、福建，谓之三藩。帝疑忌之，三桂遂起兵。数月之间，东南各省及陕甘皆响应，帝卒遣将平之。内部平靖，遂事外征。取台湾，降郑克塽。成功之孙。定喀尔喀②，破准噶尔③。俄罗斯侵扰北边，帝遣兵败之，旋命使臣与俄定约于尼布楚，黑龙江上游。以外兴安岭④为两国界线。帝才略恢张，谋虑深远。内外既定，乃巡游江南塞外，设驻防于内地，罗致耆儒硕学。欧洲教士之精于测算制造者，亦蒙其礼接。近世客卿⑤之引用，帝实开其先焉。

---

① 鳌拜：满族，瓜尔佳氏。

② 喀尔喀：清代漠北蒙古族诸部的名称，即今蒙古国。

③ 准噶尔：清代漠西蒙古族诸部统称卫拉特(明代瓦剌后裔)，其中以准噶尔部势力最强，曾统一卫拉特各部。

④ 外兴安岭：今俄罗斯境内。

⑤ 客卿：以客礼聘请为官的人才。

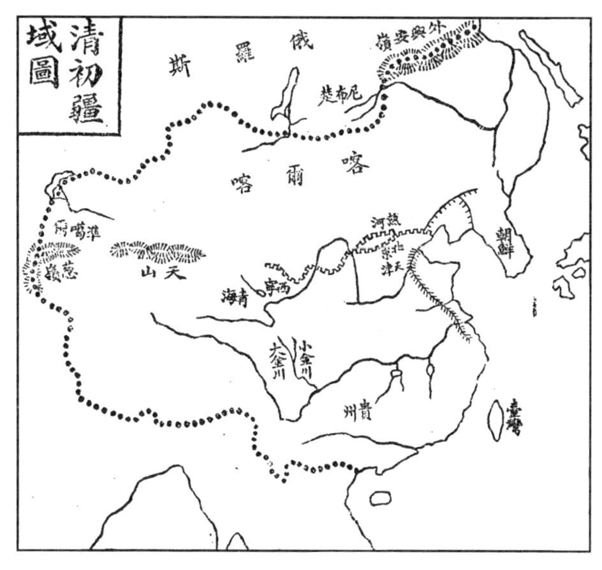

清初疆域图

要旨

授以清圣祖内治外征概略,俾知清代极盛之时。

清圣祖

准备

清初疆域图。清圣祖肖像图。

预习

笔记:复习第十一、十四及十五。

教授次序

(甲) 预备

（一）检查预习：同前。

（二）指示目的：圣祖之时，实为清代极盛之世，诸生亦愿闻其文治武功之略乎。爰书课题于板，并指图像示之。

(乙) 提示

（一）讲第一节：起课首，至“遂亲政”止。清圣祖之世，实为清代极盛之时。然当其即位时，年尚幼，未能亲政也。其时大臣之专权者，则有太师鳌拜。帝年未弱冠，即能不动声色，定计诛之。其后来才略之恢张，计虑之深远，已可见于此矣。同前。

（二）讲第二节：起“初世祖”，至“卒遣将平之”止。清之入主中国，非徒其部族之强，抑亦汉人之不爱国者，甘投附于彼，而为之爪牙也。若吴三桂、尚可喜、耿仲明，继茂仲明子。即其最著者。当时满洲兵力，本不足以戡定中国，而于南方一带为尤甚。故虽明室诸王相继灭亡，仍不得不借三桂等之力以镇抚之。于是有封藩之举。然三桂等虽为清朝效力，究系汉人，清朝对之，终不能无疑忌。三桂等亦终不自安，乃借请撤藩，以尝试帝意。当时举朝之臣，皆知许其请则必叛。而北方之兵力，以攻三藩，实不能操胜算。以为不可者十之九，而帝竟毅然许之，此亦可见帝之英断矣。三藩中本以三桂兵力为最强，其畜志举事，亦非一日。闻帝许其撤藩，遂举兵。自云贵略四川而下，遂据湖南，广西、陕西及湖北之襄阳均响应。耿、尚二藩复相继应之。甘肃及江西、浙江悉被兵，势张甚。然三桂头白举事，暮气已深。不能用其下弃滇北上之策，欲自出应陕西。又不及，局促于湖南，不能进一步。而清兵反乘之进取，三桂势遂日蹙矣。

迨三桂死，无复能用其众者，清廷遂乘而灭之。耿、尚二藩，则先已败降于清矣。神州大陆之地，至是始尽入清室版图。其据海岛以与之抗者，独一郑氏耳。同前。

（三）讲第三节：自“内部平靖”起，至“两国界线”止。时郑成功已卒，传子经而至克塽。克塽之立，实由群下忌其兄克壓之英明，弑而拥戴之。故纪纲颇不振。清廷自福建进取澎湖，遂不能支而降。至是汉族全归满族统治，无尺土可以自立。而清人外征之事业，亦始于是矣。清初，中国本部之外，北为蒙古，西北为准噶尔，漠南蒙古[1]久已服属于清。漠北喀尔喀部，虽通聘贡，尚未有实力以及之也。时喀尔喀孱弱不振，而准噶尔强盛，攻喀尔喀，破之。圣祖因喀尔喀之归附，安集之。又为出兵击破准噶尔，于是漠北亦附于清。喀尔喀之北，即西伯利亚。明时，可萨克族附于俄，为之东略地。崇祯时，抵黑龙江滨。清初，筑雅克萨城[2]于河外，屡渡河侵掠。康熙[3]二十四年，命都统彭春攻克之。及二十八年，遂定《尼布楚界约》，彼此以外兴安岭为界。同前。

（四）讲第四节：自“帝才略恢张”起，至课末止。清圣祖为近代雄主，观其内戡三藩，外定台湾、蒙古，破俄罗斯，即足见其才略之恢张，谋虑之深远。然圣祖非特有外攘功而已也。其于内治，亦极注意。方是时，天下初定，汉人之心犹未服。喀尔喀初附，准噶尔方强，其在位时，南北巡游，则所以慑伏人心，耀示兵威也。设置驻防，则所以扼守要地，防制反侧也。又虑夫以力服人之终不可恃也，则罗致耆儒硕学，以消汉族反对之心。帝不徒长于政治，抑且于各种科学，皆有门径。知欧西测算、制造之长，西来教士，多被录用，于政

---

① 漠南蒙古：一般指今内蒙古地区的蒙古族诸部。

② 雅克萨城：位于黑龙江北岸，今属俄罗斯境内。

③ 康熙：清圣祖年号。

治上亦颇得其益。此尤非拘挛[1]庸昧之主所能几及也。同前。

(丙) 整理

(一) 回讲：同前。

(二) 约述：[一] 清圣祖幼时如何？[二] 三藩封地何在？[三] 吴三桂何故起兵？[四] 圣祖外征之功何如？[五] 圣祖与俄定约，以何处为界线？[六] 圣祖之内治如何？

(三) 联络比较：[一] 清圣祖较金世宗若何？[二] 后三藩较前三藩，势力若何？[三] 康熙时中俄界线，与今日中俄界线有无异同？[四] 清圣祖之用客卿，视今日之用客卿如何？

(四) 思考：[一] 设使圣祖不允三藩撤藩之请，则中国大势当若何？[二] 吴三桂之举兵，势处于必败欤？抑亦有不败之道？而三桂之兵略，有未善欤？[三] 台湾当郑成功时，清室无如之何，至克塽，遂为清所灭，其故何也？[四] 俄当康熙时，何故不与中国交战，而愿订《尼布楚条约》？[五] 清圣祖设驻防于内地，其得失若何？试评论之。[六] 引用客卿之政策若何？试评论之。

(五) 作表及填注地图：

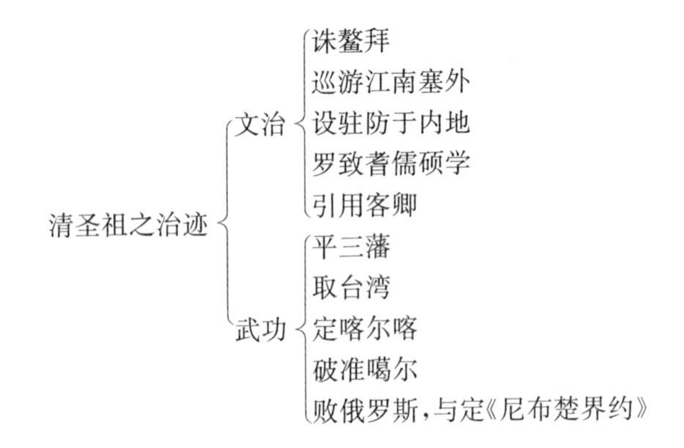

---

① 拘挛：拘泥。

备考

圣祖即位，年甫九龄，内大臣鳌拜，与索尼、苏克萨哈、遏必隆，奉遗诏同辅政。鳌拜藐主幼冲[①]，专权自恣，多作威福。帝与索额图谋，因其入见，命武士执之。时帝年仅十六也。

三藩者，云南吴三桂，广东尚可喜，福建则耿仲明之子继茂。继茂卒，子精忠继之。三藩中，三桂功最高，兵最强，权亦最重。康熙十二年，尚可喜为子之信所制，请撤藩归老，许之。三桂、精忠不自安，亦请撤藩，以觇[②]帝意。帝亦允之，三桂遂发兵反，自称天下都招讨兵马大元帅，遣兵陷四川、湖南，襄阳总兵杨家来、广西将军孙延龄、陕西提督王辅臣，皆应之。辅臣据平凉，陇右皆陷。十三年，耿精忠反，杀总督范承谟。十四年，分三路出寇浙江、江西，尚之信幽其父可喜，降于三桂。三桂欲北出应辅臣，不及。仅与清兵相持于湖南。十五年，康亲王杰书等入福建，耿精忠降。十六年，尚之信降。三桂兵势亦日促，乃谋窃帝号以自娱。十七年三月，僭位衡州，八月卒。其下立其孙世璠，居贵阳。清兵三道并进，二十年二月，薄[③]滇城，十月克之，世璠自杀，三藩悉平。

郑成功以康熙元年卒，子经袭延平王位。康熙二十年经卒。初，经用兵在外，以谋士陈永华言，命长子克壆监国。克壆贤，然庶出也。群小惮其明察，及经卒，侍卫冯锡范构于成功夫人董氏，罢永华兵柄，永华以忧死。遂袭杀克壆，而立经次子克塽。年幼，事皆决于锡范。康熙二十二年六月，福建水师提督施琅，以战舰二百，水师

---

① 冲：年少。

② 觇(chān)：暗中观察。

③ 薄：迫近。

三万，自福州出海，进攻澎湖。守将刘国轩，成功时大将也，守御甚严。琅督军力战七昼夜，国轩不能支，退归台湾。清师据澎湖，台湾门户既失，势不能存。七月，遣人请降。清帅以闻，圣祖许之。成功以顺治十八年，逐荷人据台湾，至是历二十三年而并于清。

喀尔喀，蒙古达延汗季子扎赉尔之后。达延汗者，太祖十五世孙。自坤帖木儿被弑后，蒙古汗位久绝，至达延始复统一漠南北，称大汗。清初，喀尔喀又分三部：曰车臣，曰土谢图，曰扎萨克图，是曰漠北三汗。准噶尔者，卫拉特四部之一。卫拉特，即明时之瓦剌也。也先亡后，其众分为四部：曰准噶尔，居伊犁。曰和硕特，居乌鲁木齐。曰杜尔伯特，居厄尔齐斯河滨。曰土尔扈特，居塔尔巴哈台。明末，和硕特部固始汗，始并青海喀木之地，并以达赖五世弟巴桑结之招，入藏，袭杀红教护法拉藏汗，徙牧青海，遥握西藏政权。而准噶尔酋长浑台吉，亦蚕食诸部，逐土尔扈特，并其地。又服杜尔伯特。浑台吉卒，子噶尔丹继之，时固始汗已卒，子达颜汗，与桑结不协，桑结密召噶尔丹，击杀之。于是准噶尔统一卫拉特四部，又南服天山南路，势大张。康熙二十七年，以三万众袭喀尔喀，三汗之众数十万，同时奔溃，走漠南降清。圣祖诏发粟振之，且假以科尔沁地，使放牧。二十九年，噶尔丹窥漠南，官军败之乌阑布通。三十四年九月，复以骑三万，据克鲁伦河上游。车驾亲征，噶尔丹遁去，至昭莫多，为将军费扬古所邀败，丧失颇多。三十六年，上再亲出塞，遣兵深入，噶尔丹穷蹙，仰药死。阿尔泰山以东平，乃诏喀尔喀三部，还处漠北。

俄人之扰黑龙江始于太宗天聪、崇德间，康熙时，益经营雅克萨，筑要塞于精奇里河上游，将席卷黑龙江东北之地。圣祖乃命萨布素为黑龙江将军，治兵爱珲，命尚书伊桑阿造舟于宁古塔。二十四年，都统彭春攻雅克萨城，克之。明年，俄人复至，筑垒以守，我军围之,俄帅中炮死,城旦夕且下,而和议成。时大彼得初即位,以战地去国都绝远,兵不能以时至,亟欲与我和。圣祖亦厌兵,乃附书于荷兰贡使,令达俄。俄遣使至黑龙江,与我使索额图等,会议于尼布楚城,议定北以格而必齐河及外兴安岭,南以额尔古纳河为界,河南岸俄所筑保塞,悉迁河北。定约七条,备五体文。汉、满、蒙、拉丁、俄。立石黑龙江畔。时三十七年也。

康熙南巡,前后凡六次:二十三年十月,车驾幸山东,登泰山。寻自宿迁临阅黄河,渡江,至江宁,谒陵。又过曲阜,谒孔陵而还。二十八年正月,泝运河而南,二月幸杭州,渡钱塘江,谒禹陵。三十八年二月,南巡,渡河,相地高下,指示方略,复至杭州而还。四十二年及四十四年,复两次南巡,亲阅黄河堤工。四十八年,又南巡江浙。其北巡,则自二十四年以后,几于间岁一出塞。盖一以镇抚蒙古,一以经略卫拉特也。

圣祖最富于科学思想,其在宫廷,常命西教士徐日昇、张诚等,按日轮班,进讲西学。又命南怀仁造大炮,创观象台。分令教士,往各处测绘地图。而外交事件,教士尤多备咨询。尼布楚之约,张诚、徐日昇皆为通译官,得其争持之力甚多。

第十七　年羹尧[①]（一时间）

教材

圣祖没，子世宗立。时青海乱起，西宁在今甘肃。告警，帝命大将军年羹尧讨之。当时瓦剌之散亡也，其遗裔有居于青海者。至是青海酋长罗卜藏丹津，与之勾结，并煽诸喇嘛以叛，众至数十万。羹尧至，屡破其军。更率岳钟琪督师深入，收其国师、禅师等印。罗酋遁入准噶尔，青海平。世宗英武，多忌刻，好伺察臣下阴私，及闾阎[②]细故。一时大小官吏，无不震恐。以羹尧功大，久驻西陲，惧召他变，诬以谋反杀之。

要旨

授以年羹尧之事，俾知清代平定青海概略，及世宗之忌刻。

---

① 年羹尧：字亮工，安徽怀远人。
② 闾阎：里巷内外的门，泛指民间。

预习

笔记：复习第十六。

教授次序

（甲）预备

（一）检查预习：同前。

（二）指示目的：清代绥服外蒙古之事，诸生已闻之矣。亦愿闻其平定青海之始末乎。爰书课题于板，示之曰：即此人之功也。

（乙）提示

（一）讲第一节：起课首，至“年羹尧讨之”止。圣祖在位六十一年崩，第四子胤禛立，是为世宗。世宗性猜忌，在位时，多诛戮大臣，而杀年羹尧一事，其尤著者也。羹尧为清代名将，久居四川，于西番情形，尤为熟悉。今欲知其功绩，则不可不知清代平定青海之始末。同前。

（二）讲第二节：明代瓦剌之强盛，诸生当尚能忆之。然自也先死后，其部落即分裂，前课所述之准噶尔，亦瓦剌之一部也。又有一部居青海者，当雍正[①]初，其酋长曰罗卜藏丹津。居青海之瓦剌，其初尝强盛，是时已受封于清。然罗卜藏丹津，欲恢复旧业，乘中国有大丧之际，遂构煽其众以叛，青海诸喇嘛助之，众至数十万。西宁为之戒严，则其声势可想矣。世宗乃命年羹尧讨之。夫青海疆域广大，交通不便，天时地利，又非中国之兵所宜。斯时之叛徒，其声势

---

① 雍正：清世宗年号。

又极浩大，欲求小胜利，已非容易，况于大捷？况于大捷而又能神速乎？乃羹尧用岳钟琪之策，乘青草未生之际，出兵掩①其营帐，丹津出不意，遂遁去，余党悉平。自出师至此，不过十余日。自古用兵塞外，未有神速若此者。羹尧之功，为何如乎？同前。

（三）讲第三节：自“世宗英武”起，至课末止。然世宗猜忌性成者也，臣下之无功者犹忌之，况以羹尧之有大功，而又久居西垂者乎？青海平后，即调为杭州将军，以释其兵柄。寻即入以罪，杀之，并诛其子焉。然世宗之所忌者，尚不止年羹尧等有功之臣。即平时闾阎细故，亦常好遣人伺察，臣下之阴私，尤喜伺察而摘发之，以自矜其神明。致一时大小官吏，无不惴惴焉，惟恐祸之将及。不以诚意相孚，而挟智数以御其下，实非为治之正轨也。同前。

（丙）整理

（一）回讲：同前。

（二）约述：[一] 青海之叛，其声势如何？[二] 年羹尧之功如何？[三] 世宗之性质如何？[四] 世宗杀年羹尧，诬以何罪？

（三）联络比较：[一] 罗卜藏丹津之势力，视准噶尔部何如？[二] 世宗之性质，视圣祖何如？[三] 世宗诛戮功臣，与明太祖诛戮功臣之比较。

（四）思考：[一] 青海之乱，不即讨平之，足为后患否？[二] 岳钟琪之功，视年羹尧何如？[三] 以忌刻为心，以伺察为治，果足以致治否？

（五）作表：

清世宗之治 { 伺察臣下阴私及闾阎细故
诛戮功臣

① 掩：袭击，突袭。

备考

罗卜藏丹津,固始汗之孙也,阴有恢复先业之志。雍正元年,乘中国大丧,诱煽诸喇嘛,从之者二十余万人,犯西宁,掠人畜。世宗命川陕总督年羹尧为抚远大将军,驻西宁,四川提督岳钟琪①为奋威将军,参赞军务。钟琪二月出师,破贼于哈达河上。更率所部,蓐食宵进,行百六十里,抵罗酋帐,贼尚卧未起,遂大溃。罗酋衣番妇服,乘白驼遁去。清师穷追,至桑络海,红柳蔽天,目望不可极,乃收兵还。青海既平,羹尧封一等公,为川陕总督,佩大将军印,留镇西垂。雍正三年,上谕:"近来年羹尧自恃己功,故为怠玩,如此之人,安可仍居川陕总督之任。朕观年羹尧,于兵丁尚能操练,著调补浙江杭州将军。"既而经科道参奏其欺罔悖乱各款,请加诛戮。乃革去将军,降为闲散章京②,在杭州效力行走。旋下之狱,赐自尽,并杀其子年富。

---

① 岳钟琪:字东美,四川成都人。

② 章京:清朝官名,初期为武官称谓。

第十八　清高宗(一时间)

教材

清高宗

世宗殁，子高宗立。时准部内乱，其部众叩关来降，并献罗卜藏丹津。旋又叛，帝命兆惠等剿平之，并服回部。至是天山南北两路俱定，版图大扩，直达葱岭以西。又用兵服贵州苗族，平定大、小金川，武功颇盛。帝乘康熙、雍正之后，喜兴文字之狱，罹祸者相续。又慕江浙风景人物之丽，六次南巡，兼以伺察南省，罗致文人。各省疲于供张，民力渐困。迨其晚年，任用和珅，贪贿弄权，政事日坏，而大乱起矣。

要旨

授清高宗时事，俾知清代之由盛而衰。

准备

清高宗肖像图。

预习

笔记：复习十六及十七。

教授次序

（甲）预备

（一）检查预习：同前。

（二）指示目的：清圣祖世宗时之事，诸生既闻之矣，此皆清室极盛之时代也。其盛极而衰，则在高宗时，今更为诸生述之。爰书课题于板，并指示肖像图。

（乙）提示

（一）讲第一节：起课首，至“武功颇盛”止。世宗在位十三年崩，第四子弘历立，是为高宗。席康、雍二代之遗业，文治武功，至此遂臻极盛。康熙时之败准噶尔，仅攘之于阿尔泰山以西，固未尝深入其境也。及乾隆[①]时，准部适有内乱，其酋众有叩关来降者，于是因而定之。犹未欲遽收其地也，而降众复叛，乃不得已，一举而灭之。于是天山北路，遂全入中国版图。天山南路为回族所居，故称回部。准部亡后，回部酋长亦欲自立，帝复发兵讨平之。于是天山南路，亦

① 乾隆：清高宗年号。

为中国所有。今日新疆省之地，西不能逾葱岭。然在当日，则其版图尚不止此。可与地理科割让地课相联络。而葱岭以西诸国，亦有闻风景附，来通朝贡者。故当时声威所及，尚远在葱岭以外。以上皆北方之经略也。至南方，则最要者为用兵于苗族。盖苗族各部落，皆自有酋长，仅受中朝宣抚司等封号，所谓土司也。此等酋长，往往暴虐其民，而其部落，又时出为汉人患。于是有世宗时“改土归流”之举，云贵广西之苗族，改为流官者甚多。然实非苗族所心服，故至乾隆时复叛，复出兵戡定之，其事始称大定。大、小金川者，地在今四川省西北陲，大渡河之上流也。有土司二，即以大、小金川名。乾隆时俱叛，诏发兵讨之。金川地险而民强悍，其人又善为碉堡，易守而难攻。前后用兵凡五年，始克戡定，糜[①]饷至七千万焉。同前。

（二）讲第二节：起“帝承康熙雍正之后”，至课末止。然乾隆时，文治武功，外观虽臻极盛，而衰机亦兆于此时。文字之狱，清康、雍二代即有之。盖满人以异族入主中华，汉人心常不服，往往借文字以抒其愤懑不平之气。而清廷遂从而罗织之也。至乾隆时，天下久定，汉人思反抗之心亦渐淡，似可无借乎此，而帝犹袭康、雍两代之策，屡兴文字之狱。此则前朝之失，而高宗沿袭之者也。康熙之南巡，虽亦不免游观之意，究之尚为治河起见，且其时往返供亿[②]，悉发内帑，沿途行宫，不施彩缋[③]。相传每处所费，不过一二万金，虽实情未必如是，然为害终不甚烈也。至乾隆，则供亿之侈，十倍康熙时。海内财赋之殚，民间风俗之坏，实基于是。帝于学术，远非圣祖之比。而几暇好自作诗文，论者谓其天资，不过如唐之肃、代。然好

---

① 糜：费。

② 供亿：供给，供应。

③ 彩缋：花样繁多的装饰。

罗致文人，致一时寖成风气，虽满人亦废兵戈而讲声律，文弱之风，亦于是乎肇。至帝晚年，复任用和珅，大肆贪黩[1]，恣意蒙蔽。于是康熙以来，百年培养之元气，遂悉败坏于一人之手。盖和珅本无学行，惟知黩货好贿，内外文武，非纳贿不能自安，而赃吏遂遍于天下。珅败后，籍没其家，资财凡百有九号，估价者二十六号，已值银二亿二千三百八十九万，未估价者，尚有八十三号，以比例计之，又当八亿有奇[2]。甲午、庚子两次偿款，仅和珅一人之家产，足以当之，实为从古未闻之事。以如此贪黩之人，而顾使一切大权悉操其手，则政治之败坏，自不待言矣。同前。

（丙）整理

（一）回讲：同前。

（二）约述：［一］天山南北路，至何时始渐平定？［二］清高宗对于南方之经略若何？［三］清高宗时，何故人民罹祸者相续？［四］高宗南巡之影响于国计民生者若何？［五］高宗晚年政治何故日坏？

（三）联络比较：［一］清代平定天山南北路，较汉唐二代有无异同？［二］清高宗之南巡，较明武宗之游幸何如？［三］和珅较鳌拜何如？

（四）思考：［一］康、雍二代之于准部，皆不能犁庭扫穴，至乾隆则能之，何也？［二］大、小金川，地狭而民寡，然清之克之，转较荡平西域、戡定青海为难，其故何欤？［三］大兴文字之狱，果足以慑伏人心否？［四］和珅仅一贪黩小人，何至贻害如此之巨？

---

① 黩(dú)：污。

② 奇：余。

（五）作表：

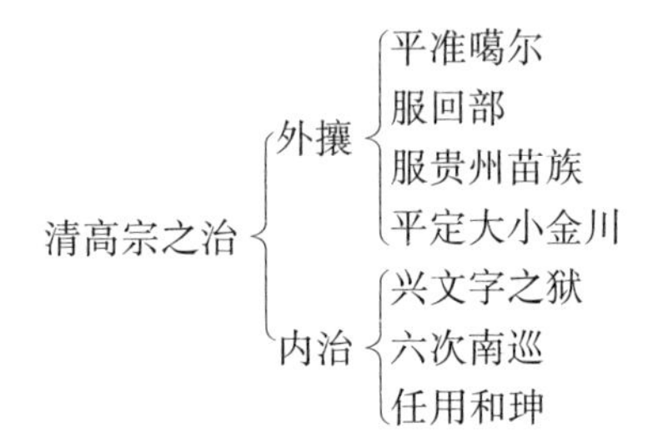

备考

自噶尔丹死，兄子策妄阿布坦为准噶尔部长。卒，子噶尔丹策凌继之。乾隆十年，噶尔丹策凌死，仲子策妄多尔济那木札尔立。十五年，为其下所弑，立策零长子剌麻达尔济。大小策零者，于准部为贵族，世执兵柄，达尔济与之交恶。策妄外甥阿睦撒纳乘机弑达尔济，而立大策零孙达瓦齐。已复彼此相攻，阿睦撒纳兵败，乃叩关内附，备言伊犁可取状。上大喜，使为乡导，而命班第等进兵，直捣伊犁。达败窜回境，回酋霍吉斯执之以献，并献罗卜藏丹津。于是班第等留伊犁，筹善后。阿酋奉诏赴热河。时帝意欲封准噶尔诸酋皆为汗，使如喀尔喀例，永为外藩。而阿睦撒纳欲兼长诸部，行至中途诡言治装，还旧部举兵叛，其党应之。班第战死。上以厄鲁特[①]人无德可怀，命兆惠等痛剿之。会诸部内哄，痘疫又盛行，阿睦撒纳不能抗，走死俄罗斯，于是天山北路大定。

新疆之有回酋，始于明季。其始至者曰玛黑(墨)特，为摩诃末之裔，居喀什噶尔。南路之民，翕然尊信之。至居南路拥汗号者，则

① 厄鲁特：漠西蒙古卫拉特的别称。

皆察合台之裔。厄鲁特强盛,元裔诸汗尽为所执,迁居天山以北,回部及哈萨克亦为其属,并质回教酋于伊犁。噶尔丹败,回酋阿布都实特自拔来投,圣祖使人护至哈密,归诸叶尔羌。其子玛罕木特欲自为一部,不外属。噶尔丹策零复袭执而幽之,并羁其二子,长曰布那敦,次曰霍吉占,即所谓大、小和卓木者也。乾隆二十年,初定伊犁,释大和卓木,以兵送归叶尔羌,使统旧部。而留小和卓木居伊犁,掌回务。阿睦撒纳之变,小和卓木助之。逾年,清师再定伊犁,小和卓木遁归,与大和卓木集所部叛。上命雅尔哈善等讨之,围库车,二人逸去。后以兆惠等代之,苦战二年,拔叶尔羌及喀什噶尔。三十四年七月,大、小和卓木遁走巴达克山,巴达克山酋擒其兄弟,函首来献,回部平。于是葱岭以西,布鲁特、爱乌罕、博罗尔、敖罕、安集延、巴达克山诸国,皆遣使入贡。

四川、云、贵、广西诸土司,自明以来为郡县害颇剧。雍正四年,鄂尔泰巡抚云南,兼总督事,疏请改土归流,从之。鄂尔泰委任张广泗、哈元生等,剿抚并用,五年之间,滇黔川粤诸土司,悉改流。各土司失世守地,心不甘。鄂尔泰内用,贵州苗叛乱。会世宗崩,高宗立,以张广泗经略苗疆,抚熟苗,殄生苗,设九卫屯田,养兵戍之,事乃大定。金川土司,明代始受敕封,后分为二:西曰促浸,译言大金川;东曰儹拉,译言小金川也。雍正初,以莎罗奔从征西藏有功,授金川安抚司。莎罗奔自号大金川,而以旧土司泽旺为小金川。乾隆十一年,大、小金川构衅,扰及邻近土司,上命张广泗、讷亲征之,无功。更命傅恒为经略,莎罗奔乞降,然未大创也。不数年,莎罗奔兄子郎卡,复与泽旺及邻近土司构衅,川督阿尔泰不能剿,反使结婚以和解之。由是两金川之势合,郎卡之子孛(索)诺木,泽旺之子僧格,狼狈为奸,势益猖獗。乃命大学士温福,及阿桂、丰伸额、岳钟琪等讨之,温福战死。至四十一年二月,阿桂始借钟琪之力,平定两金川。盖用兵已五年矣。

康、雍、乾三期，屡兴文字之狱，杀戮株连之惨，为亘古所无。今举其著者。初，明相国乌程朱国桢，尝著《明史》，稿藏于家。国变后，家中落，质其稿于富人庄廷鑨。廷鑨以己名刻之，而为补崇祯一朝事，语多指斥。归安知县吴之荣罢官，谋以告讦为功，白其事于大吏。廷鑨纳重贿以免，乃改刊之。之荣又购得初本，上之法司。事闻，遣刑部官出谳狱，时廷鑨已死，杀其弟廷钺，并杀作序、校勘、刻工及卖买者，诛及家族，死者七十余人，妇女并给边，是为《明史》之狱。桐城戴名世撰《南山集》，多采同邑方孝标所著《滇游纪闻》语。都谏赵申乔奏之，谓《南山集》及名世所著《孑遗录》有大逆语，狱成。论名世极刑，族皆弃市，未及冠笄者发边。时孝标已死，其子孙皆斩，有服者[1]皆坐死。作序及捐资刊行者论绞。是为《南山集》之狱。皆康熙时事也。雍正四年，查嗣庭为江西正考官，试题曰"维民所止"，讦者谓其去雍正二字之首。世宗上谕，谓其显露心怀怨望及讥刺时事之意，定其罪为大逆不道。是为试题之狱。浙人吕留良，讲学于乡里，卒后，湖南曾静见其所评时文中，有论夷夏之防及井田、封建等语，好之。求其遗书，留良子毅中悉以授之，遂聚徒讲学。时帝杀其弟允禩，允禩之党，散布流言，静谓有隙可乘，七年遣其弟子张熙，往见川陕总督岳钟琪，说以起兵复明阼。钟琪奏之，捕静、熙入京，帝亲讯之。时吕留良已死，剖棺戮尸，并族诛之。其门弟子株连而死者极多，而独赦曾静及张熙。及高宗即位乃杀之。是为文评之狱。至高宗时文字之祸，则以胡中藻、徐述夔之诗狱，及王锡侯《字贯》之狱为最著。胡中藻者，鄂尔泰门生。乾隆初，鄂尔泰与张廷玉一同受遗诏辅政，二人结党互排，满汉之猜嫌，因之以起。中藻

---

① 有服者：亲属。

著有《坚磨生诗钞》，帝摘其中词句，谓为有意诋毁。逮问，坐凌迟，家属皆处斩。徐述夔者，浙江人，著有《一柱楼诗》，帝亦摘其中词句，谓为悖逆。述夔已死，戮其尸，二子俱坐斩。王锡侯者，江西人，著有《字贯》，于《康熙字典》多所纠正。帝又斥为大逆不法，逮问治罪。自巡抚以下，亦均获失察之咎焉。

高宗六次南巡，事在乾隆十六年及二十二、三十等年。

和珅者，满洲官学生，应役銮仪卫，以选舁御轿，应对称旨，骤充总管，累迁至尚书，授大学士。乾隆四十二年以后，专权用事。子丰绅殷德，复尚[1]公主，向用之专，一时无两。各省督抚司道，畏其倾陷，罔不曲意事之，苞苴[2]请托之风大行。其时督抚之以赃获罪者，赃款往往至百数十万，为前代所未有。其原因皆由于是。时阿桂以元勋上公，为枢府领袖，然十余年间，尝奉命赴各省治河赈灾查案，未尝宁居。故珅益得自专，渐至行文各省，令凡有奏折，先具副封白军机处，然后奏闻。其专政蒙蔽如此。乾隆六十年，帝传位于仁宗，自为太上皇听政，仍惟和珅之言是从，仁宗无如何也。嘉庆四年，太上皇崩，言路始交章劾之，即日夺职下狱，寻赐死。

---

① 尚：娶帝王之女为妻。

② 苞苴(bāo jū)：贿赂。

第十九　白莲教　天理教(一时间)

教材

白莲教为中国杂教之一，所至惑平民，聚徒党，为扰乱之举。高宗末年，教魁刘松谋乱，事觉被诛。其徒刘之协继传教于湖北，党徒益众。清吏捕之，不获。至于大索，亦不得。州县纵胥役骚扰，民怨大起。有徐天德者，起于四川，与湖北教徒联络起事，蔓延及陕西、甘肃、直隶、河南诸省。清廷讨之不胜。仁宗①立，诛和珅，用兵七年，乱事乃定。白莲教既灭，又有天理教起，燕、鲁、豫三省崇信者颇多，内廷太监亦附之。教魁林清乘仁宗出驻热河，约由宫中发难，仓卒失期，为禁军②所歼。

要旨

授以川楚教匪及林清之事，俾知清代内乱所由始。

---

① 仁宗：高宗第十五子，名颙琰，年号嘉庆。
② 禁军：护卫皇宫、都城的军队。

预习

笔记：复习第二册第十五黄巾之乱，本册第三韩山童创白莲教事。

教授次序

(甲) 预备

(一) 检查预习：同前。

(二) 指示目的：不逞之徒，往往有借邪教以作乱者。若清代之白莲教、天理教，其最著者也。爰书课题于板，指示之。

(乙) 提示

(一) 讲第一节：起课首，至"乱事乃定"。从来政治不修，则寇盗乘之而起。然其起也，亦必有所凭借。白莲邪教起于元末，至近世犹绵延不绝。然其为患，未有如嘉庆时川楚教匪之役者。乾隆末年，外观虽尚若治平，实则经高宗好大喜功之余，民生已渐见凋敝，而和珅贪墨，官吏争行贿以奉之。此等贿赂，无非取之于人民，于是思乱者日多矣。时有教匪刘松为官中所捕，遣戍甘肃。而其徒刘之协等复继之，于是河南、安徽、湖北三省，辗转穷究，骚扰殊甚，奸徒遂益得从中煽惑。教徒初起，仅在今湖北襄阳、荆南道一带，使能剿抚得宜，其势本易弭平。乃是时官军，腐败特甚。围攻半年，迄不能克，而贼反分兵数队，自河南入陕西，渡汉而南。于是四川之教匪，亦起而与之合，而其势益蔓延矣。时和珅尚握大权，军中将帅皆不得不克扣军饷，浮冒用款以贿赂之。将帅乘机，亦益肆侵盗。赴军中者，不数年归，即成巨富。每战，多以乡勇居前。贼亦效之，掠难民，使当前敌，官军挫衄[①]无论已。即胜，所杀者皆难民，真贼所伤不多也，于是愈剿而匪愈蔓延。及和珅伏法，乃下哀痛之诏，惩办首祸官吏，优恤乡勇，严核军需。贼之悔罪投诚者，为之设法安置。又行坚壁清野之法，使贼无所掠。于是军事始有转机，然尚至嘉庆七年十二月，始报肃清焉。同前。

（二）讲第二节：起“白莲教既灭”，至课末止。川楚教匪虽定，然白莲教余孽，尚布满四方，皆师其故智，造作经卷画像，为惑众之计。有曰天理教者，亦白莲教之支流余裔也。直隶、河南、山东三省，传播颇广。清自咸丰以前，车驾常幸热河秋狩。时天理教势力浩大，宫中内监亦有与之通者。教魁林清乃欲乘是时袭据京师，使其党分犯东西华门。幸觉察尚早，贼入者不多，反关以拒官军。官军攻之，二日一夜乃克。其党之起于河南者，亦征讨数月，而后定之焉。同前。

（丙）整理

（一）回讲：同前。

（二）约述：［一］白莲教为何等宗教，其宗旨及行事如何？［二］搜捕教匪，何至激起民怨？［三］教匪起于何二省？蔓延于何数省？［四］清廷始讨教匪，不胜。及诛和珅，兵事遂渐有转机，何故？［五］川楚教匪之役，前后用兵凡几年？［六］林清何故思袭京师，其众何故为禁军所歼？

（三）联络比较：［一］教匪较普通之匪如何？［二］刘之协等与张角、韩林儿等较如何？

（四）思考：［一］邪教宜禁绝否？［二］川楚教匪之乱，是否由官吏办理不善，有以激成之？［三］用兵七年，乱事乃定，可谓久否？

---

① 挫衄：挫败。衄，鼻等器官或部位出血。

[四] 林清之势力如何?

（五）作表：

白莲教
- 为中国杂教之一，聚党惑民以扰乱为事
- 起于四川、湖北
- 蔓延于陕甘、直隶、河南
- 始讨之不胜，及诛和珅，兵事乃有转机
- 用兵七年乱事乃定

天理教
- 继白莲教而起，燕、鲁、豫三省
- 内廷太监亦附之
- 发难宫中，失期而败

备考

白莲教者，假治病持斋为名，以敛财惑众，而安徽刘松为之首。乾隆四十年，松以河南邪教事发，被捕，遣戍甘肃。而其徒刘之协、宋之清等，传教于川、陕、湖北。日久党益众，遂谋不靖，倡言劫运将至，以同教鹿邑王氏子发生，诡称明裔。乾隆五十八年，事觉，捕松斩之。而刘之协远飏[1]，迹之不获。有旨大索，州县吏逐户搜缉，胥役威虐，于是民益仇官，而乱遂作。前后七年乃定，实洪杨以前一大役也。综记其事之始末，则起于荆宜[2]，而渐及于襄阳，炽于川陕，而并及于甘肃。以秦楚间之老林为窟穴，而出没窜伏于数省之间，其著名之匪目，则襄贼有齐王氏、姚之富，川贼有徐天德、王三槐、王廷诏、冉天元，陕贼有张汉潮，河南有刘之协等。其剿贼军事之转机，则在于嘉庆四年。盖前此将帅，多为和珅之私人，率克饷以奉珅，战事不利，则由珅为之弥缝于中，实未尝认真剿抚也。剿平教

① 远飏：逃窜远地。飏，同“扬”。

② 荆宜：荆州、宜昌。

匪，将帅之最著名者，满员为额勒登保，汉员则杨芳、杨遇春。其大股，以嘉庆七年报肃清，余孽则至九年而后尽。军费达二亿两，杀乱民计数十万，而官兵乡勇之伤亡，及各省良民之遭难者，尚不在其列焉。

天理教，以林清及李文成为魁。清，直隶大兴人。文成，河南滑人也。清谋袭宫禁，事不成，被擒于黄村。文成谋起兵于滑，为知县强克捷所捕。其党杀克捷，据滑，奉文成以叛，那彦成等讨平之。

第二十　林则徐（一时间）

教材

鸦片产自印度，明季以来，英人售之我国，嗜者渐多。耗财病民，莫此为甚。宣宗即位，严禁之，无效。林则徐[1]奉命至广东，即檄各英商，令缴鸦片。英人迫于威力，缴二万余箱，则徐焚之。英人以商本耗折，且恨其杜绝来源也，以兵攻粤，不胜。转扰闽，又扰江浙，入长江，逼江宁。在今江苏。清廷惧，罢则徐职，议和。偿兵费及烟价银二千一百万圆，割香港畀[2]之，开广州、福州、宁波、厦门、上海为商埠，乃罢兵。

要旨

授以林则徐之事，俾知五口通商之概略，为我国近代外侮之始。

---

① 林则徐：字元抚，福建侯官（今福州）人。

② 畀（bì）：给予。

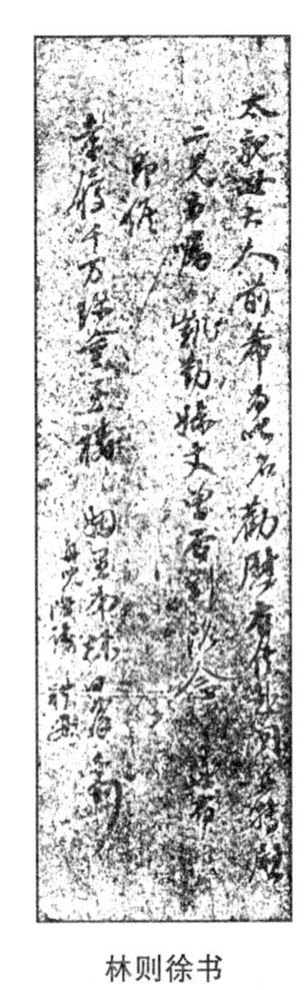

林则徐书

准备

林则徐手书图。

预习

笔记：复习第十一。

教授次序

(甲) 预备

(一) 检查预习：同前。

(二) 指示目的：我国近代之受外侮甚矣！其事实起于道光季年五口通商之役，身当其冲者，则林则徐也。爰书课题于板示之。

(乙) 提示

(一) 讲第一节：起课首，至“则徐焚之”止。鸦片之流毒中国甚矣。然非中国所固有也，有之，乃三四百年耳。先是我国西南，有大国曰印度者，即佛教起源之地也。地处热带，产鸦片颇多。英人自明季以来，通商其地，其势力日增月盛。至乾隆间，印度商权遂为英人所独占，与我国广东通商，贸易颇盛。而鸦片之输入，亦因之而日多矣。至道光①时，国民吸食鸦片之风愈甚。广东海口，岁漏银数千万两，银价日腾，而毒之中于民生者亦日甚。据当时浙江巡抚奏，黄

① 道光：清宣宗年号。宣宗为仁宗第二子，名旻宁。

岩一邑，白昼则街市萧条，入夜则熙来攘往，尚复成何事体？于是主严禁者渐多。烟禁非始于道光时也，雍正间即有之，但未能实行。至是，林则徐以钦差大臣驰赴广东查办。则徐知欲严烟禁，必须杜绝其来源。于是迫英商将所藏鸦片，尽行缴出。英商始不肯，则徐停止其贸易，又绝其粮食、饮料等以困之。英商无奈，乃将所藏鸦片，悉行缴出，则徐悉焚之。当时外国人观者甚多，皆颇以为允当。盖鸦片毒物，蠹国害民，英人之贩售，本不正当。即英人之公正者，亦恒自言之也。同前。

（二）讲第二节：起"英人以商本耗折"，至课末止。然鸦片被焚，英人损失颇巨。又中国自此以前，皆守闭关主义，于外人之来通商也，率深闭锢拒之。必至不得已，然后许之。关于通商之章程，不便者甚多，外人苦之久矣。适会烧烟事起，其领事义律遂报告本国政府，请用兵。时则徐知烟禁严，英人必寻衅，已早为之备。故英攻广东，不能克，乃转攻福建，亦不甚得志。遂改攻江浙，江浙无备。不半年而舟山、宁波、乍浦、吴淞、上海、镇江俱陷，进逼江宁。朝廷不得已，罢则徐，遣戍。而遣全权大臣与之议和，于是偿兵费，赔烟价，割香港，开五口之条约成。而于烟禁，一字不复提及。鸦片遂为默许之输入，流毒至今。同前。

（丙）整理

（一）回讲：同前。

（二）约述：［一］鸦片产自何处，何时始入我国？［二］林则徐禁烟之法如何？［三］当时英兵攻我之情形如何？［四］议和条约之大略如何？

（三）联络比较：［一］现今西洋各国，与前此与我接境之夷狄，情形同异若何？［二］英人之攻我沿海，较倭寇之患若何？［三］割地开埠之事，我国前此曾有之否？

（四）思考：［一］欲申烟禁，禁运与禁吸，二者孰要？［二］使各省皆如广东，英人能得志否？［三］《江宁条约》于烟禁一字不提，系失策否？［四］此次战争，曲在英，抑在我？

（五）作表：

鸦片输入之始末：
- 产自印度
- 明季以来英人售之我国
- 林则徐迫英商缴出鸦片二万余箱焚之
- 《江宁条约》于烟禁一字不提

江宁条约之要款：
- 偿兵费及烟价
- 割香港
- 开广州、福州、宁波、厦门、上海五口通商

备考

鸦片输入，始唐贞元①。以为药饵而吸食之，则始明季。乾隆中叶以前，输入者尚不多，以葡人为主。四十六年，英东印度公司得垄断中国贸易特权，孟加拉又为鸦片产地，输入之数，遂日增月盛。禁吸之令，雍正八年即有之，然商人往往嗜利私购，英商又贿我官吏，许为迁就，以故销路愈盛。道光十八年，鸿胪寺卿黄爵滋疏请严禁，廷议允行，然卒无效，乃令林则徐赴海口查办。十九年，则徐抵粤，收英商鸦片二万二百五十一箱焚之，并绝其贸易。二十年七月，英人以军舰五艘、汽船三、运船二十一，犯广东，不得逞。转而犯闽，又为邓廷桢所挫。英人请复互市，并索偿烟价，则徐不许。奏请饬江浙诸省严防海口，而英人已犯浙东，陷定海等处。于是朝旨中变，则徐与廷桢并削职遣戍，命琦善等赴广东议和。琦善至广东，尽撤

---

① 贞元：唐德宗年号。

海防以媚英人，许偿金六百万，以香港易定海，已有成议。英人亦撤浙东兵，而英将璞鼎查又以兵舰至，乘我海防已撤，突犯广东，陷虎门炮台，提督关天培死之。陷定海，总兵葛云飞等死之。陷乍浦，都统长喜等死之。陷吴淞，提督陈化成等死之。江督牛鉴遁，英兵入上海城。又泝江而上，陷镇江，逼江宁。琦善旋被逮，政府命耆英、伊里布与英使璞鼎查会于江宁，于二十二年七月定约，是为中英《江宁条约》十三款，其重要条件，则为割香港，开五口通商及赔款云。

第二十一　洪秀全(一时间)

教材

宣宗末年，两广大饥，民多为盗。花县在今广东。洪秀全乘势起兵，其徒皆蓄发易服。文宗[①]初即位，遣将御之，屡败。洪军势益盛，建号太平天国，自称天王。出广西，下湖南，破武昌，在今湖北。沿江东下，进据江宁，在今江苏。建都焉。分兵蹂躏，达十余省。清廷命曾国藩[②]从湖南率师御之。洪军既得江宁为根据地，志渐骄惰，其内部又以争权自相残杀。国藩占上游之势，遂进无退，兵力转强。至穆宗[③]朝，遂大举克江宁。秀全死，诸省次第悉平。

要旨

授以洪秀全之事，使知此为近代一大内乱。

---

① 文宗：宣宗第四子，名奕詝，年号咸丰。
② 曾国藩：字伯涵，号涤生。
③ 穆宗：文宗长子，名载淳，年号同治。

预习

笔记：复习第十一、十四及十六。

教授次序

（甲）预备

（一）检查预习：同前。

（二）指示目的：近代有一大内乱，蹂躏遍十六省，前后凡十五年，汝辈知之乎。爰书课题于板示之，曰此即其人也。

（乙）提示

（一）讲第一节：起课首，至“从湖南率师御之”止。汉人之反抗满族者，至康熙时而悉平。此汝辈所已知也。然其思想，初不以是而销灭。又历代之创乱者，往往借宗教以惑愚民。远之如张角、韩林儿之徒，近之如刘之协、林清辈，皆是也。清时基督教输入，其教义又与白莲等教不同。于是有窃其义自创新说者，则洪秀全是也。秀全，花县人，初师事广东朱九涛。九涛死，秀全遂自创一教，谓之上帝教，而名其教会曰三点。桂平杨秀清等附和之，信者颇众。道光二十七八年，广西大饥，饥民遍地，秀全遂乘之起事。秀全以排满为口实，故令其徒皆蓄发易服。清廷遣将攻之，不胜。然使但局促于广西，其为患犹有限也。而秀全及其徒颇有大略，乃潜出湖南，自湖南出湖北，沿江东下，不三月而江宁陷。其势遂不可制矣。秀全之教，本出基督，故亦敬天。建国号则曰太平天国，自称曰天王，然非必真有心行其教也，不过借此以图举事耳。当时官兵极腐败，每战辄北[①]。于是秀全所蹂躏之地，凡达十余省，其势不可谓不盛矣。而惜乎其不终也。同前。

（二）讲第二节：起“洪军既得江宁”，至课末止。太平天国兵势之盛，非洪秀全一人之力也，实赖杨秀清、石达开等辅翼之力。当时秀清、达开等五人，号为五王，杨秀清、萧朝贵、冯云山、韦昌辉为东、西、南、北四王，石达开为翼王。皆骁果知兵，故所向克捷。然秀全既得江宁，不免骄惰。当时有劝其大举北上者，不能用。而内部又以争权故，互相残杀，东、西、南、北四王皆死。石达开走上游不复归。太平天国之政令，一出于秀全之兄弟，无复远略，而其势日蹙矣。方洪氏军势之盛也，沿江一带，自武汉以下，几于尽入其手。幸时有能臣曰胡林翼[②]，与曾国藩协力，克复武汉。布置经营，屹为重镇。武汉既复，则上游势在官军。于是分兵两道，以水师沿江攻安庆，陆军以鄂为根据，攻皖，以图长江下游。嗣后顿挫虽多，而进取之方略，始终不外乎此。洪氏虽有良将陈玉成，曾一败清廷图皖之兵；有贤臣李秀成，固守江南，且分兵出扰赣浙以图解金陵之围。然大势卒不支。至同治三年六月，金陵遂为清军所克，自秀全起兵至此，凡十五年。同前。

（丙）整理

（一）回讲：同前。

（二）约述：[一] 洪秀全起兵时两广情形如何？[二] 洪秀全所建国号为何？[三] 洪秀全出兵之径路如何？[四] 洪氏既得江宁后，何以兵势反不如前？[五] 曾国藩之成功，于其所占地势，有关系否？

（三）联络比较：[一] 太平军与川楚教匪之比较。[二] 前此建

---

① 北：败。

② 胡林翼：字贶生，号润芝，湖南益阳人。

都江宁者，共有几国？其国势较太平天国如何？［三］前此寇盗，亦有蹂躏达十余省者否？

（四）思考：［一］设使两广不大饥，秀全亦能起事否？［二］蓄发易服，较现今之剪发，孰得孰失？［三］洪氏败亡之原因何在？［四］凡用兵皆须占上游之势否？

（五）作表：

洪秀全之事略
- 起兵广西，沿江东下，进据江宁
- 分兵蹂躏达十六省
- 蓄发易服
- 建号太平天国
- 既据江宁志渐骄惰，内部又自相残杀
- 曾国藩占上游之势
- 金陵破，秀全死，诸省悉平

备考

洪秀全，广东花县人。幼孤，长而力学于四方，广结同志。时广东朱九涛倡上帝会，秀全及同邑冯云山附和之。九涛死，秀全遂为教首。道光十六年，同至广西传教，桂平人曾玉珩，家素丰，引秀全为师，训其子弟。秀全妹婿萧朝贵者，武宣人也，亦家于桂平，与杨秀清比邻，秀全得与秀清交。而桂林人韦昌辉，及贵县人石达开，先后附从。徒党日多，秀全又附会天主教，目天父为耶和华，谓耶苏为天父长子，己为次子，故称耶苏为天兄。著《真言宝诰》诸书，传布四方，远近人民争附之。桂平知县贾令宁，捕洪、韦及冯云山三人置之狱，巡抚郑祖琛释之。值两粤大饥，所在盗起，秀全聚党益多，遂以道光三十年，起兵于金田村。清廷迭命林则徐、李星沅、赛尚阿、徐广缙等，视师广西。则徐道卒，星沅卒于军，赛尚阿战败，徐广缙逡巡不进。秀全势大炽。咸丰元年,据永安,称太平天国,自号天王,蓄发易服,出广西,犯湖南。冯云山、萧朝贵战死。旋掠舟渡洞庭,陷武昌,拥众而东。得沿江郡县,皆弗守,直取江宁,遂建都焉。乃分兵西图上游,北窥畿辅,为蒙古王僧格林沁所败。遂自安庆而九江,而汉阳、武昌,节节西进,悉据长江要隘。又渡湖而南,陷岳州、湘潭,将回兵通两粤。时向荣自广西进至江宁,军于城东,屏蔽苏浙,为江南大营,军威颇盛。会秀全党亦内乱,北王韦昌辉杀东王杨秀清,秀全又杀昌辉,石达开则遁走安徽。既而江南大营溃,向荣卒,秀全势复振。清以张国梁代向荣,而命丁忧在籍侍郎曾国藩办团练。国藩仿明戚继光法,募练湘民,号湘军。以诸生王鑫、罗泽南、李续宾等统之。各省创厘金,以筹军饷。以秀全据长江险要,与胡林翼谋设长江水师,使彭玉麟统之。既定湖南,出援湖北,进攻九江,久不下。而武汉复陷,转战江西、湖北间,塔齐布、罗泽南先后死。湖北巡抚胡林翼再复武昌,扼其上游。彭玉麟、李续宾等遂拔九江。既而续宾战殁于三河,江南大营再溃,张国梁死之,苏浙皆陷。国藩时督办江南军务,与胡林翼定议,缓救苏浙,急图安庆,使其弟国荃攻安庆,而多隆阿攻桐城以分其势。李续宜驻青草鬲,为二路之援。鲍超之兵,往来驰剿,彭玉麟、杨岳斌以师扼沿江要隘。左宗棠驻乐平、婺源间,以备截击。胡林翼驻湖北,遏其西窜,兼顾鄂防。国藩驻祁门,居中策应。咸丰十一年,国荃拔安庆,多隆阿亦连克皖北诸城。时文宗崩,长子载淳即位,是为穆宗,明年改元为同治。诏以国藩统辖江苏、安徽、江西、浙江四省军务,国藩驻安庆,浙事左宗棠任之,苏事李鸿章任之,国荃则率兵直捣江宁,宗堂由衢州入浙。鸿章至上海,别练新军,用洋人华尔戈登统率训练之,号常胜军。募勇皖北,参用西法操练,是曰淮军。以上海为根据,规复江苏。曾国荃与彭玉麟水陆并进,连破关隘,进逼江宁。四面合围,忠王李秀成及李世贤率众来救，围攻国荃于雨花台，至四十六昼夜，国荃卒却之。同治三年五月十七日，江宁被围久，城且陷，秀全知不可为，仰药死。六月十六日，江宁城陷，李秀成被擒。秀全子福瑱走江西，旋走广信，被擒。苏浙亦先后收复，余党皆平。秀全自道光三十年起兵，初据永安，咸丰三年取武昌，顺流下长江，由黄州至安庆，悉陷之，进都江宁。蔓延十六省，陷六百余城，至同治三年，凡十五年而亡。

第二十二　曾国藩(一时间)

教材

曾国藩，湘乡在今湖南。人。洪秀全起事，国藩以侍郎在籍，奉朝命，办团练于长沙，在今湖南。因募农夫为勇，用书生为营官，教以战阵节制之法，号曰湘军。并于衡州在今湖南。创造战舰，命彭玉麐(麟)诸人练之，是为湖南有水师之始。及与洪军屡战，长江上游诸隘，俱为湘军所有。东南兵事，渐有转机。江西、安徽二省，先后定。江宁之下，国藩弟国荃力尤多。国藩历仕宣宗、文宗、穆宗三朝，知人善任。其后左宗棠、李鸿章之大用，皆由国藩。又善文章，名重当世。

要旨

授以曾国藩事略，俾知近代之一军人及政治家。

准备

曾国藩肖像图。

预习

笔记：复习前课。

教授次序

（甲）预备

（一）检查预习：同前。

（二）指示目的：洪秀全之乱，势力不可谓不盛矣。然卒克戡定者，汝辈知何人之力为多乎。爰书课题于板，并指肖像示之。

（乙）提示

（一）讲第一节：起课首，至"水师之始"止。洪氏得志之易，虽有他种原因，而官兵之腐败，实其原因之最大者也。当时军营中人，习气极深。兵则不能力战，将则惟知侵饷自肥。故欲剿贼，非另行练兵不可。然使任意招募，则来者仍多市井浮滑之徒，于事无济也。故国藩先正其本。其募兵，专取诚朴之乡农；其营官，则皆用书生。取其朴实而敢死，知道义而尚气节也。又时贼出长江，掠民船以为战舰，官军无舟楫，难与争利。国藩乃创议练水师，一切规制，皆自周咨博访，参以己意，督工创造。及湖南水师成，而长江之利，贼与官军共之，军事之转

曾国藩

机，肇于此矣。同前。

（二）讲第二节：起“及与洪军屡战”，至课末止。武汉之下，诚得胡林翼之力居多。然自此以后，以鄂为根据，扫清长江下流，则皆国藩发纵指示之力也。自胡林翼遣师攻皖，不克，官军之势力又一挫。于是诏曾国藩署两江总督。时贼方分兵窜扰诸省，国藩乃分遣诸将援之，而自以兵攻围安庆，克之。国藩弟国荃，遂以兵二万，深入围金陵。时沿江要隘，尚未尽入官军之手。孤军悬贼中，势甚危险。又直大疫，贼兵围而攻之，国荃死守，历四十六日，不败。于是贼势不可复支，而金陵陷落之时机至矣。国藩不徒善用兵也，又善文章，通经济之学。其在军中，读书作字如平时。尤善知人，左宗棠、李鸿章等，始皆其幕友僚属，国藩识拔之，使当大任。洪杨之乱，左宗棠肃清赣、浙，李鸿章募兵于淮、徐，以攻苏、松。其后宗棠又戡定回匪，鸿章则剿除捻寇，且以一身任军事外交之重者三十年，其始皆国藩所识拔也。同前。

（丙）整理

（一）回讲：同前。

（二）约述：［一］曾国藩何处人？其办团练在何地？［二］试述国藩创练湘军之大略。［三］国藩始练水师在何地？［四］江宁之下，得何人之力为多？［五］国藩除用兵外，尚有何特长？

（三）联络比较：［一］曾国藩之练兵，视戚继光如何？［二］曾国藩之水师，视郑成功如何？［三］曾国藩较郭子仪如何？

（四）思考：［一］曾国藩募勇，何故必取农夫？其营官，何以必用书生？［二］设无水师，国藩能制胜否？［三］知人善任，是否为大臣之度？

（五）作表：

曾国藩之事略
- 练湘军
- 创水师
- 与洪军转战，占据长江上游诸隘
- 知人善任
- 善文章，名重当世

备考

洪杨军起，曾国藩以侍郎丁母忧，在湘乡原籍，朝命帮办本省团练。时绿营①腐败不可用，满蒙军稍整齐，又骄倨，不可命令。国藩言欲办贼，必恃乡勇，当募乡民之诚朴壮健者为之。训练一人，即收一人之用；训练一日，即收一日之效。其选择，以朴实有农民气者为主，凡油滑有市井气，及有衙门气者，均不用。统兵则务用书生。其与江忠源书有云："当练兵一万人，求吾党质直通晓军事之君子，将之以忠义之气，辅之以训练之勤，相激相劘②，然后言战。"可以知其宗旨矣。然是时，兵与勇不相能，在长沙尤甚。统兵之官，屡与国藩相龃龉。国藩不得已，移驻衡州。时贼掠长江民船，以为战舰，来往便捷。国藩知非有水师，不能与之争胜。于是在衡州遍访造船之法，参以己意，用商船试改为之。发炮，船果不动摇，更参以广东船式，增置桨座。拨银八万两造之，船成，以示长沙黄冕，冕曰："予阅船多矣，从无如此整齐者。惟长江汉港纷歧，敌船易于隐匿，当添造江南小舢板，每营配布若干艘，方足供搜索窥探之用。"国藩从之。咸丰四年二月，水师成。国藩乃率之，由衡州浮湘而下，后湘军战绩遍天下，然其始起，乃由国藩等素不知兵之书生训练成之云。

---

① 绿营：清代国家常备兵之一，主要由汉兵组成。

② 劘(mó)：磨砺。

同治元年五月，曾国荃以兵二万，深入围金陵。时安庆、庐州虽下，沿江贼气，尚未全清。八月，金陵大疫，李秀成乘之，大会诸王之兵攻国荃。湘军力疾守御，自十九日至九月三日，凡十五昼夜。而李世贤之兵复自浙江至，攻扑愈力。湘军出堑濠，破敌十三垒。会敌所穿地道数处，同时俱发，铁飞石裂，敌军乘之而进，湘军亦以白刃御之。至十月五日，复破敌数十垒，敌军乃退却，计前后苦战凡四十六日云。国藩记时湘军疾疫之状曰："兄病而弟染，朝笑而夕僵，十幕而五不常爨，一夫暴毙，数人送葬，及其返也，半殪于途。"当时病势之猛烈，概可想见。而李秀成、世贤之众，十倍于国荃，卒能以少拒多，屹然不摇，不可谓非战役史上之奇观也。二年四月，国荃克雨花台九洑州。十月，城外要隘略尽，李秀成入城死守。三年正月，诸军合围。六月，金陵遂下。

国荃，字沅甫。彭玉麟，字雪琴，湖南衡阳人。左宗棠，字季高，湖南湘阴人。李鸿章，号少荃，安徽合肥人。

第二十三　英法联军(一时间)

教材

方洪秀全势盛时，广东官吏，有至英船捕中国逃犯者，拔英船旗帜，且执其操舟华民送省。英船索还之，广督叶名琛①不允。英人怒，遂起衅。适法国教士在粤被害，英乃与法联军，陷广州，在今广东。执名琛去。更北进大沽口，取天津，入北京，焚圆明园。文宗幸热河今直隶②北。避难，命奕䜣③留守北京议和。从俄使劝，赔款银一千八百万两。俄人已乘乱割我黑龙江以北，至是又割乌苏里江以东地酬之。

要旨

授以咸丰时英法联军之大略，使知此为近世首都失陷之始。

---

① 叶名琛：字昆臣，湖北汉阳人。
② 直隶：旧省名，相当于今河北省。
③ 奕䜣：文宗第六子，恭亲王。

预习

笔记：复习第二十课。

教授次序

(甲) 预备

(一) 检查预习：同前。

(二) 指示目的：首都沦陷，为国大辱。有清一代，竟至二次。其第一次，则英法联军之役也。爰书课题于板示之。

(乙) 提示

(一) 讲第一节：起课首，至“执名琛去”止。五口通商之事，汝辈既知之矣。此役虽勉强言和，然中英两国之感情，毕竟不甚融洽。广东之民，乃自起团练，以拒英人。要其以不许入城一语，订入专约。英人见粤民声势汹汹，惧妨商务，许之。然心实不谓然也。其时总督两广者为徐广缙，巡抚广东者为叶名琛，遽以此事粉饰入奏。朝廷大悦，封广缙一等子，名琛一等男以奖之。名琛固虚憍，遂自谓交涉能员。虽朝廷，亦以交涉能员许之矣。后广缙去，名琛代为总督。遇交涉事，益自大。英人心衔[①]之。适有广东官吏至英船捕逃犯之事。此船固中国人所有，船主亦中国人，惟曾在英国船舶所登记，故挂英旗。然至广东官吏上船捕犯之时，登记之期，业已先满，则不过一华人之船，冒插英旗者耳。于法，亦不能指为中国官员之侮辱英国也。乃英人积忿在心，借此寻衅。中国官吏，又不知公法，不明事

---

① 衔：恨。

实之真相，不能与之辩论。遂有英法联军攻陷广州之事。名琛本虚憍，既启衅，又不设备，遂为英兵所擒，致之印度，后二年而卒。自是广州为英法兵占据者三年。同前。

（二）讲第二节：自“更北进”，至课末止。英法军既陷广州，欲乘机改订商约，俄美二国亦与俱，四国使臣联名贻书中国首相，群集上海待命。朝命就各疆吏议之，英法不谓然，率军舰径至天津，守兵炮击之，不胜，大沽炮台陷。清廷乃派全权至天津议和，英、法二国各定商约若干条。明岁至天津互换，英、法二使至，清廷方设防大沽，令改由北塘口入，不听。清兵击之，英、法兵败绩，遁回上海。旋复发兵陷大沽口，破天津，文宗走热河，英、法、美遂入京师，焚圆明园。俄使居间调停，复成和议。先是咸丰八年俄乘乱要求订约，已许割黑龙江以北地。至是又结约，许割乌苏里江以东地，两共失地数百万方里焉。同前。

（丙）整理

（一）回讲：同前。

（二）约述：[一]《江宁条约》定后，英人何故复起兵衅？[二]法人何故与英联军？[三]英法兵入北京后，其举动如何？[四]文宗出奔后，留京议和者何人？[五]此役俄国虽未用兵，曾得何利益否？

（三）联络比较：[一]叶名琛与林则徐之比较。[二]英法联军陷京师，与前代契丹、女真之入大梁，蒙古之陷临安，也先之攻北京，同异若何？[三]咸丰时《中俄界约》，与《尼布楚界约》之比较。

（四）思考：[一]叶名琛之外交，失之强硬乎？抑其失别有所在乎？[二]杀害外国教士，其事合理否？杀一教士，遽开兵衅，其事合理否？[三]英法联军入北京后，纵无俄使介绍，亦能成和议否？即谓俄使调停有功，是否须割乌苏里江东之地，以为报酬？

（五）作表：

英法联军
- 英人以华官拔其旗帜为口实
- 法人以广西杀其教士为口实
- 陷广州，执叶名琛
- 陷大沽、天津，入北京，焚圆明园
- 赔款千八百万两，议和

中俄条约
- 咸丰八年—割黑龙江以北
- 咸丰十年—割乌苏里江以东

备考

广东另订《通商专约》，以不入城列入约中。事闻，徐广缙、叶名琛皆封爵，为道光二十九年事。咸丰二年，广缙去，名琛代为总督。六年九月，有船名亚罗者张英国旗，驶入内河。时寇匪充斥，而此船中实匿逸匪十三人。一水师千总登船捕获之，拔其旗。西洋以下旗为大辱，英领巴夏礼，遂匿阿（亚）罗船登载业已期满之事，照会名琛，索还所执。名琛使微员送十三人还之。时巴夏礼已与其驻粤水师提督密议，欲乘此求入城，翻前约。又见所遣仅微员，疑有意辱之，遂不受。曰若并送千总来，乃受；并言若不如约，即攻城。名琛置不理。越日，英以炮攻城，夺踞海珠炮台，轰督署。十月朔，英兵入城，旋退出，欲与名琛面议。不许，亦不设备，而粤民焚十三洋行，英、法、美皆在其中。巴夏礼送驰书本国政府请战，议院中公正之士尼之，谓英国虽可保护商船，不便保护海贼。而英政府方锐意侵略，遽解散议会。又以华官毁英国旗，侮辱英国，激怒其民，舆论沸腾。再当选之议员，遂多主战。英王使额尔金赴粤，说法、美以合纵之利，贻书名琛，要求赔偿，重立约章。法、美亦请酌给赔偿，且愿任调停。叶悉置不理。额尔金久不得要领，遂与法、美联盟。七年十一月,英人陷省城,执名琛去,置之香港,后移之印度之孟加腊,竟得疾,不食而死。时人为之语曰:“不战不和不守,不死不降不走,古之所无,今之罕有。”盖嘲之也。英、法兵既踞粤城,遂以改订商约之事致书中国首相。朝议以英、法、美事责两广总督,俄事委黑龙江将军。四国不听,联翩北上。七年二月,至天津,户部侍郎崇纶往议。英人以非全权,拒不见。四月,英、法兵陷大沽炮台,阻我海运。乃遣大学士桂良、尚书花沙纳赴天津议和,定《中英续约》五十六款,《中法条约》四十二款。约定,英、法兵退。清政府命僧格林沁设防大沽以备之。明年,英、法使臣来换约,英政府命之曰:“必自白河入。”中国虽阻之,必强航之,盖有意挑衅也。二使至,僧格林沁命改由北塘,不听,击之,创而去。时九年六月也。敌既受创,更大举北犯,陷天津,逼京师,焚烧圆明园。文宗幸热河以避之,使恭亲王奕䜣留守。英、法兵将攻禁城,俄公使居间调停。于十年九月,定《中英续条约》九款,《中法续约》十款,偿兵费及商亏,二国各八百万元。开十一口为商埠。粤东九龙司地方一区,前于本年二月永租于英,今并入英属香港界内焉。初《尼布楚条约》之定,俄人心尝不甘。咸丰八年,乘我有内乱,不暇北顾,订条约于瑷珲,尽割外兴安岭以南、黑龙江以北之地。及是,复以调停和议为功,十年,定条约于北京,又割乌苏里江以东至日本海滨之地焉。

第二十四　中俄交涉(一时间)

教材

文宗时，自洪氏外，山东、安徽等省有捻乱，云南亦有回乱。穆宗立，陕、甘、新疆之叛回，又据城戕官，皆次第平复，惟新疆尚为所据。德宗①立，命左宗棠率师西征，其后遂与俄人交涉。新疆之西，有浩罕部②者，亦回族。为俄所逼，因劝新疆独立，觊得其地。时英欲联浩罕以拒俄，劝清勿讨，俄人则借口防边，占据伊犁。在今新疆。左宗棠严辞拒英，以兵力剿回乱，浩罕不敢动，新疆遂平。及德宗四年，遣使赴俄，索伊犁。俄还地甚少，朝议大哗，中俄几宣战。后改命曾纪泽使俄，力争别订新约。始收回伊犁，改新疆为行省。

要旨

授以中俄伊犁交涉之概略，使知边备不修之可危。

---

① 德宗：宣宗之孙，文宗之侄，名载湉，年号光绪。

② 浩罕部：今乌兹别克境内。

预习

笔记：复习本册第十八。

教授次序

（甲）预备

（一）检查预习：同前。

（二）指示目的：西北边防，伊犁最急，同光间几于亡之。幸而得复，而引起此交涉者，实为回乱。可见内治不修，易招外侮也。书课题于板示之。

（乙）提示

（一）讲第一节：起课首，至“其后遂与俄人交涉”止。咸同二朝，中国之内乱，又不仅洪杨已也。时则起于北方者，有捻匪之乱。起于西南及西北者，复有回乱。捻匪者，本山东游民，相集为盗，横行于山东、河南、安徽间。其后又分为二：一入山东，为东捻。一入陕西，为西捻。东捻李鸿章剿平之，西捻则左宗棠剿平之。洪杨之乱，北方不甚被兵祸。及是，自淮以北，亦大凋弊矣。回乱起于云南，又起于陕甘。云南之乱，虽亦十余年而后平，然其关系大局，尚不至如陕甘回乱之甚。陕甘回乱，起于同治初元，捻匪入关，回匪遂乘之而起。所至聚合，劫掠汉人村镇，官军尽力剿捻，不暇兼顾回匪，回匪势遂益炽。七年十月，西捻平，左宗棠乃得专其力于剿回。十年七月，肃清黄河以东。十二年九月，始逐回匪出嘉峪关，然新疆尚为所据也。于是宗棠更西征，而与俄之交涉亦以起。同前。

（二）讲第二节：起“新疆之西”，至“新疆遂平”止。乾隆盛时，中国声威常及于葱岭以西。汝辈既知之矣。道光以后，声教不能远及，而俄人日事侵略中央亚细亚，英亦欲北并回部，以屏障印度。新疆边外，遂为英、俄二国之争点。陕甘乱时，新疆回匪亦乘之以起。有阿古柏帕夏①者，故敖罕②将，尝与俄战，破之，甚有威名。及此，遂据天山南路，乘机自立，英、俄竟皆认为独立国。英人利浩罕势力之张，欲联以拒俄，劝中国勿用兵。而俄人更乘机占据伊犁。使非左宗棠之兵力足以进取，其为患可胜言哉！幸陕甘已平，宗棠兵力充足。光绪二年，遂进取新疆。九月，北路肃清。三年三月进兵南路，阿古柏仰药死。至十一月，南路亦平。同前。

（三）讲第三节：起“及德宗四年”，至课末止。然新疆虽平，与俄之交涉尚未已也。俄人之占据伊犁也，清廷诘问之。俄人言：伊犁亦通商埠，恐中国兵力不足，不能保护商民之利益，故代中国守御，一俟中国兵力充足，即行交还。及是，清廷执前议索伊犁，俄人无以拒。乃胁崇厚，订不利于我之条约，但以空城归我，四周之地尽为俄有。约成，朝议大哗。清廷乃召崇厚还，代以曾国藩之子纪泽。时俄人坚持前议，两国国交几至破裂。幸左宗棠兵力尚足，新胜之后，威名颇著。俄人未敢轻于用兵。纪泽又有外交才，能折冲樽俎③。六年，乃彼此让步，我加偿俄以款项，而俄人则以伊犁还我焉。约既成，清廷知西北边事之亟也，于是改新疆为行省。同前。

（丙）整理

（一）回讲：同前。

（二）约述：[一] 捻匪起于何省？所蹂躏之地为何省？[二] 西南回乱，起于何省？[三] 西北回乱，为何二省？[四] 英俄二国，对

---

① 帕夏：伊斯兰教国家高级官员的称谓。
② 敖罕：浩罕别称。
③ 折冲樽俎：指不用武力而在酒宴谈判中制敌取胜。

新疆叛回之态度如何？［五］德宗时与俄之交涉如何？

（三）联络比较：［一］捻匪与洪杨军之比较。［二］回乱与洪杨军、捻匪之比较。［三］西南回乱，较西北回乱，关系大局孰甚？［四］《伊犁条约》与《尼布楚条约》及《瑷珲》、《北京》两条约之比较。

（四）思考：［一］当时之回乱，设不能以兵力定之，其结果如何？［二］中俄伊犁交涉，俄人何故不敢十分强硬？［三］改设行省，有益边防否？

（五）作表：

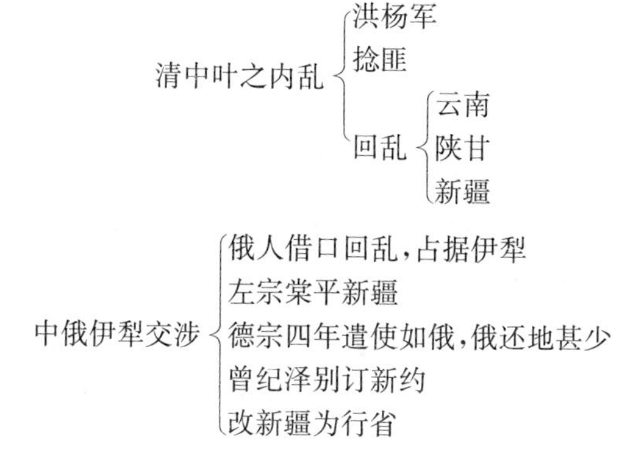

备考

捻匪亦名撚匪，起于山东。以其明火劫掠，撚纸燃脂，故谓之捻。而张洛行为之魁，据雉河集[①]为巢穴，由皖扰豫。僧格林沁攻克雉河集，杀洛行，其从子张总愚领余众走山东，与任柱、赖汶光合。僧格林沁追之，遇伏而死。清命曾国藩剿捻。国藩练马队，创黄河水师，倡圈制之法。于江苏之徐州，安徽之临淮，山东之济宁，河南

① 雉河集：今安徽亳州境内。

之周家口，各驻重兵为四镇。筑长墙，扼运河，捻率众薄河堤，清兵大破之。捻遂分为二：张总愚入陕西，为西捻。任柱、赖汶光由河南入山东，为东捻。已而国藩回江督任，以李鸿章代之，仍用圈制之法，督郭松林、刘铭传诸军，大破捻于淮扬徐海间。任柱、赖汶光先后死，东捻平。西捻扰渭北，与陕回合。左宗棠破之，窜入山西，进窥畿辅。各路清兵，围之于天津以南，茌平以北。左宗棠扼直隶河桥，李鸿章扼山东德州，曾国藩檄水师入德州助之。值黄河盛涨，清兵迫之于黄、运、徒骇[①]间，擒斩无算，张总愚赴水死，西捻亦平。时同治七年也。回教徒之杂居内地，始于唐，盛于元。其性情与汉人格不相入。咸同间，各省兵力，专注于发捻，不暇西顾。回势遂日炽，滇回任五等，勾结陕回，作乱，为多隆阿所剿，多死，陕回复盛。悍酋白彦虎等，据董志原[②]为老巢。同治七年，左宗棠督军入陕拔之，尽驱陕回入甘。甘回马化龙踞金积堡[③]，宗棠进军甘肃，诛其父子。同治十二年，关内肃清，甘回亦平。惟白彦虎逃出关外。初河西回教徒，有东干族者，回纥后裔也。同治元年，起事甘肃，新疆之回教徒并起应之。浩罕酋阿古柏，方畏俄人之逼，乃率师东进，降东干族。同治九年，定都阿克苏，天山南路大半归其掌握。英、俄认为独立国。左宗棠既定陕甘，兵势大盛。光绪二年三月，进据巴里坤、哈密以通饷道，六月克乌鲁木旂，九月，北路肃清。三年三月，克辟展、吐鲁番，扼南路之吭，阿酋穷蹙，仰药死。十一月南路亦平。

方白彦虎之倡乱于新疆也，伊犁大乱，俄商被害者颇多。俄人乃使科哈夫士克将军以兵镇压之，招诱土民，土民多从之。乱平，俄遂以保护为名，占据伊犁。及左宗棠定天山南路，欲乘势规复伊犁，

---

① 徒骇：河名，位于黄河下游北岸。

② 董志原：今甘肃庆阳市境内。

③ 金积堡：今宁夏吴忠市金积镇。

乃促驻边境之俄官交还伊犁，不听。政府命崇厚往议，两国全权使臣于拉哇基议定交还条件。俄要挟百端，崇厚悉允之。事闻，召崇厚还，下之狱。以曾纪泽为全权专使，往俄京，再与开议。俄坚执崇厚议，调舰队，示恫喝。中国亦日治战备，廷臣多主战者。英相格兰斯顿居间调停，乃定约，还伊犁，俄得偿金九百万罗布。然伊犁虽还，而中亚之地，悉为俄属矣。时光绪七年也。十年，遂改新疆为行省。

第二十五　中法之战(一时间)

教材

穆宗末年，安南内乱，法人干涉之。安南不能堪，遂联刘永福[1]军与战。永福者，洪氏之余党，以黑旗为号，所谓黑旗军是也。已而法与安南议和，认安南为自主国。德宗以其为我藩属，不允，遣兵与黑旗军会，攻法师。法别遣军，攻我沿海边隘，转破福州，在今福建。法将孤拔中炮死。其陆路援军，亦败于镇南关。在今广西。捷报未至，李鸿章与法使订和约于天津，认安南为法保护国，所谓《天津条约》也。既而缅甸为英所灭，暹罗乘机独立。合前此日本灭琉球计之，我之属国，已去其四。

要旨

授以中法战事，俾知南方藩属之失。

---

① 刘永福：字渊亭，广西钦州(今防城)人。

预习

笔记：复习本册第十六、十八课。

教授次序

（甲）预备

（一）检查预习：同前。

（二）指示目的：光绪以后，我国藩属尽失。法越之役，实其第一事也。爰书课题于板示之。

（乙）提示

（一）讲第一节：起课首，至“所谓黑旗军是也”止。康、乾之际，中国属地开拓，不第西北已也，即南方亦有之。安南、缅甸、暹罗三国，皆我南方之属国也。安南国王，本姓黎氏。乾隆时，为其臣阮氏所篡。然阮氏又有新旧之别，新阮者，旧阮所分封之子弟也。黎氏之亡，旧阮已先为新阮所灭。于是新阮王安南，旧阮遗族有出奔者，介①法教士，乞师于法。嘉庆时，遂逐新阮而代之。嗣后法人求索无厌，安南人始厌之。然既已引之入室，则其势终不可拒矣。同治时，安南内地，略有不靖。法人遂借口保商，派兵干涉之。时安南兵力极腐败，不能御。有刘永福者，洪秀全之余党也。洪氏败后，遁迹安南边界。其人颇有才，招安南及中国滇桂人民，开垦荒地。又练之为兵。安南不能制，遂与联和。及法侵安南，永福遂助安南人与战。同前。

（二）讲第二节：自“已而法与安南议和”，至“所谓《天津条约》也”止。

---

① 介：因，凭借，依靠。

旧阮得国，虽由法人，然仍受册封朝贡于我。法与安南构兵后，旋复议和，认为自主之国。约成，然后告中国。中国弗善也。会光绪八年，法越复构兵，乃诏发兵助刘永福攻之。时我国在安南方面之陆军，颇足与法敌。然海军不振，为法袭败于马江。海军败，则沿海数千里，惟法所欲攻矣。防御安得遍及，此中国所以中怯，而欲与法议和之原因也。然法海军虽胜利，其统将孤拔亦中炮死，而陆军又大败于镇南关。使能更与坚持，未必遂至失败。乃其时交通不便，捷报一时不能到京，而李鸿章遂与法议和于天津。虽仅免赔兵费，然安南则从此为法保护国矣。同前。

（三）讲第三节：自“既而缅甸”，至课末止。安南既亡，缅甸、暹罗亦不能保。缅甸西与印度邻，印度为英灭后，屡以疆埸之故与英构衅，势力不敌，常败衄。越亡之岁，缅甸亦为英所灭。暹罗介两大间，以英、法互相猜防，得不亡。然亦乘机自立，非复我属国矣。又有琉球者，东海中岛国也。自明以降，即臣服于我国。光绪五年，日本忽发兵灭之。日本之为此，盖所以尝试我也，我不能争，而后患遂因之迭起矣。同前。

（丙）整理

（一）回讲：同前。

（二）约述：[一] 法侵安南，借口何事？[二] 兴安南联合御法者何人？[三] 中国何故与黑旗军会攻法师？[四] 中法之战，胜负若何？[五] 战后之结果如何？[六] 康熙时南方藩属，安南外尚有何国？今尚为我属国否？[七] 中法之战以前，我国尚失何藩属？并安南、缅甸、暹罗计之，其数凡几？

（三）联络比较：[一] 失藩属与割地之比较。[二] 中法之战，较之鸦片战争及英法联军之役，我国胜负若何？

（四）思考：[一] 藩属之失，本国边防亦受其影响否？[二] 中法之役若不急遽议和，其结果当稍善否？

（五）作表：

中法之战
- 原因—法认安南为自主国
- 胜负—
  - 法将孤拔中炮死
  - 法陆军败于镇南关
- 结果—订《天津条约》，安南为法保护国

备考

黎氏之王安南也，有臣曰郑氏、阮氏，世执政权。已而安南王爵郑氏隆于阮氏，阮氏不悦，南据顺化，已复分封其子弟于西贡[①]。乾隆时，西贡强，其酋阮文惠，与其兄文岳、弟文虑，皆骁果知兵。顺化之阮氏，遂为所灭。五十一年，文惠入东京[②]，覆郑氏，留兵戍之。明年，其留守之将叛，文惠攻杀之。安南王黎维祁遁去，其臣阮辉宿扈其孥及王族二百余人奔广西。诏两广总督孙士毅发兵援之，大败阮氏之兵于富良江，入东京，士毅乘制册封维祁复为安南国王。然信文惠来降之诳词，不即返，又不设备。明年正月朔，遂为文惠所袭败，维祁再亡国，奔中国。高宗不复为之发兵，而文惠亦惧中国再讨，亟奉表请降，许之。于是新阮遂王安南。方旧阮之亡也，遗族福映奔海岛，介法教士，以乞援于法，法人许之。嘉庆七年，遂覆旧阮，改号越南，仍受册封于中国。始处法教士于西贡，已而悔之。临没，遗言慎防法人，毋割土地。然其后嗣屡与法为难，杀其教士，交涉遂起。咸丰九年，法攻越南，陷西贡，乃复议和。同治元年，约成，割西贡与法。十三年，再定约二十二款，其性质则予以自主之空名，以脱

① 西贡：今越南胡志明市。

② 东京：今越南河内。

吾国之关系，而攘其外交上之实权，悉置之法国支配之下。约成，国人大悔恨。吾国亦不谓然而未发也。

刘永福者，故洪秀全之党也。秀全既败，永福退至越南边境，率众数千，开垦天府镇一带山中之地。永福有胆识，好结纳四方伟人，训练壮士，其地遂成巨镇，其军皆勇悍，所谓黑旗兵是也。光绪九年，法国内阁苦内讧，乃外征以泄之，责越南不守条约，发兵侵之。以利威尔为司令官，入越南，陷河内。越人乃利用刘永福以拒之。永福悉锐攻法军，复河内。时黑旗兵精悍善战，中外交称，越南王遂决意亲中拒法。已而利威尔战死，孤拔继之，刘军不利，越南来求援。我国使曾纪泽与法交涉，劝止其进兵，法人不听，乃派兵援越南。寻法国援兵大至，分三路进兵，直至谅山镇，东京殆全归其掌握。光绪十年，越南与法结约，自认为法之保护国。于是吾国与法抗议，不认法越条约。是年五月，李鸿章与法人议和于天津。约已定，我前敌将士尚未知也，法军遽责我军以堡垒让彼，我军不听，两军遂起冲突。法军死伤颇多，法人乃要偿金二千万镑，我国不许。中法遂开战，法以舰队占基隆炮台，督办台防刘铭传攻破之，法人弃基隆而遁。时孤拔属意福州，率海军突入马江，我海军以和战未定，不敢先发。法舰猛攻之，我舰未奉战令，仓猝大败，沉我“扬武”等七艘，更破福建船政局，轰毁罗星塔及闽安金牌诸炮台，统帅张佩纶遁。法更以陆军由广西边外，攻入镇南关，遂据谅山，筑炮台于关外十余里之文渊州。广西大震。十一年正月朔，冯子材率兵至镇南关，合总兵王孝祺之兵，出关督剿。初九日，巡抚潘鼎新闻警赴援。二十七日，子材率兵破法军。二月七日，法军自谅山趋入关，子材、孝祺力遏之，相持至十二日，我军分三路攻谅山，法军大败。已而李鸿章与法公使巴特纳议和于天津，于十一年四月定《中法新约》十款，而越南遂归法国保护。

乾隆时，缅甸称臣入贡，为我藩属。英自征服印度后，东印度之孟加拉与缅甸接。道光四年，英缅开战，缅割地赔款以和。由是深怨英。咸丰二年，战事再起，缅甸沿海之地尽失。后又图恢复，英竟灭之。光绪十一年事也。

琉球群岛，旧分山南、山北、中山三部。明初，中山王统一琉球，朝贡中国。清世尤称恭顺，新君立，必表贡乞封册。光绪三年，日本废琉球王尚泰，建为冲绳县。我国虽抗议，卒无效也。

第二十六　中日之战(一时间)

教材

朝鲜为我国属邦。光绪二十年，朝鲜内讧，清遣兵平之，日本亦遣师干涉。乱既定，日本不撤兵，屡与抗议，无效，遂开战。我国海、陆军皆败，京师大震。清命李鸿章与日本议和于马关。在日本。认朝鲜脱藩，偿兵费银二万万两，割辽东半岛及台湾、澎湖与日。惟日得辽东，于俄不利，俄乃纠德、法抗议，迫日以辽东还我。我又加银三千万两以赎辽东地，和议始成。自中日战后，我国庸弱无能之真相，一朝毕露。于是德遣舰队占胶州湾，迫我租借，我允之。未几，俄索租旅顺、大连湾，英索租威海卫，法索租广州湾，以求均势，国势大危。

李鸿章

要旨

授以中日之战，俾知我国衰弱真相，一朝毕露之始。

准备

李鸿章肖像图。清季疆域图。

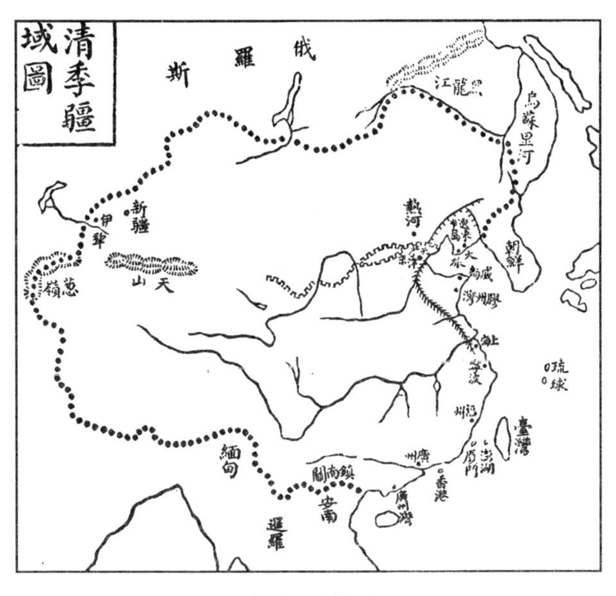

清季疆域图

预习

笔记：复习本册第二十五及第二十三。

教授次序

（甲）预备

（一）检查预习：同前。

（二）指示目的：近二十年来，中国外侮日亟，其原皆甲午一役启之也。今以此示汝等。爰书课题于板示之。

（乙）提示

（一）讲第一节：起课首，至“京师大震”止。中国之失藩属，不第南方也，于东北又有朝鲜。朝鲜自古为中国藩属。海通以后，各国与朝鲜交涉，皆告之于我，盖国际法例，固应尔也。乃我国外交诸臣不谙公法，惟务推诿。以朝鲜政事，我国向不与闻答之。于是各国皆与朝鲜订约，认为独立自主之国矣。朝鲜国多内乱，常赖中国之力代平之。日本处朝鲜东方，尤狡焉思启①。光绪十年，朝鲜人恃日公使之援，作乱。时中国兵尚驻朝鲜，击定之。十一年，日本遣使来聘，与李鸿章定约于天津。约两国俱撤兵，嗣后欲派兵，必彼此互相照会。中日对朝鲜之关系，遂平等矣。光绪二十年，朝鲜复有内讧，乞援于中国。中国派兵往，照会日本，日本亦即派兵。兵至，乱已平，而日兵不撤。要我共改革朝鲜内政，我不许。两国遂开战。时日本在朝鲜之兵，布置经营，业已极其完密，而我国茫然无备。一战而败，退出朝鲜。日本踵而攻之，遂入辽东。其第二军亦自金州②登陆，陷旅顺、大连。我海军复大败于大东沟，蛰伏威海卫不敢出。明年，日人攻威海，提督丁汝昌以全军降，而自仰药死。日人又南出

① 狡焉思启：怀着贪诈之心图谋侵略。

② 金州：今辽宁大连金州区。

陷澎湖，逼台湾。于时辽东西我陆军皆败，仅困守山海关。辽阳、奉天，声援俱绝。京师震动。不得已，命李鸿章至日本，与议和。同前。

（二）讲第二节：起“清命李鸿章”，至“和议始成”止。和议既开，日本要索极奢，除朝鲜脱藩外，又要我割辽东半岛及台湾、澎湖，并偿兵费二万万两。我国无如之何，已一一承认矣。而三国干涉还辽之事起。俄人之觊觎东三省久矣。乘我内乱，尽占黑龙江以北，乌苏里江以东之地，诸生应尚忆之。彼其意果欲何为，岂肯坐视日人之得辽东，而不一抗圉①之哉？于是约德、法二国，联名致书，劝告日本，还我辽东。日本兵力，胜一中国则有余，敌俄、德、法三国则不足。不得已，罢割辽东之议。然我国以此故，又加赎辽之款三千万焉。同前。

（三）讲第三节：起“自中日战后”，至课末止。俄人之迫日还辽，所以自为谋，非为我谋也。而我国人昧于外情，颇德之。又中国是时，虽知西洋人之强，而对日本尚有轻视之念。一旦战败，心不能平，遂思联俄以报日。于是李鸿章使俄，与俄人订立密约，许其筑造东清铁路②，并许以胶州湾③租借于俄。约虽结，未发布，各国莫知也。光绪二十三年，山东杀德教士二人，德人乘之，以兵占据胶州湾，我国不能抗。明年，遂定租借九十九年之约。然无以对俄矣。于是复以旅顺、大连湾租借于俄。俄、德既各有租借地，英、法亦乘之而起，而威海卫、广州湾，亦皆为人所侵占。形势之危急极矣。同前。

（丙）整理

（一）回讲：同前。

（二）约述：［一］中日战前，朝鲜与我之关系如何？［二］中日何

---

① 圉（yǔ）：防御，阻止，抵挡。

② 东清铁路：又称中东铁路，分布于东北地区的丁字形铁路。

③ 胶州湾：今山东青岛市境内。

故开战？［三］战事之胜负如何？［四］和议初成时，条件若何？后经俄、德、法干涉，乃如何改变？［五］试述中日战后，各国租地之历史。

（三）联络比较：［一］中日之战，与中法交战之比较？［二］失朝鲜与失安南，关系孰重？［三］三国干涉还辽，视咸丰时俄介我与英、法议和，用意相同否？［四］租借地与割让地，同异若何？

（四）思考：［一］朝鲜之亡，全由日本之无理干涉欤？抑我国外交，亦有授人以隙之处？［二］各国之于东洋，何以必求均势。

（五）作表及填注地图：

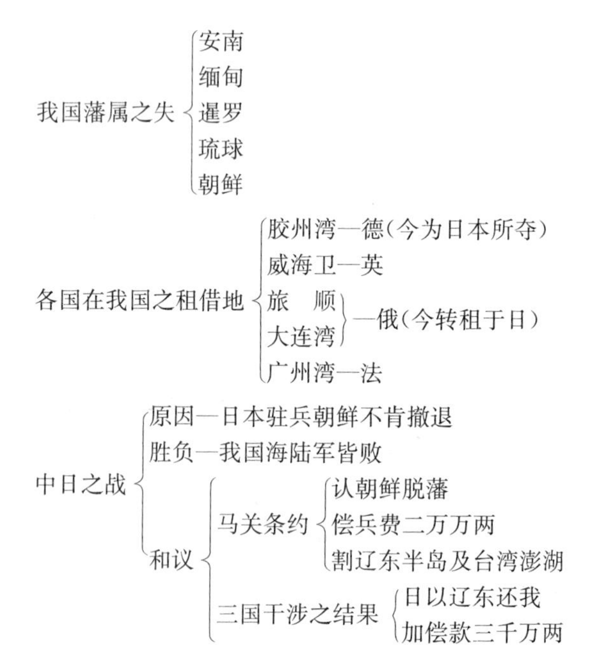

备考

同治时，朝鲜王李熙年幼，其生父大院君李昰应执政，严禁西教，虐待耶苏教徒。美、法二国，先后派军舰问罪，皆无功而还。于是大院君意气益盛，坚持锁港主义。光绪二年，日本扬云舰在江华岛为其所击，日本使黑田清隆往问罪，因与订约二条：一认朝鲜为独立国，二开通商口岸两处也。继而英、美、俄、法相继与之订平等之约，朝鲜隐然为独立国，而我国固未之知也。李熙年长，大权悉归其后族闵氏。大院君失势，意不平。光绪八年，嗾①乱民击闵族，烧日本使馆。日本遣井上馨问罪，而派兵守护日本使馆。我国亦派兵至朝鲜，以自保权利。时朝鲜大臣中，分事大、独立两党。事大党专依中国，闵泳翌、闵泳骏为之魁。独立党欲依日本脱我羁绊，朴泳孝、金玉均为之魁。光绪十年，独立党恃日公使之援，发炮击事大党。我兵击破之。十一年，日本使伊藤博文来聘，与李鸿章定约于天津，订定两国驻朝鲜之兵各自撤回，自后两国如欲派兵至朝鲜，须先相通知。此约既定，而我上国之权乃全失矣。光绪十九年，朝鲜有东学党之乱。东学党者，排西学而主保守。凡不得志于其政府者多附之，其势猖獗不可制。乃乞援于我国。日本闻之，急遣大岛圭介率海军赴汉城，并檄舰队兼程趋仁川，而陆军由广岛进发。及我政府命叶志超统陆军航海往牙山②，而日军已占先着。既而东学党败，乱平。日本要我国共革朝鲜内政，我国以朝鲜为我藩属，其内政非日本所当与，峻却之，而促其退兵。日本遂责我背约，而战端启矣。日本兵之至朝鲜也，先据仁川。我以英商船载援兵赴牙山，日舰队邀击沉之，乃宣战。日军由汉京③趋牙山，叶志超战败，退守平壤。未几左宝贵、聂士成、卫汝贵之援军至，共守平壤。日本陆军大将山县有朋率第一军入朝鲜，攻平壤。八月陷之，左宝贵战殁，余军

---

① 嗾(sǒu)：教唆，指使。

② 牙山：位于朝鲜半岛西海岸。

③ 汉京：又称汉城，今称首尔。

溃。日军遂渡鸭绿江，入奉天境。聂士成退保连山关。日本第二军大将大山岩统兵由貔子窝上陆，陷金州及旅顺，其第一军又陷岫岩、盖平各州县。初，日本舰队之邀击我援军也，沉我护送军舰一，其一则被虏。及陆军之退守平壤也，复以海军护援军由鸭绿江口登岸。援军既登岸，而海军与日舰队遇于大东沟外之海洋岛。时我舰队有战舰二，巡洋舰七，海防舰一。日本有巡洋舰八，海防舰三。既战，我师败，毁巡洋舰四，而日舰负重伤者三。我舰队遂退守刘公岛，不复能出战矣。及旅顺陷，日军乃渡海，入山东半岛，由荣城湾登岸，陷文登，迫威海卫之后，遂夺炮台，以攻我舰队。我海军提督丁汝昌举战舰一，海防舰一，炮舰七艘以降，而自杀。日本第一、第二军合力陷营口，复渡辽河，败我兵于田庄台。又分舰队南行，陷澎湖岛，进窥台湾。我政府大震，使张荫桓、邵友濂往日本，介美公使请和。日本拒弗纳，乃改派李鸿章为议和全权大臣。二十一年二月，与日本伊藤博文、陆奥宗光议约于马关。未就，日人有狙击鸿章者，鸿章中弹受伤。时论多咎日本。乃于三月二十三日定《中日马关条约》十一款，即认朝鲜完全自主，及割地赔款开埠诸条件也。四月十四日，在烟台互换。此约定后，未及一月，俄以妨害己所经营，纠合德、法二国，出面干涉，迫日本归我辽东。俄舰队分泊长崎及辽海，日人惧而从之。于是中国复出银三千万两以为代价焉。

第二十七　拳匪之乱（一时间）

教材

自穆宗以来，孝钦太后①即垂帘听政。中日战后，德宗亲政，欲变法自强，用康有为②、谭嗣同③等举行新政。太后不悦，仍垂帘，幽德宗，杀谭嗣同等，有为亡走海外。太后欲废立，惮外人不敢发。时载漪④、刚毅等握政权，阴谋排外。适山东有拳匪⑤者，倡言扶清灭洋，不畏枪炮。载漪等信之，招入京师，攻外国使馆，杀德公使及日本书记。载漪等方一意主战，而英、俄、德、法、日、美、意、奥八国联军，已踵至问罪。破天津，入北京。太后及德宗奔西安，在今陕西。乃遣李鸿章与八国议和，偿银四万万五千万两，派大臣至德、日二国致谢，并严惩首祸之罪。

---

① 孝钦太后：即西宫慈禧太后。

② 康有为：字广厦，号长素，广东南海人。

③ 谭嗣同：字复生，湖南浏阳人。

④ 载漪：宣宗之孙，文宗之侄。

⑤ 拳匪：指义和拳，长期流行于山东、河北地区的民间秘密会社。

要旨

授以拳匪之乱，使知乱民及昏愚之政府，足以败坏国事。

预习

笔记：复习本册第二十六及第十九。

教授次序

（甲）预备

（一）检查预习：同前。

（二）指示目的：清至甲午以后，已非变法无以图存，乃变法不成，而反因此演出排外之举动，清之亡也，宜哉！爰书课题于板示之。

（乙）提示

（一）讲第一节：起课首，至“有为亡走海外”止。中国近世之时局，非犹夫古之时局也。世界大通，列强环伺，政教、学术、军事、实业，一切出我之上，非大加变革，固无以图存。然中国人固枵然[1]自大，不之知也。甲午之役，败于日本区区之岛国。战后，四国强租军港之事又继之。而各国报纸，且盛唱瓜分之论。中国人始怵然于非变法不足以图存，而戊戌变政之事起矣。清德宗固贤明之主也，康有为、谭嗣同等，亦海内先觉之士也。德宗于是擢用之，大革旧法，欲

---

① 枵然(xiāo rán)：空虚、虚大的样子。

以图强。然时孝钦后虽号称归政，实权尚握于其手。帝欲有所为，动为所掣。于是帝欲谋削太后权。而推翻新政，幽帝而再行垂帘之事起矣。同前。

（二）讲第二节：起"太后欲废立"，至课末止。孝钦后虽幽帝听政，心犹以为未足，必欲废帝而后快。然后之所为，外人颇不然之。后惧外国之干涉，遂有排外之谋。时有拳匪者，白莲教之余孽也。妄言有奇术，不畏枪炮。诸亲贵及顽固之大臣信之，遽召入京。仓卒与外人开衅，围攻使馆。又下诏各省督抚，令尽杀所在洋人。幸南方不奉诏，乃得不牵入战祸。拳匪等围攻外国使馆，迄不能克，而八国之联军已至，兵及拳匪悉败遁，首都沦陷之辱，遂再见矣。太后既走西安，不得已，复遣李鸿章与八国议和。偿款之巨，至四万万五千万两。又须派大臣至德、日二国致谢。并以外人之要求，严惩祸首。盖倚恃乱民，同时与各国开衅，实为前古所无之奇事，而其结果之辱国，则亦前此所无也。同前。

（丙）整理

（一）回讲：同前。

（二）约述：［一］中国之言变法，始于何时？［二］其结果如何？［三］试略述拳乱之始末。［四］拳匪乱后，议和之条件若何？

（三）联络比较：［一］拳匪与白莲教匪之比较。［二］清德宗之变法，较宋神宗之变法，同异若何？［三］庚子之排外，较之前此与外国开衅，同异若何？［四］《辛丑和约》与《马关条约》之比较。

（四）思考：［一］中国何以必须变法？［二］同时与八国开衅之事，前古有之否？

（五）作表：

拳匪之乱
- 倡言扶清灭洋，不畏枪炮
- 太后与诸大臣欲谋废立，阴图排外
- 招拳匪入京师，攻使馆，杀德公使、日本书记
- 八国联军入京师，帝后走西安
- 和议重要条款
  - 偿银四万万五千万两
  - 派大臣至德、日二国谢罪
  - 严惩祸首

备考

孝钦后那拉氏，文宗妃，穆宗生母也。穆宗时，后与孝贞后[①]同垂帘听政。穆宗崩，无子。后利立幼主，而文宗弟醇亲王奕譞之福晋，孝钦妹也，乃立其子以嗣文宗，是为德宗。两宫仍同听政，然实权皆在孝钦。光绪六年，孝贞崩，孝钦益自擅。十六年，帝大婚，归政。然亦有其名而无其实也。二十四年，帝擢用康有为、谭嗣同等，力行新政。后党多方掣肘，有为等谋以兵劫制之，事泄。八月，太后复听政。有为走海外，太后杀谭嗣同、林旭、杨锐、刘光第、杨深秀、康广仁六人，悉罢新政。

义和团者，白莲教之支流也。夙行于山东、直隶、河南之间，为政府所禁。至是乘民教之争而起，传习拳棒，昌言仇教，假托神怪，以扶清灭洋为名。巡抚毓贤首信用之，渐次传入宫禁，孝钦亦遂信之。二十六年五月，窜入京师，端王载漪、军机大臣刚毅等目为义民。于是徒党至十余万人，围攻各国使馆，杀德公使克林德、日本使署书记杉山彬于途。又焚毁京津铁路。于是英、法、俄、美、德、日、奥、义八国联军，陷大沽，据炮台，总兵罗荣死之。以绿气炮攻天津，提督聂士成死之。既而分道趋京城，日军引各国兵由运河进，英军

---

① 孝贞后：即东宫慈安太后。

引各国兵由铁路进。七月二十日，陷京城。又分兵陷保定，略山海关，直隶几全境沦陷。方联军将至京师也，太后及德宗轻车出西北门，出居庸关，至宣化府。诏庆王奕劻留京办事，而车驾趋山西。八月至太原，闻联军陷保定，复行。十月至陕西，驻西安府。其至太原也，下诏罪己，命奕劻、李鸿章与各国议和。各国要求惩办罪魁，然后开议。于是毓贤、赵舒翘皆死，刚毅以先死得免刑，端王等监禁。二十七年七月二十五日，与德、奥、比、日、英、美、法、俄、义、荷、日本十一国，定《辛丑各国和约》十二款，允付诸国偿款海关银四百五十兆两，每年息四厘，分三十九年还清。明年，命醇亲王载沣赴德，侍郎那桐赴日本谢罪。

第二十八　预备立宪(一时间)

教材

联军既撤,太后及德宗复还京师。始稍稍变法,罢科举,设学校,励游学,禁妇女缠足,使满汉通婚姻。大网粗举,而日俄之战又兴。先是俄乘拳匪之乱,据有辽东。日本促其退兵,不应,遂宣战。日本大胜,旅大租借权,由俄人转让于日本。清廷惕于外势之逼,特派五大臣赴各国考察宪政①。光绪三十二年,遂下诏预备立宪,期以第九年开国会。

要旨

授以清廷预备立宪之事,使知变法而无诚意之害。

预习

笔记:复习前课。

---

① 宪政:以宪法为依据,约束政府权力,保障公民权利。

教授次序

(甲) 预备

(一) 检查预习：同前。

(二) 指示目的：变法贵有诚意，变法而无诚意，此清廷之所以亡也。爰书课题于板示之。

(乙) 提示

(一) 讲第一节：起课首，至"而日俄之战又兴"。孝钦后之推翻新政，本为舆论所不许。及和议定，复还京师，乃不得不复行新政，欲以塞天下之望。然是时所谓新政者，特貌行之而已。上以貌行，则下亦以貌应。故虽形式犹是，而精神则迥非戊戌之比，终不足系天下之望也。同前。

(二) 讲第二节：起"先是俄乘拳匪之乱"，至课末止。清廷之貌行新政，本不足以满人民之意。会有日俄之战，遂益促起人民立宪之要求。初拳匪乱时，黑龙江将军亦奉朝命排外，败死。于是奉、吉两省城，亦为俄兵所占，挟将军以令所属，中国无如之何也。而日本惧俄得满洲，势力益逼，乃与交涉，令其退兵。俄人阳许之，而实不践约。于是日俄遂宣战。夫日，小国也；俄，大国也。然开战之结果，俄兵大败，奉天、辽阳、旅顺皆入日本之手，东洋舰队及波罗的海舰队，皆熠。于是议和，旅大租借权及东清铁路支线之大部，均自俄而入于日。于是东三省外力之逼，俄之外，复增一日本矣。然中国人民因此而知立国今世，非行宪政不可，遂有要求立宪之举。清廷亦怵于外势之逼，遂有特派五大臣出洋考察之举。其后且明定九年预备之诏。然真欲立宪，预备何必九年？而清廷之所谓预备者，又多立宪后应改良之庶政，而非立宪以前所必有事。此可见清廷之所谓立宪，仍不过敷衍人民，而非有实行之诚意也。同前。

(丙) 整理

(一) 回讲：同前。

(二) 约述：[一] 孝钦后复还京师后，其举措如何？[二] 日俄因何事开战？[三] 其战役之结果如何？[四] 日俄战后，清廷之举措如何？

(三) 联络比较：[一] 孝钦复行新政，与戊戌变法之比较。[二] 日俄之战，以他国人战于我国境内，而我国顾守中立，古亦有之乎？[三] 立宪与行新政之异同。一但改良政治，一则改革政体。

(四) 思考：[一] 孝钦复行新政，何故不足以餍[①] 民心？[二] 俄何故不敌日本？[三] 欲行宪政，是否必须派员出洋考察？又是否必须九年预备？

(五) 作表：

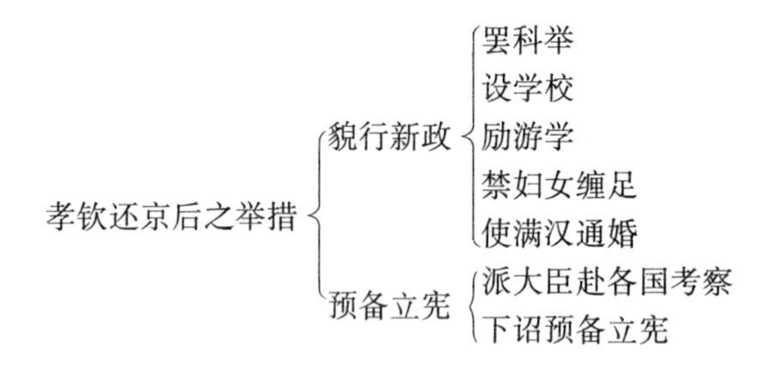

备考

拳匪之乱，黑龙江将军寿山遽与俄人宣战，分兵数路攻俄。俄将革尼斯比统兵渡黑龙江，陷爱珲，虐杀华民三千余人，连陷墨尔

---

① 餍(yàn)：满足。

根、布特哈各城，直逼齐齐哈尔，陷之。寿山自杀，奉天、吉林两将军不能抗。俄乃分兵守东三省各城，奉天、营口等处悉驻重兵。及拳乱平，和议成，而俄仍延不撤兵。我政府屡促之，不应。于是日本、英、美促我开放满洲门户，俄使则力阻之，而促我订新约。我政府两不敢许，依违其间。日本政府乃与驻日俄使直接谈判，俄终不肯弃满洲，而私许日以在韩之权利。日人允之。将定议矣，而俄人又反复。日本知终不可以和平解决也。光绪二十九年十二月，两国遂开战。日攻俄舰于仁川，沉其两舰。又与俄太平洋舰队战于旅顺，沉舰七艘。俄军退入旅顺固守，日海军封围之。三十年三月，日本第一陆军渡鸭绿江，陷凤凰城，进窥辽阳。第二军陷金州，断旅顺之后路。五月，陆军总司令大山岩至辽东，督攻辽阳。副总司令玉源太郎督攻旅顺。七月，海军中将截击俄余舰于日本海，俄舰负重伤，遁回海参崴。九月辽阳陷，十二月旅顺陷，日军乃以全力趋奉天，剧战数月，奉天亦陷。日军乘胜长驱，连陷开原、铁岭诸地。既而俄波罗的海舰队东来，日海军迎战于对马岛，俄舰尽没。美总统罗斯福出而调停，两国全权会议于华盛顿，订条约十五款，各罢战。

光绪三十一年六月，命载泽、端方、戴鸿慈、徐世昌、绍英出洋考察宪政。七月二十六日，由京启行，猝遇炸弹，死送行者四人。遂不果行。九月，改派李盛铎、尚其亨，会同泽、戴、端往各国考察。三十二年七月十三日，宣布预备立宪上谕。三十四年六月初一日，又宣布筹备事宜上谕，及逐年筹备清单，定自三十四年起至第九年，颁布钦定宪法，并召集议员。

第二十九　宣统逊位(一时间)

教材

清季预备立宪，未及实行，而德宗、太后相继殁。于是载沣之子溥仪入即位，改元宣统，年幼不能莅政，载沣以摄政王监国，亲贵用事，朝政益纷。人民代表请速开国会，则勒令回籍。及三年，清用铁路国有政策，两湖、川、粤群起反对，川人抵抗尤力。清命端方带兵入川查办。革命军乘间起事于武昌，连占汉口、汉阳，旬日之间，响应达十余省。清大惧，与民军议和，及其结果，清得优待条件，隆裕太后率宣统下诏逊位，以统治权公诸全国。于是改建中华民国，定民主立宪政体。

要旨

授以宣统逊位之事，使知清之亡、民国之兴。

预习

笔记：复习本册第二十六、二十七及第二十八。

教授次序

(甲) 预备

(一) 检查预习：同前。

(二) 指示目的：清亡之后，继以民国，易君主为共和，此我国前古所未有也。今以其事授汝等，书课题于板示之。

(乙) 提示

(一) 讲第一节：起课首，至"则勒令回籍"止。光绪三十四年，德宗、孝钦同时并殁，于是时局又一变。载沣之子溥仪入即位，而载沣为摄政王。使当是时能速行立宪，或清明政治，国事或尚有可为也。乃朝廷大政多握诸亲贵之手，昏愚无识，贿赂公行。人民知欲强中国，非实行立宪不可。于是有要求缩短预备年限之举，其结果，清廷虽允缩为五年，而仍以严厉之手段，对待各省代表，勒令即日回籍。于是人民益失望。会复有铁路国有之政策，大拂民心，而祸乃不可逭矣。同前。

(二) 讲第二节：起"及三年"，至"响应达十余省"止。铁路国有者，清末内阁成立后所实行之第一政策也。宣统三年四月，设立新内阁，以庆亲王奕劻为总理大臣，盛宣怀长邮传部，借英、美、法、德及日本之款，将干路均收为国有，批准铁路旧案，均行取销。鄂、湘、粤三省人民反对之，川省尤烈。清廷仍有严厉手段对待之，拘絷代表，枪毙人民。民心益愤。鄂军遂乘之起义，旬日之间，响应达十余省。清廷遂束手无策矣。同前。

(三) 讲第三节：起"清大惧"，至课末止。亡国而犹得优待条件以去，此自古所无也。时清廷起袁世凯为总理，载沣辞监国之职，大权悉集于内阁。于是派代表至南方，与民军议和，其结果卒以多数人心，倾向共和。隆裕①率宣统退位。于是民主立宪之国体成，而中华民国遂自兹建立矣。同前。

（丙）整理

（一）回讲：同前。

（二）约述：[一] 清德宗后，嗣位者何人？何人为监国？[二] 宣统时朝政如何？[三] 革命军起于何处？[四] 议和之结果如何？

（三）联络比较：[一] 摄政王监国，与太后临朝之异同。[二] 清廷逊位，与元顺帝北去之比较。[三] 清与民国之兴亡，与历代易姓革命之异同。

（四）思考：[一] 使清廷能实行立宪，可以不亡否？[二] 铁路国有之政策，得失如何？[三] 革命军之起，何以响应如是之速？

（五）作表：

清亡之近因
- 戊戌新政之推翻
- 庚子排外之奇祸
- 辛丑后之貌行新政
- 预备立宪之无诚意
- 宣统时亲贵用事，朝政益纷

中华民国之成立
- 革命军起事于武昌，连占汉口、汉阳
- 旬日间响应达十余省
- 清与民军议和
- 隆裕率宣统退位

备考

光绪三十四年十月二十一日，德宗崩。孝钦命以溥仪为嗣皇

① 隆裕：德宗皇后。

帝，继穆宗后，兼祧①德宗。翌日，孝钦亦崩。于是载沣以摄政王监国，其弟载洵、载涛等相继用事。第一次改订官制，除内阁军机处外，计十一部，而满族居其七。第二次改订官制，设立内阁，又以奕劻为总理大臣，那桐为协理大臣，此外十国务大臣，满族又居其七焉。于是南北士民，公举代表，上书请愿，速开国会。至再至三，始允缩九年为五年，而将各省请愿代表，即日遣散。东三省代表十余人，则令民政部前军统领衙门派员送回原籍。于是人心益愤。更加以铁路国有之事，而大变遂不可挽矣。

优待条件。关于皇室者八条：一、存清帝尊号，待以外国君主礼。二、岁给经费四百万。三、以颐和园为住所。四、保护其宗庙及陵寝。五、修德宗崇陵。六、宫内人员，照常留用，惟不得再招阉人。七、保护清帝原有之私产。八、禁卫军归民国陆军部编制，额数饷糈，悉如其旧。关于皇族者四条：一、王公世爵，概仍其旧。二、一切公权私权，与国民平等。三、私产一体保护。四、免其当兵之义务。关于满蒙回藏者七条：一、与汉人平等。二、保护其原有之私产。三、王公世爵，照旧袭封。四、王公有生计过窘者，设法代筹。五、代筹八旗生计，未筹定前，俸饷仍旧支放。六、营业居住等限制，一律蠲②除。并许在各州县自由入籍。七、听其信教自由。

① 祧（tiāo）：承。
② 蠲（juān）：免除。

第五册

第一　五帝开化(三时间)

教材

华种东来，繁殖于黄河流域，初无文化可言。自巢、燧代兴，民始巢居火食，及伏羲、神农、黄帝、尧、舜五帝继作，而文化渐启。伏羲氏，居陈。今河南淮阳县。始作八卦，制嫁娶之礼。又治田里，筑石城，造网罟，而都邑以成，佃渔交便。神农氏，居曲阜。今山东曲阜县。艺[①]五谷，兴医药，立市廛[②]，作耒耜、陶器。农工商各业，于是开端。黄帝代兴，居有熊，今河南新郑县。灭蚩尤，逐荤粥，统诸部落而一之。其疆土东至海，西至崆峒，今甘肃高台县西南。南至江，北至釜山，今直隶涿鹿县西南。始建帝国。而人民生事亦渐备，居有宫室，行有舟车，舂谷有杵臼，辨向有指南。他如衣裳冕履，弓矢甲胄，文字算数，复各致其用。后黄帝三百余年而有尧，都平阳，今山西临汾县。始建国号曰唐。爱民特甚，置闰定时，命鲧治水，举舜摄政，皆为民也。舜受尧禅，国号虞，都蒲坂。今山西永济县。使禹平水土，制五刑，设上下庠，行巡守考绩法。苗民逆命，以文德感化之。

---

① 艺：种植。

② 市廛(chán)：街市。

五帝世系表：

伏羲——神农——黄帝——少昊——颛顼——帝喾——尧——舜凡二千七百七十三年。

要旨

授以五帝开化之事，使知中国文化所由发生。

准备

五帝世系表。

预习

笔记：复习第一册第一课至第六课。

教授次序

（甲）预备

（一）检查预习：同前。

（二）指示目的：凡一民族文化之发生，必非旦夕间事。我国自伏羲至尧舜，盖亦近三千年也。

（乙）提示　本教科书用圆周教法，各种事实前二册均已略具，本学年所重在使联络贯串，知史事因果之关系，以明社会进化之顺序及国势变迁之大要。故教授书五、六二册提示段中，亦专注重此点，至事实则于前四册所未具者详之，已具者略之。授课前当使学生于前四册中择其与本课有关系者预行温习。均详预备段预习项下。

（一）讲第一节：起课首，至而“文化渐启”止。华种东来，繁殖于黄河流域，事实第一册已具，下仿此。故中国各地方之开化以黄河流域为最早。古无信史可征。古史所述开化之事迹，五帝以前，与生民最有关系者，厥惟①有巢氏教民构木为巢，燧人氏教民钻木取火二事。至五帝时代，则史事较详，而亦较可征信矣。所当注意者，本课所授五帝及巢、燧诸人之事迹，皆在黄河流域者也。讲毕，指生将本节文字朗读一遍，令诸生开书同听之，（如误）教师范读，正其句读。再指生口述大义，（如误）则略述前讲复演之。下同。

（二）讲第二、三节：起“伏羲氏”，至“于是开端”止。凡一社会，必自渔猎时代进于游牧时代，自游牧时代进于耕稼时代。有巢氏时，民居林木中，盖尚在渔猎时代。至伏羲始进于游牧时代，神农始进于耕稼时代也。至耕稼时代，民始土著。土著则国家之形制以立，而种种文化于以发生。如神农氏时，农业既兴，而工商两业亦即随之而起。其明证也。同上。

（三）讲第四节：起“黄帝代兴”，至“复各致其用”止。国家之形制虽立，而无兵力以自卫，则不免为他人所吞噬。以前所发生之种种文化，不免仍归澌灭，否亦为他人享用耳。故溯吾族创造国家之功，则黄帝为尤大。欲对外而谋攘斥者，必对内先能统一。故黄帝时，必统诸部落而一之。对外既能战胜，对内复能统一，则国家之基础立矣。古代华种居黄河流域。荤粥居阴山两侧，在其北。苗族居长江流域，在其南。黄帝时，华种之声威，始北达阴山以南，南抵长江流域，是为我族以兵力开拓土地之始。战胜之后，民气发皇②，文化每易进

① 厥惟：只有。

② 发皇：奋发，焕发。

步。故黄帝时,文化发生为特多。同上。

(四)讲第五、六节:起“后黄帝三百余年”,至课末止。黄帝时既奏外攘之功,则异族不敢侵犯,而国家得享若干年之平和。故可以其时尽力于民事,如尧舜时之置闰定时,使禹治水,设上下庠,行巡守考绩法,皆是也。古代君位继承之法,不可确知。其可考者,始于唐虞,即为禅让之制。盖立君本所以为民,故当择贤者而传之。此义本甚明白,后世君权日张,乃致湮晦,尧舜时则此义尚明也。此可知君主世袭之制,为后世之流失,而非义固如此。文化之发生,每随其时代之生活而异。如有巢氏教民巢居,则居林木中人民所有事也。及黄帝始建宫室,则居平地之人民所有事矣。燧人氏教民火食,此渔猎时代所有事也。及伏羲氏能养牺牲,以充庖厨,则为游牧时代所有事矣。伏羲氏治田里,筑石城,此不过少数从事耕稼之民居之,或借为守御之资耳。及神农时,大多数人皆已定居,商工业之需要随之而起,而市廛立而交易兴矣。有相得而益彰者,如神农虽作耒耜,必得杵臼而后农器益备。定居虽有宫室,必得舟车而后交通始便。而舟车既成,又必有指南针之发明,而后便于行驶也。而其尤足见进化之迹者,则始所发明者,皆为直接有裨于形体生活之事;而继所发明者,则为有益于精神上欲望之事。如文字算数等是也。不独社会上之事物也,即国家之治制亦然。如黄帝虽能统一诸部落,而驾驭之法尚未甚完备,至舜则有巡狩考绩之法。伏羲时制礼,仅及于嫁娶等事,而舜则有上下庠之教是也。同前。

(丙)整理

(一)回讲:于课文中择其难解之字句,及紧要关键之字句,令学生复讲。下同。

(二)约述:凡提示项下所授,师更简单发问,令学生以简要之语答之。下同。

（三）联络比较：［一］渔猎、游牧、耕稼三时代之比较。［二］黄帝时疆域与中国现今疆域之比较。［三］巢、燧、羲、农、黄帝、尧、舜时，人民生活程度之相互比较。［四］汉族与苗族、荤粥住地之比较。

（四）思考：［一］文化之发生，何以必经悠久之岁月？［二］今世文化之进步，自后人观之，亦如今人视古人文化之逐渐发生乎？然则吾人苟于社会之文化上大有所贡献，其为后人所崇拜亦能如古人之于今日否？［三］家族之制至何时而始立？伏羲制嫁娶之礼。［四］交易渐盛，何以必立市廛？［五］黄帝时华种之文化，视苗族及荤粥如何？其兵力视苗族及荤粥如何？然则兵力之强弱，与文化有关系否？［六］舜对待苗族之方法，何以与黄帝不同？黄帝时苗族盛强，故非用兵力不可，至舜时则苗族已弱，故可用文德怀柔之。

（五）作表绘图：

［一］使学生作五帝事迹表如下：

	都邑	疆　域	文　　化	内　　治	外　征
伏羲	陈		作八卦，制嫁娶之礼，治田里，筑石城，造网罟。		
神农	曲阜		艺五谷，兴医学，立市廛，作耒耜、陶器。		
黄帝	有熊	东至海，西至崆峒，南至江，北至釜山。	宫室、舟车、杵臼、指南针、衣裳、冕履、弓矢、甲胄、文字、算数。	统一诸部落，始建帝国。	灭蚩尤，逐荤粥。
尧	平阳		置闰定时。	命鲧治水，使舜摄政。	

续 表

	都邑	疆 域	文 化	内 治	外 征
舜	蒲坂			使禹平水土，制五刑，设上下庠，行巡守、考绩法。	以文德化苗民逆命。

［二］使绘中国古代疆域图。以黄帝时四至为准，备载五帝都邑。

备考

《物原》："神农作瓮。"《事物绀珠》："瓶、缾同神农制。"《古今注》："黄帝与蚩尤战于涿鹿之野，蚩尤作大雾，兵士皆迷，于是作指南车以示西方，遂擒蚩尤而即帝位，故后常建焉。"《世本》："胡曹作冕，於则作履，挥作弓，夷牟作矢。"《注》："胡曹、於则、挥、夷牟，黄帝臣。"《黄帝内传》："玄女请帝制甲胄。"余见第一册。下同。

第二　三代之治乱（三时间）

教材

禹受舜禅，国号夏，都安邑。今山西夏县。分全国为九州，定贡赋，颁正朔[1]，一会诸侯于涂山，今安徽怀远县。再会诸侯于会稽。今浙江绍兴县。生平恶旨[2]酒，惜寸阴，拜善言，泣有罪，民怀其德。及卒，子启立，君位遂世袭。数传至相，权臣篡窃，少康中兴，光复旧物。及桀立，汤伐之，放于南巢，今安徽巢县。夏亡。汤既代夏，国号商，都亳。今河南商丘县。用伊尹、仲虺为相，来王来享[3]，远及氐羌。传至盘庚，迁都殷，今河南偃师县。自是国号兼称殷。其后高宗克鬼方，在今贵州。伐荆楚，今湖北省。兵力颇振。及纣即位，周武王来伐，纣兵败，自焚死，商亡。周武王克商而兴，国号周，都镐。今陕西临潼县。宗室功臣，皆列爵分土。子成王立，年幼，周公旦摄政，平武庚之乱，营洛邑今河南洛阳县。为东都，制作[4]明备。康王继之，教化大行，史称成康之治。传至厉王，无道，国人逐之。周、召二公执政，号

---

① 正朔：此指帝王新颁的历法。
② 旨：美味。
③ 享：贡献，上供。
④ 制作：制礼作乐。

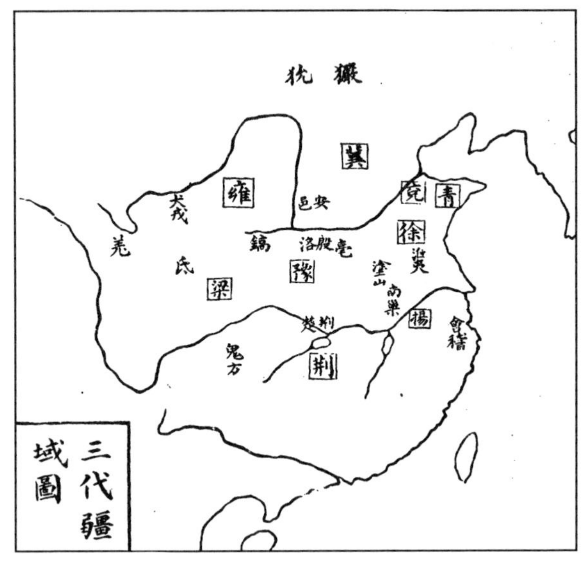

三代疆域图

为共和。子宣王立，伐猃狁，征荆蛮，平淮夷，成中兴之治。子幽王又无道，犬戎内侵，遂被弑。诸侯迎平王立之，畏犬戎，东迁洛邑。自是号令不行，为春秋时代。阅二百余年，又为战国时代。及战国之局终，而周先亡矣。

三代世系表：

夏禹——启——太康——仲康——相——少康——杼——槐——芒——泄——不降——扃——廑——孔甲——皋——发——桀凡十七君四百三十九年。

商汤——太甲——沃丁——太庚——小甲——雍己——太戊——仲丁——外壬——河亶甲——祖乙——祖辛——沃甲——祖丁——南庚——阳甲——盘庚——小辛——小乙——武丁——祖庚——祖甲——廪辛——庚丁——武乙——太丁——帝乙——纣凡二十八君六百四十四年。

周武王发——成王诵——康王钊——昭王瑕——穆王满——共王繄

扈——懿王囏——孝王辟方——夷王燮——厉王胡——宣王靖——幽王宫涅——平王宜臼——桓王林——庄王佗——僖王胡齐——惠王阆——襄王郑——顷王壬臣——匡王班——定王瑜——简王夷——灵王泄心——景王贵——悼王猛——敬王匄——元王仁——贞定王介——哀王去疾——思王叔——考王嵬——威烈王午——安王骄——烈王喜——显王扁——慎靓王定——赧王延凡三十七君八百七十六年。

要旨

授以三代之治乱，使知封建时代之状况。

准备

三代世系表。

预习

笔记：复习前课及第一册第七至第十四课。

教授次序

（甲）预备

（一）检查预习：同前。

（二）指示目的：自周以前，吾国皆为封建时代。合全国诸侯，戴一共主，其间夏、殷、周相继为共主，则所谓三代也。

（乙）提示

（一）讲第一节：起课首，至“夏亡”止。黄帝时，中国疆域仅南至于江。至禹会诸侯于会稽，则其地已在江南，且分全国为九州。定贡赋，其统治之法，较之舜之巡守，尤为确实。可见华种是时之威力，益以扩张。禹之时，中国威力所以日益扩张者，盖因治水成功，有大勋劳于天下，故天下咸服之也。禹恶旨酒，惜寸阴，拜善言，泣有罪，实为千古君德之模范。可见建立伟大之事业者，必有过人之道德。君位世袭，为我国国体上之一大变革。盖古代民智未开，禅让之事，特出于君主之美意，而非人民有力能限制其君而定为法，故其制不能常存也。羿之篡相，为权臣篡窃之始。少康光复旧物，为一姓中兴之始。汤之放桀，为以兵力革命之始，所谓易禅让以征诛也。同前。

（二）讲第二节：起“汤既代夏”，至“商亡”止。氐、羌为古代西方二大种族。氐人之根据地，盖在今甘肃、四川一带。羌人之根据地，则在今黄河上流及青海地方。商之先，亦兴于西方。汤始都亳，从先王居，即契所封之商，今陕西商县也。灭夏后，乃迁都今河南商丘，是为景亳，伪《孔传》之说不可从。故其声威所及，于西方为独远。古代国号，每与都城之名相混。如汤始居亳，则国号商。盘庚迁殷，即更号殷是也。陶唐有虞等号亦同。此为古人国家观念，不甚莹澈之证据。苗族本处沿江，《左传》所谓三苗之国，左洞庭，右彭蠡是也。自为汉族所逼，乃沿沅江向其上流地方退却。故后世史传，多以武陵五谿为南蛮之正支。故高宗薄伐[1]，直至今贵州地方。是时华种声威之远，可以想见。武王伐纣，与汤放桀同，皆以侯国革命者。自秦以后，革命皆多起于草野。同前。

---

① 薄伐：征伐，讨伐。

（三）讲第三节：起“周武王克商而兴”，至课末止。武王克商，宗室功臣，皆列爵分土，则商代所封建之国，必有为周所灭者。孟子言灭国者五十。然不能收之为郡县，而卒仍其分土之旧者，盖时有未可也。周之先，亦起于西方。对于东方，势力尚未巩固。故武王没后，复有武庚之乱。自周公平武庚，营洛邑为东都，而其对于东方之势力，始巩固矣。周公既能平乱，又能为明备之制作，兼资文武，实为我国最可崇拜之政治家。周人之逐厉王，能去暴君，为自卫计。厉王既去，又能谨守秩序，各安生业者十四年，实为千古所无。外人讥我国有暴民革命，无市民革命。若周人之流厉王，则真所谓市民革命也。自周有天下以至东迁，可分为五时期：武王及周公摄政时为创兴时期；成康时为极盛时期；自是渐衰，至厉王而大乱，为一时期；宣王为中兴时期；幽王为灭亡时期；平王以后，入于春秋时代，当别论。同前。

（丙）整理

（一）回讲：同前。

（二）约述：同前。

（三）联络比较：[一] 三代时华种势力与五帝时之比较。[二] 君位世袭与禅让之比较。[三] 夏少康与周宣王之比较。[四] 桀、纣、汤、武之相互比较。[五] 殷高宗与周宣王之比较。高宗克鬼方、伐荆楚。宣王亦征荆蛮，平淮夷。[六] 周营洛邑与汤建景亳之比较。[七] 灭国而封建宗室功臣，较悉仍其旧者若何？中央之势力较为扩张。[八] 周人逐厉王与汤武革命之比较。[九] 周幽王之灭亡，视夏商二代同异若何？一亡于本族，一亡于异族。

（四）思考：[一] 君位世袭与禅让孰善？[二] 汤放桀，武王伐纣，合于义否？[三] 设使平王不东迁，亦至于号令不行否？

（五）作表绘图：[一] 使以本课事迹列为表：

国号	都邑	时代之要事	初盛	中衰及中兴	灭亡
夏	安邑	君位世袭	分全国为九州，定贡赋，颁正朔。一会诸侯于涂山，再会于会稽。	相为权臣篡窃。少康光复旧物。	桀为汤放于南巢。
商（殷）	亳 盘庚迁殷	来王来享，远及氐羌。	高宗克鬼方，伐荆楚。	纣为周武王所伐，兵败自焚。	
周	镐（东都洛邑）	宗室皆列爵分土。周公制作明备。	武王克商，周公平武庚之乱，成康教化大行。	厉王为国人所逐。宣王伐猃狁，征荆蛮，平淮夷。	幽王为犬戎所弑。

［二］使仍绘本课附图。

第三　春秋战国(一时间)

教材

春秋诸侯，以鲁、卫、晋、郑、陈、蔡、曹、燕、宋、齐、秦、楚为著，其强者则称霸。霸有五：以齐桓为最先，亦最盛。齐桓卒，宋襄思继之，为楚所败。晋自文公定霸，后嗣相继，霸业最长。秦穆虽强，为晋所扼，霸于西戎耳。楚久与诸夏争，至庄王败晋，始克称霸。后晋、楚并衰，吴夫差、越句践继起，亦得附于霸者焉。春秋以后，周室益微，势力相敌之国七：曰秦、楚、齐、燕、韩、赵、魏，中以秦为最强。其后周赧王以入秦献地而亡，六国亦次第为秦所灭。

要旨

授以春秋战国大势，使知封建时代之终。

预习

笔记：复习第一册第十五及第二册第五课。

教授次序

(甲)预备

(一)检查预习:同前。

(二)指示目的:封建时代,列国恒互相吞并。吞并愈甚,则国愈少而大国愈多,其后遂成一统。春秋战国,则竞争最烈之时也。

(乙)提示

(一)讲第一节:起课者,至"其强者则称霸"止。周末东迁以前,所传者惟一王朝之史。春秋以后,则史籍传者渐多,列国竞争之大势,均可考见。故春秋战国时之史,与前史不同。春秋时,晋、楚、齐、秦,号称四大国。鲁、卫、郑、陈、蔡、曹、燕、宋,皆二等国也。吴、越则后起之一等国也。及战国时代,吴、越先亡,晋分为韩、赵、魏,而燕日盛,遂成七国并立之势。同前。

(二)讲第二节:起"霸有五",至"得附于霸者焉"止。春秋时代,齐霸最早,而亦早衰。秦穆仅霸西戎。吴、越后起,强亦不久。宋襄尤不足道。始终持南北分霸之局者,惟晋与楚。而晋之势力尤盛。战国时,晋分为韩、赵、魏,力薄不足御秦,此亦秦所以独强之一原因也。同前。

(三)讲第三节:起"春秋以后",至课末止。秦之强,实得力于商鞅之变法。二册五课。而商鞅变法之主旨,尤重在一民于农战。可知质朴敢死,实为强国之风气。六国之亡,固由地利及国势之不如秦,亦由其君不务内治,惟讲外交。而外交又或纵或横,政策不定。有缓急,则不得不割地以赂秦,故地日蹙而秦益强。二册七课。春秋战国时,兵祸虽烈,然因竞争剧烈故,学术文化皆大发达,士气亦极盛。二册第三、第四、第六、第七课。

(丙) 整理

（一）回讲：同前。

（二）约述：同前。

（三）联络比较：[一] 霸与王之异同。[二] 春秋时之国，与周未东迁以前较，大小强弱若何？战国时七雄与春秋时诸大国较，大小强弱又若何？[三] 春秋时晋、楚、齐、秦、吴、越六国之比较。[四] 战国七雄之比较。

（四）思考：[一] 周室之东迁，于秦之强弱，关系若何？[二] 使晋不分为韩、赵、魏，秦人亦能吞并东诸侯否？[三] 使诸国不互相吞并，渐变为六大国，十余小国，秦人亦能一举而统一之否？

（五）作表绘图：[一] 授以东周诸国兴亡表如下：

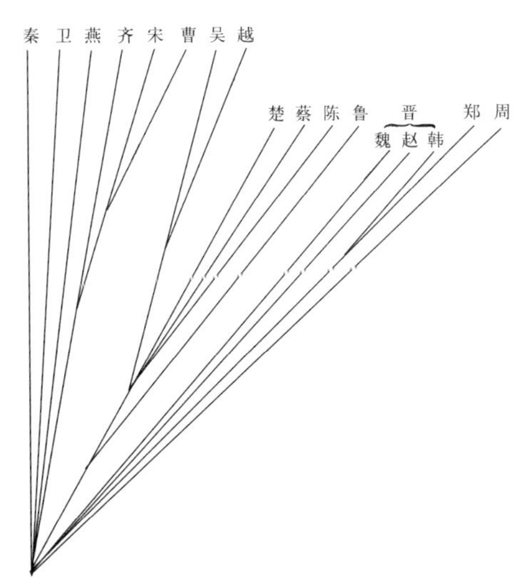

[二] 使仿绘一册十五课、二册五课之图，并使之分国着色。

第四　古代之政教学术上(一时间)

教材

黄帝画野分州，得百里之国万区。唐虞夏商承之，封建之制渐备。及周初，等级愈明，其后互相吞并，迄于战国，封建荡然矣。上古田赋无可考。三代则夏贡、殷助、周彻，皆用井田制。兵制，寓兵于农，视田赋多寡，定出车之数。降及春秋，丘甲州兵，其制渐变。战国时，秦废井田，而兵不必尽出于农。学校始于上古，三代尤备，大学、小学以程度分，乡学、国学以地址分。人生八岁，入小学焉。科学则掌以专家，如医有医师，农有草人，商有司市，矿有丱人①，不可殚述。

要旨

授以古代封建、田赋、兵制、学校之大略，俾知古代之政教。

---

① 丱(kuàng)人：古代矿业的管理机构和人员。

预习

笔记。

教授次序

(甲) 预备

(一) 检查预习:同前。

(二) 指示目的:封建时代,种种制度,均与后世不同。本课所授,乃古代政教之大略也。

(乙) 提示

(一) 讲第一节:起课首,至"封建荡然矣"止。古代交通未便,各地方之风气不同,如民族、语言、宗教、习俗等。未能合为一国,故不得不行封建之制。古代之区画,大者为州,小者为国,犹后世郡县以上复有监司也。秦代罢侯置守,乃改国为郡。汉世复以郡国并列。至郡国以上之一级,秦及西汉皆不设,后汉乃复置州牧。天下大势,日趋于统一。故小国必渐并为大国,大国终至于一统。然自分裂以至统一,其间非一蹴可几,故必至秦然后能成郡县之治。商周之兴,虽皆夷灭旧国,仍不得不行封建之策也。血统、言语、宗教、习俗,种种不同,虽以兵力戡定之,终不能合为一国。秦之克成统一之治者,由列国互相吞并,已渐趋于同化也。同前。

(二) 讲第二节:起"上古田赋",至课末止。土地皆归国有,由国家分赋之于人民,此为井田与阡陌之异点。其善在地权平均,而民无甚富甚贫之患。其弊也,还受之制[①]大坏,暴君污吏,慢其经界,而

① 还受之制:接受和归还田产的制度。

井田之制以废。三代以前，皆行民兵之制，及后世则改用募兵，此为兵制之一大变。观列国分立之世，必用民兵，则知民兵之制，适宜于竞争之世。视古代学制之详备，则知其教育之普及，此其学术之所以盛，人才之所以多。与二册一至七课联络。古代政治极详密，故医、农、商、卝诸业，皆有专家掌之。然即此，又可见后世社会之进化。盖古代掌以专官之业，至后世，多为社会所自营也。同前。

（丙）整理

（一）回讲：同前。

（二）约述：同前。

（三）联络比较：[一] 封建与郡县之比较。[二] 井田与阡陌之异同。[三] 民兵与募兵之比较。[四] 古代学校与后世科举及现今学制之比较。[五] 科学掌以专官，及任诸社会自谋，孰为得失？

（四）思考：[一] 封建之制，秦始皇一人废之欤？抑自周以前，其制已渐破坏？[二] 论者谓井田之制，必与封建并行，然否？[三] 春秋战国时代竞争之剧烈，于其兵制，有关系否？设使古代亦行募兵之制，其竞争能如此剧烈否？[四] 观于古代之赋税、学校诸政，则知其政治极为详密，而后世则殊疏阔。此于国家之强弱，社会文化之进退，有关系否？

（五）作表：使以本课事实列为简表如下：

三代政教
- 封建
- 井田
- 寓兵于农
- 学校
- 科学掌以专家

第五　古代之政教学术下（二时间）

教材

仓颉始造文字，应用日广。史籀变之，为大篆，遂为后世隶、草、行、楷之祖。学术以易象为最先，羲、文、周、孔，代有发明，实吾国哲学也。战国时，人才辈出，有儒、墨、道德、名、法、纵横诸家。而屈、宋又开词章之派。此外品物，如璇玑玉衡①制于虞，帆樯篷舵始于禹，棺椁备于殷，刻漏②精于周，皆堪称述。春秋时，鲁公输般有巧思，曾造铲、钻、刨③以工作，云梯以攻城。而越句践以良金写范蠡状，又铸像之权舆④也。

要旨

授以古代学术及发明品，俾知社会之进化。

---

① 璇机玉衡：玉饰的观测天象的仪器。
② 刻漏：古代的一种计时器。
③ 刨：推刮木料等使其平滑的工具。
④ 权舆：起始，萌芽。

预习

笔记：复习第一册第二、第三，第二册第六课。

教授次序

（甲）预备

（一）检查预习：同前。

（二）指示目的：古代之文明不特于其治制见之也，即学术技艺亦极发达，今继前课授之。

（乙）提示

（一）讲第一节：起课首，至“又开词章之派”止。凡进化之道，必前后相承。而无文字，则前人所已发明者，无由贻之后人。故文字之发明，于社会进化，关系最大。科斗文变为大篆，大篆变为小篆，又迭变为隶、草、行、楷，皆取其日趋简易。可知世运日进，则人事日繁，凡事必遵简易而去繁杂。与国文第三册第七课联络。哲学虽似无所用，然实为各种学术之原。画卦始于伏羲，足征吾国哲学发明之早。然非文王、周公、孔子，相继发明，决不能臻于完美。战国时儒、墨、道德、名、法、纵横诸家并起，实为吾国学术最盛之时。同前。

（二）讲第二节：起“此外品物”，至课末止。璇玑玉衡，所以观天文。帆樯篷舵，所以便交通。棺椁所以隆送死之礼，俾民德归厚。刻漏所以知时刻之准，俾民易赴时。皆为有益于民之事。而其关系尤大者，则为铲、钻、刨等之发明。盖此等物既经发明，即可更借以制他器。发明一物，不啻发明千百物品也。至如造云梯以攻城，则战术之发明，较之仅造弓矢者为尤进。冶良金以写状①，则工艺之进步，较之仅解图画者为尤精。进化之迹，固历历可见矣。同前。

（丙）整理

（一）回讲：同前。

（二）约述：同前。

（三）联络比较：［一］儒、墨、名、法、道德、纵横诸家之相互比较。［二］古代各种发明品中，最重要者为何品？［三］刻漏与钟表之比较。

（四）思考：［一］使吾国至今尚无文字，则若何？［二］哲学有何用处？［三］词章之学，有何用处？［四］无帆樯篷舵，舟行亦能便利否？何以黄帝时能发明舟车，而不能发明帆樯篷舵？可见进化之非易。

（五）作表：使列本课简表。

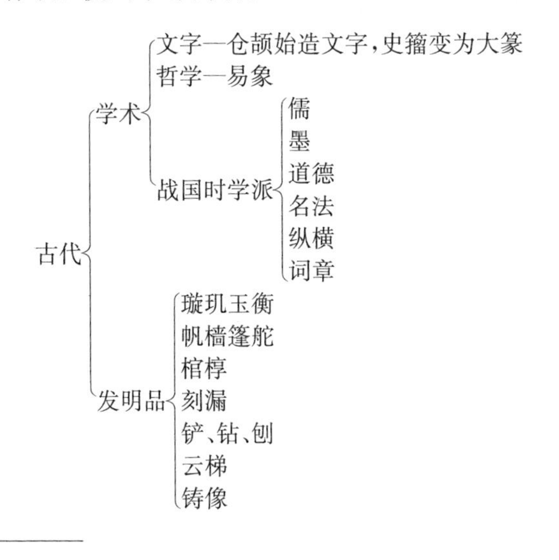

① 写状：描摹形状。

备考

《书断》：隶书者，秦下杜人程邈所作也。章草者，汉黄门令史游所作也。卫恒、李诞并云："汉初而有草法，不知其谁。"萧子良云："章草者，汉齐相杜操始变稿法。"非也。王愔云："汉元帝时，史游作《急就章》，解散隶体，粗书之。汉俗简堕，渐以行之。"是也。行书者，后汉颍川刘德升所作也。即正书之小讹，务从简易，相间流行，故谓行书。王愔，字次仲，建初中，以隶草作楷法。萧子良云："灵帝时，王次仲饰隶为八分。"二家俱言后汉，而两帝不同。或云：后汉有王次仲，为上谷太守，非上谷人。

《物原》："夏禹作舵，加以篷碇[①]帆樯。"

《古史考》："公输般作铲。"《物原》："公输般作钻。"《事物钳珠》："椎刨，平木器，鲁般作。"《续事始》："云梯，鲁人公输般造，以攻宋城，可以凌空立之。"《太白阴经》谓之飞梯。

---

① 碇（dìng）：石锚或系船的石墩。

第六　秦之统一(二时间)

教材

秦孝公用商鞅变法，国以富强。至庄襄王，遂灭周。至秦王政，遂灭六国，统一海内，都咸阳，今陕西咸阳县。自称始皇帝。分地方为三十六郡；销兵器，徙豪杰，以防反侧；焚诗书，禁偶语，以遏异议。命蒙恬北伐匈奴，筑长城，又平定百越，置南海今广东省。等郡。于是秦之疆域，西起临洮，今甘肃岷县。东及朝鲜，北距沙漠，南有交趾。今越南国境。始皇卒，李斯、赵高杀太子扶苏，立胡亥为二世皇帝。未几，杀李斯，高独专政。民苦暴虐，陈涉先起兵，项羽、刘邦等继之。及刘邦入关，高弑二世，立子婴，子婴杀高出降，秦亡。

秦世系表：

始皇帝政——二世皇帝胡亥——秦王子婴凡三君十五年。

要旨

授以秦之兴亡，使知专制之害。

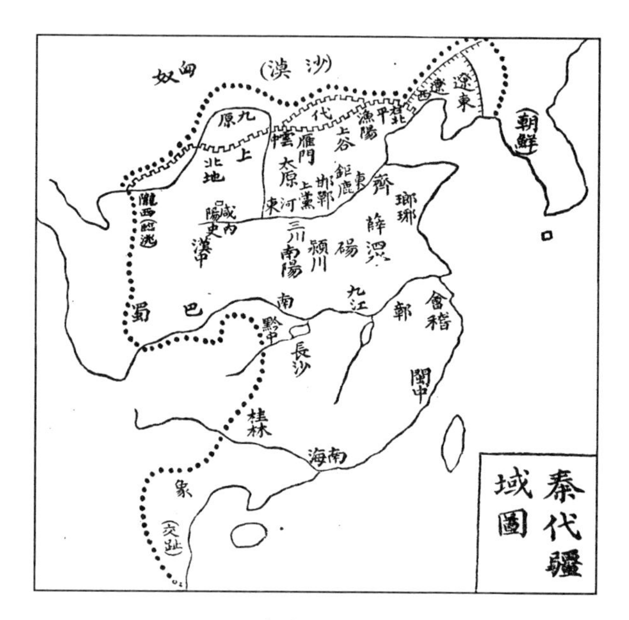

秦代疆域图

准备

秦代疆域图。

预习

笔记：复习第二册第八、第九、第十课。

教授次序

(甲) 预备

(一) 检查预习：同前。

（二）指示目的：封建之弊，固渴望统一。然非仅能统一，遂可为治也。今以秦事授汝等。

（乙）提示

（一）讲第一节：起课首，至“自称始皇帝”止。秦之强，由于商鞅之变法。可见国贵自强。统一海内，始于秦。为前世所未有。故吾国历史，周以前与秦以后，画然为两时代。自周以前，革命者皆侯国。故秦始皇既统一天下，遂自谓无与争国者，以始皇帝自号，欲传之万世。然至今日，则一姓之不能终有天下，人人知之矣。此可见各种智识，皆由经验而得，历史之学之所以可贵者，以此也。同前。

（二）讲第二节：起“分地方为三十六郡”，至“南有交趾”止。始皇之措置，盖亦皆所以防乱。谓天下之乱，由于封建，故罢侯置守。谓天下之祸，莫大于战争，故销兵器。谓地方之乱，恒出于豪右①，故徙豪杰。三代以前侯国之叛徒亦皆卿大夫，非细民②也。谓政令之不行，由于战国以降，学术发达，人挟其学，以非上之所施行。而欲复三代以前，学术在官之旧。故焚诗书，禁偶语。然卒无一效，且以速亡。则可见专制之必无益于治，而世变既异，决不能以旧法治之。秦之政治虽不足取，然北攘匈奴，南并南越，为中国开拓疆土，确立大国之基础，其功亦不可没。同前。

（三）讲第三节：起“始皇卒”，至课末止。专制之世，乱国者曰权臣，曰阉宦，曰庶孽争立，秦时悉开其端。战国时，七国竞争，斯民之困苦已甚。秦并天下，不务所以休养生息之，反益竭用其力，而又济之以威刑，故民怨而叛。此为秦亡之最大原因。当时起兵者虽多，然项籍之力战钜鹿，刘邦之乘虚入关，实为其中之最有力者。同前。

---

①　豪右：豪门大族。

②　细民：平民，百姓。

(丙)整理

(一)回讲:同前。

(二)约述:同前。

(三)联络比较:[一]商鞅与管仲之比较。二册一课。[二]郡守与诸侯之异同。[三]秦与三代疆域之比较。[四]陈涉起兵与汤武革命之比较。

(四)思考:[一]秦灭六国,何以六国概不能御?[二]秦始皇极力愚弱其民,何以国祚仍不可保?[三]筑长城果足以限制戎狄否?[四]秦至二世时,尚能画关自守否?

(五)作表绘图:[一]使以本课事迹列为表,如下:

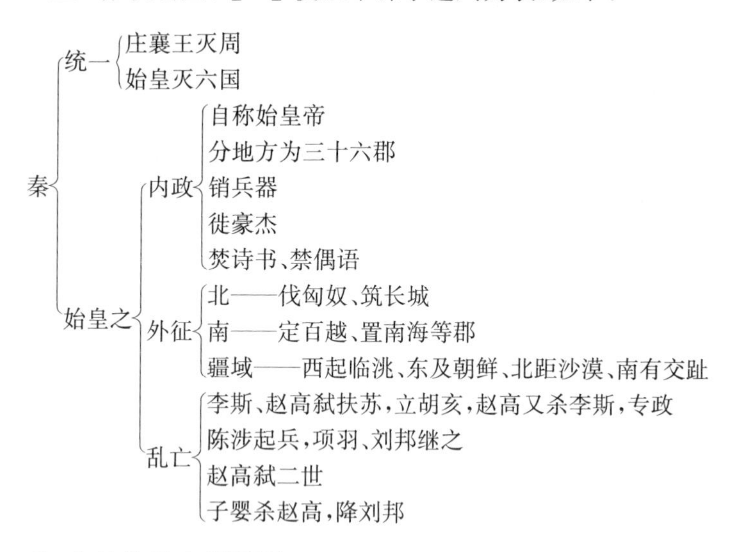

[二]使仿绘本课附图。

备考

秦三十六郡:内史、上郡、汉中,在今陕西。上谷、代郡、渔阳、右北平、辽西、钜鹿、邯郸、东郡，在今宜隶。辽东，在今奉天。太原、雁门、上党、河东，在今山西。陇西、北地，在今甘肃。齐郡、薛郡、琅邪，在今山东。三川、颍川、南阳，在今河南。砀郡、泗水、会稽、鄣郡，在今江苏、浙江。九江，在今安徽。南郡，在今湖北。长沙、黔中，在今湖南、贵州。巴郡、蜀郡，在今四川。云中、九原，在今绥远特别区域。又平百越，置四郡：闽中在今福建，南海在今广东，桂林在今广西，象郡在今越南，已为法据。

第七　汉之兴亡上(三时间)

教材

刘邦入咸阳，先受秦降。项羽继至，焚宫室，杀子婴，自称西楚霸王。分封诸将，使刘邦为汉今陕西南郑县。王，汉王愤且怒，伺羽东归，还定三秦，东向争天下。屡与羽战，先败后胜。羽自刎死，遂成帝业，国号汉，都长安，今陕西长安县。是为汉高祖。惩秦孤立，乃分王子弟于要地，诛功臣殆尽。子惠帝立，太后吕氏专政，帝卒，遂临朝。及后死，诸臣迎文帝即位。帝性仁俭，与民休息。然诸王日强，及景帝时，有吴楚之叛，遣将平之。子武帝立，初用年号。时国中无事，匈奴寖强，帝乃大举兵伐之，收取其河南①、河西②地。又灭南粤，平西南夷，墟③闽粤，下滇，今云南。服朝鲜，遣使交通西域。于是疆域大辟，东南滨海，北抵沙漠，西及葱岭，汉威远播。子昭帝立，年幼，霍光④辅政。既而昭帝卒，无子，立昌邑王贺，无道，光废之，

---

① 河南：河套地区。
② 河西：河西走廊一带。
③ 墟：毁为废墟。
④ 霍光：字子孟，河东平阳(今山西临汾)人。

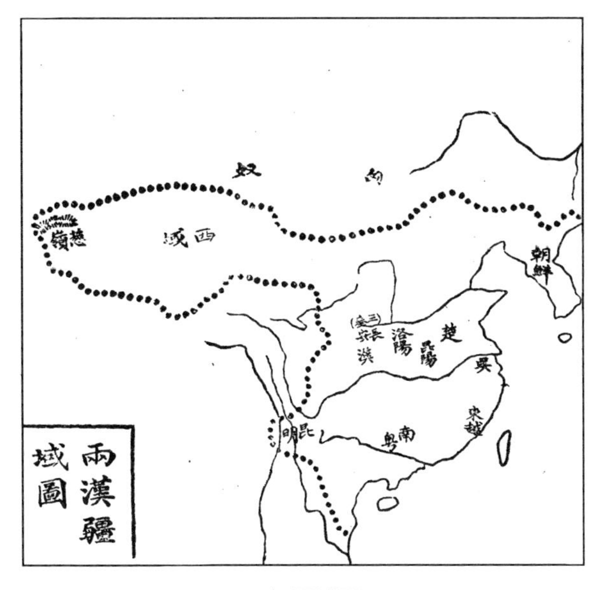

两汉疆域图

改立宣帝。帝明于吏治，信赏必罚，综核[1]名实，循吏辈出。而匈奴亦以内乱来附。其后历元、成、哀、平诸帝，昏庸相继，外戚专权。及孺子婴为王莽所篡。

汉世系表上：

高祖邦——惠帝盈——文帝恒——景帝启——武帝彻——昭帝弗陵——宣帝询——元帝奭——成帝骜——哀帝欣——平帝衎——孺子婴凡十二君二百十年。

要旨

授以汉之兴亡。

---

① 核：核实，检验。

准备

两汉疆域图。

预习

笔记：复习第二册第十、第十一、第十二课。

教授次序

(甲) 预备

（一）检查预习：同前。

（二）指示目的：刘邦既诛秦灭项，遂有天下，历年二百，是为汉。今以其治乱授汝等。

(乙) 提示

（一）讲第一节：起课首，至“诛功臣殆尽”止。项羽焚宫室，杀子婴。而汉高能约法三章，除秦苛法。二册十课。此为刘成项败之一原因。汉高自汉中还定三秦，有关中、巴蜀以补充兵力及饷源。而项羽都彭城，其根据地数为汉扰，又失燕、齐之地，故卒为汉弱。与二册十课联络。后世开国之主，率多诛戮功臣，而其事始于汉。此亦家天下之弊。项羽分封诸将，汉高分王子弟，皆封建之反动力。然其事卒不能立，可知封建之不能行于后世。

（二）讲第二节：起“子惠帝立”，至“遣将平之”止。母后临朝，亦历史上之弊制，而其事亦始于汉。文帝之与民休息，为汉所以致治之原因，且为武帝时外攘之本。盖国力充实，始能外攘。吴楚之叛，为汉初封建之结局。此后诸王虽拥虚号，毫无实权。故中央政府，权力极大。外戚窃柄，移易国祚，莫之能抗。同前。

（三）讲第三节：起"子武帝立"，至"汉威远播"止。中国君主之有年号，始于汉武帝。匈奴即古时之北狄，其初杂居内地，后为华种所排，遁逃出塞。其在内地，无大部落。及出塞后，转便于结合，而势以强。匈奴之强，始于战国时。及秦时，为中国所攘斥。秦末中国乱，戍边者皆去，匈奴遂复强。汉武帝之伐匈奴，可分为三时期：一取河南地。二取河西地。三发兵绝漠攻击。南越、东越之地，秦时虽入版图，然基础尚未稳固。至汉武再定之，西南夷跨今贵州、四川、甘肃地。滇即今之云南。武帝平之，拓地甚多，始奄有今本部十八省之疆域。汉武之服朝鲜，通西域，为中国辟地于本部以外之始。西域之通，由匈奴之失河西。而既通西域，又可以弱匈奴。同前。

（四）讲第四节：起"子昭帝立"，至课末止。霍光之辅昭帝，为后世大臣辅政之始。以臣废君，而不为舆论所攻击者，汉以后惟一霍光。故世每以与伊尹并称。整饬吏治，可以致治，汉宣帝为其一例。汉之征匈奴，在武帝时。而其来臣附，转在宣帝时。盖是时匈奴有内乱也。武帝时，仅取漠南。宣帝时，漠北乃臣附。西汉之盛，极于宣帝时。自后诸帝皆昏庸，权遂入于外戚之手。历史上外戚之祸，以西汉为最甚。同前。

（丙）整理

（一）回讲：同前。

（二）约述：同前。

（三）联络比较：[一] 汉高与项羽之比较。[二] 汉初封建与古代封建之比较。[三] 母后临朝与外戚干政，有何关系？[四] 汉文帝之内治与秦始皇之比较。[五] 汉武帝之武功与秦始皇之比较。汉之疆域视秦如何？[六] 大臣辅政与母后临朝之比较。[七] 汉宣帝与文帝之比较。

(四) 思考:[一] 刘项成败,其原因何在,试略举之。[二] 分王子弟,果足以防乱否? 抑反足以召乱? 分王子弟,诛戮功臣,为公乎? 为私乎? [三] 汉代何帝为休养国力之时,何帝为削平内乱之时,何帝为外耀国威之时? 此三帝之事业,互有关系否? [四] 废无道之主,其事合理否? [五] 何以信赏必罚,综核名实,即循吏辈出?

(五) 作表及绘图:[一] 使以本课事列为简表。

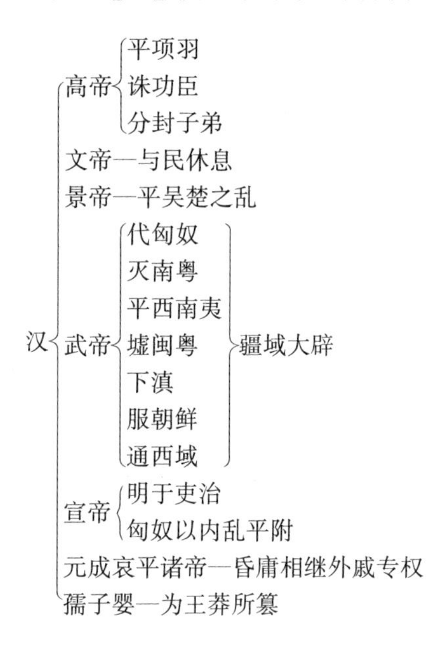

[二] 使仿绘本课附图。

备考

项羽所分封诸侯王及功臣如下:刘邦汉王,王巴蜀、汉中,都南郑。见本课教材。章邯雍王,王咸阳以西,都废丘,今陕西兴平县。司马欣塞王，王咸阳以东，都栎阳，今陕西临潼县东北。董翳翟王，王上郡，都高奴，今陕西肤施县东。雍、塞、翟是为三秦。魏王豹西魏王，王河东，都平阳，今山西临汾县西南。韩王成韩王，都阳翟，今河南禹县。申阳河南王，都洛阳，今河南洛阳县东北。司马印殷王，王殷故墟，都朝歌，今河南淇县。赵王歇代王，都代，今直隶蔚县。张耳常山王，王赵，都襄国，今直隶邢台县。英布九江王，都六，今安徽六安县北。吴芮衡山王，都邾，今湖北黄冈县东南。共敖临江王，都江陵，今湖北江陵县。燕王广辽东王，都无终，今京兆蓟县。臧荼燕王，都蓟，今京兆大兴县。齐王市胶东王，都即墨，今山东平度县东南。田都齐王，都临淄，今山东临淄县。田安济北王，都博阳，今山东泰安县。羽自立为西楚霸王，王梁楚地九郡，都彭城，今江苏铜山县。

汉初功臣王者七国：楚王韩信，梁王彭越，赵王张敖，韩王信，淮南王英布，燕王臧荼、卢绾。信、越及韩王信、英布、臧荼，皆被诛夷。卢绾亡入匈奴。惟长沙王吴芮，以国小而忠，得仅存。同姓王者九国：齐王肥，高帝子。吴王濞，高帝兄子。楚王交，高帝弟。淮南王长，高帝子。燕王建，高帝子。赵王如意，高帝子。梁王恢，高帝子。代王恒，高帝子。淮南王友。高帝子。后又分齐立胶西、胶东、菑川、济南四国，与吴、楚、赵共举兵反。

匈奴，武帝元朔二年收其河南地，置朔方郡，治三封，今鄂尔多斯右翼后旗套外黄河西岸。元狩二年，昆邪王将其众四万余人来降，置五属国以处之。以其地为武威、酒泉郡，于是自河西至盐泽无匈奴。五属国者，陇西、北地、上郡、朔方、云中也。陇西，治狄道，今甘肃狄道县。北地，治马领，今甘肃环县东南。上郡，治肤施，今陕西肤施县。云中，治云中，今绥远特别区域归绥县西。武威，治姑臧，今甘肃武威县。酒泉，治禄福，今甘肃酒泉县。

南粤，武帝元鼎六年平，置九郡。南海，治番禺，今广东番禺县。苍梧，治广信，今广西苍梧县。郁林，治布山，今广西贵县。合浦，治徐闻，今广东海康县。交址，治羸𨻻；九真，治胥浦；日南，治朱吾；均今越南地，已为法据矣。珠崖，治瞫都，今广东琼山县。儋耳，治义伦，今广东儋县。

西南夷，武帝先通南夷，建元六年置犍为郡，治僰①道，今四川宜宾县。又通西夷邛、筰、冉駹，置一都尉。元鼎六年，平西南夷，置五郡。牂柯，治故且兰，今贵州平越县。邛为越巂，筰为沈黎，均治邛都，今四川西昌县东南。冉駹为文山，治汶江，今四川茂县北。武都，治武都，今甘肃成县西。

闽粤，即东越，武帝元封元年降，以其反复为害，迁于江淮间，墟其地，今福建。

滇，武帝元狩元年始通，元封二年降，置益州郡，治滇池，今云南昆明县。

朝鲜，武帝元封三年降，置乐浪、临屯、玄菟、真番郡。玄菟，今奉天兴京县北。乐浪、临屯、真番，均韩国地，今已为日本所据。西域。见第二册第十一课备考。

---

① 僰（bó）：古代西南地区某族名。

第八　汉之兴亡下(一时间)

教材

王莽篡汉，国号新。变更制度，人民苦之，豪杰并起。汉宗室刘秀亦起兵，大破莽军于昆阳，今河南叶县南。进攻长安，杀莽，遂即位，都洛阳，今河南洛阳县。是为汉光武帝，以次翦灭群雄，复兴汉业。子明帝继立，命窦固伐匈奴，班超定西域，汉威复振。传子章帝，政尚宽厚，克媲先烈。其后外戚擅权，和帝、桓帝皆借宦官以诛之，于是外戚虽败，宦官代兴。至灵帝时，窦武、陈蕃谋诛宦官，反为所杀，而党锢之狱起，黄巾之乱作。及何进召董卓尽诛宦官，改立献帝，群雄纷扰，政在曹氏，卒篡帝位，汉祚遂斩。

汉世系表下：

光武帝秀——明帝庄——章帝炟——和帝肇——殇帝隆——安帝祜——顺帝保——冲帝炳——质帝缵——桓帝志——灵帝宏——少帝辩——献帝协凡十三君一百九十六年。

要旨

授以东汉之治乱。

预习

笔记：复习第二册第十三至十六课。

教授次序

（甲）预备

（一）检查预习：同前。

（二）指示目的：王莽篡汉后，东汉继起，有天下者，又二百年。今以其事授汝等。

（乙）提示

（一）讲第一节：起课首，至“复兴汉业”止。王莽变法，多泥古而不切于时务。如更命天下田为王田，不得卖买；废汉五铢钱，更造宝货五物六名二十八品是也。莽所变法甚多，详举之，非学生所能解，但举此二事为例。吏缘为奸，民益困弊，故叛者四起。当时起兵者皆群盗，无远略，惟刘秀志在复汉。昆阳一战，实为新汉与亡所由判。此战役，为后世以寡胜众之战役之一。同前。

（二）讲第二节：起“子明帝继立”，至“克媲先烈”止。明、章二帝，为东汉极盛之时，与西京文、景并称。新室之乱，匈奴复强，西域臣服之。光武戡定内难，未尝注意外事。其经略之者，始于明帝。时匈奴分为南北，南匈奴臣服中国，北匈奴与中国抗而败，遂西走欧洲，今匈牙利人其裔也。与地理联络。同前。

（三）讲第三节：起“其后外戚擅权”，至课末止。前汉外戚宦官恒相结，后汉外戚宦官恒相诛。前汉亡于外戚之专权，后汉亡于外戚宦官之交哄①。前汉亡于外戚篡弑，天下莫能与之抗；后汉亡于外戚宦官交哄而召外兵。盖前汉内重，后汉外重也。而后汉外权之所以重，实由于寇盗之群起，故黄巾之乱，亦为汉亡之一大原因。后汉党锢之狱，为后世党祸之始。后汉风俗之美，为中国历史上所仅见。同前。

(丙) 整理

（一）回讲：同前。

（二）约述：同前。

（三）联络比较：［一］王莽变更制度，与汉高除秦苛法之比较。［二］光武帝与汉高祖之比较。［三］前后汉武功之比较。［四］第一课之荤粥，及第六、第七及本课匈奴之事互相联络，俾知古代北狄之起讫。

（四）思考：［一］王莽不变更制度，光武亦能亡之否？［二］前汉亡于外戚，后汉能诛外戚，亦卒不免于灭亡。其故何也？

（五）作表：使以本课事列为简表，如下：

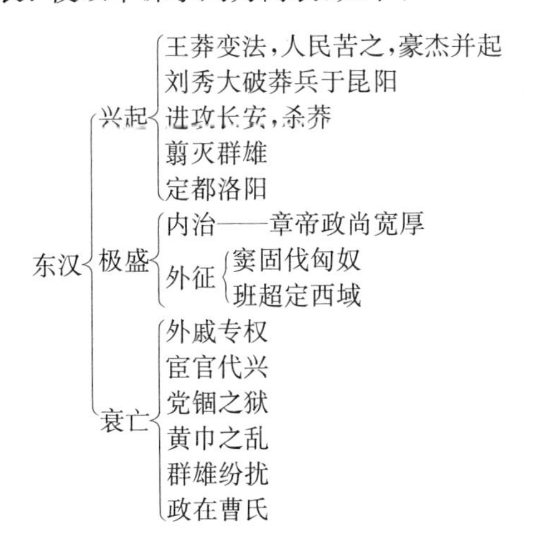

① 交哄：互相争斗。

第九　秦汉之政教学术(一时间)

教材

秦废封建为郡县，汉初兼用郡国①。然吴楚叛后，侯王仅拥虚名而已。秦法有弃市②、腰斩、夷三族等，自汉定九章律，苛法悉删。租税秦最重，称头会箕敛③。汉兴，屡有蠲减。惟武帝以国用不足，杂税并兴。自秦焚书坑儒后，两汉皆崇经术。而词章如司马相如，史学如司马迁，皆推巨子④。佛教自明帝时入中国，道教则张道陵⑤所创也。发明诸品，有蒙恬之毛笔及筝，乌孙公主之琵琶，蔡伦之纸，而张衡所制浑天仪、地动仪，尤见精妙。至小篆、隶书、石刻，亦起自秦汉焉。

---

① 兼用郡国：郡县制与分封制并行。

② 弃市：在闹市执行的死刑。

③ 头会(kuài)箕敛：按人头征税，用畚箕装取所征收的谷物，形容赋税繁重而苛刻。

④ 巨子：在某方面成就卓越的人物。

⑤ 张道陵：江苏丰县人，正一道(天师道)创始人。

要旨

授以秦汉之政教学术，俾知当时社会进化之状况。

预习

笔记：复习本册第六、第七课。

教授次序

（甲）预备

（一）检查预习：同前。

（二）指示目的：秦汉政制，视三代为一大变革。而社会文化，亦日有进步。此课所授，即秦汉时之政教学术也。

（乙）提示

（一）讲第一节：起课首，至“杂税并兴”止。吴楚七国叛后，王国实权皆在于相。名为国，实与郡无异。古刑法惟有五刑，且罪人不孥[1]。腰斩、夷三族等淫刑[2]，皆自秦制之。盖秦杂戎狄之俗，因袭用其法，非三代之旧也。汉虽除秦苛法，然吏尚沿秦习，用法极刻深[3]。九章律极简，当时之吏，多舍律而用令及比。而已废之法，亦时或复用。如文帝即用族诛于新垣平。汉田租三十而取一。文帝时，且普免天下之田税，至于十有三年，为古今所无。同前。

---

① 罪人不孥：治罪不累及妻和子女。

② 淫刑：过分的刑罚。

③ 刻深：苛刻，严酷。

（二）讲第二节：起“自秦焚书坑儒后”，至则“张道陵所创也”止。自汉武帝表章六艺，罢黜百家。又置五经博士①，为博士置弟子。是为儒术专行之始，为中国学术界一大变革。汉武帝好文学，宠用文臣司马相如等，为中国崇尚文学之始。司马迁作《史记》，上起轩辕，下讫当代，为中国有完全史籍之始。佛教之入，为异国之教流行中国之始。道教托于黄老，实则为古代阴阳五行说之支流余裔，盖中国旧教也。中国之言宗教者，多以儒、释、道并称，其端亦启于汉。

（三）讲第三节：起“发明诸品”，至课末止。诸种发明品中，最有关系者，为笔及纸。盖文字之书写便利，则文化易于传播。而大篆易为小篆，小篆易为隶书，笔画简易，则书写亦自觉便利。又有石刻，则其保存之年代可久，其功用亦同。至浑天仪、地动仪之作，则为天文学上之大发明。同前。

（丙）整理

（一）回讲：同前。

（二）约述：同前。

（三）联络比较：[一] 封建郡县，与兼用郡县之制之异同。[二] 秦法与古刑法之比较。[三] 汉租税与古税制之比较。[四] 儒术专行与各家并盛，孰为得失？[五] 道、佛二教之比较。[六] 浑天仪、地动仪与璇玑玉衡之比较。[七] 科斗文、大篆、小篆、隶书之比较。

（四）思考：[一] 秦法与古刑法，孰为文明？[二] 租税宜重乎？宜轻乎？[三] 崇尚文学，有何流弊？[四] 史学有何效用？[五] 道教为中国所固有，佛教自外国传入。当时中国之人，何以不助道教以排佛教？[六] 设使今日尚无纸笔，又未发明隶书，动须以简牍作篆，其不便如何？

---

① 五经博士：专门传授儒家经学的学官。

（五）作表：使以本课内容分别两表如下：

	秦	汉
政治	废封建为郡县	兼用郡国。吴楚叛后，侯王仅拥虚名
法律	有弃市、腰斩、夷三族等刑	定九章律，苛法悉除
租税	最重	屡有蠲减。惟武帝时杂税并兴

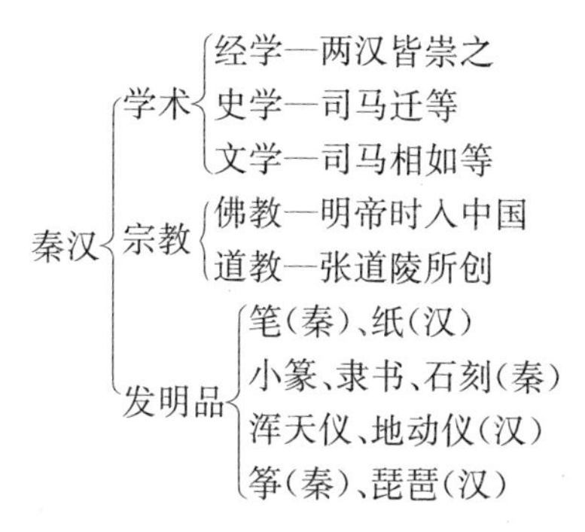

备考

《中华古今注》：“牛亨问曰：古有书契，便应有笔，世称蒙恬造笔，何也？答曰：自蒙恬始作秦笔耳。以柘木为管，鹿毛为柱，羊毛为被。非兔毛竹管也。”《风俗通》：“筝，秦声也。或曰：蒙恬所作。傅玄《琵琶赋序》：琵琶，《世本》不载作者。故老云：‘汉送乌孙公主，念其行道思慕，使知音者于马上作之。’杜挚以为兴之秦末。盖苦长城役，百姓弦鼗[1]而鼓之。”二者各有所据，以意断之，乌孙近焉。蔡伦用树肤、麻头及敝布、鱼网为纸，见《后汉书·宦者列传》。张衡造浑天仪及候风地动仪，见《后汉书》本传。

---

① 弦鼗（xián táo）：乐器名，犹今之三弦。

第十　三国分立(三时间)

教材

汉末诸将,以讨董卓为名,各拥兵据地。曹操乘之,迁献帝于许,今河南许昌县。灭吕破袁,据中原地。孙坚、孙策、孙权,亦相继保有江东。刘备又进取蜀汉。其后遂为魏、蜀、吴三国。曹操相汉,未改汉号。子丕嗣,受汉禅,称帝,国号魏,是为文帝。再传至芳,司马懿专政。子师嗣,遂废芳立髦。既而师弟昭又弑髦,及元帝立,昭子炎篡其位,魏亡。刘备本无凭借,自联吴拒魏,败操于赤壁,今湖北嘉鱼县。遂有荆州,今湖北江陵县。旋得蜀汉。闻曹丕篡汉,乃继汉称帝是为昭烈帝。大举伐吴,为关羽报仇,兵败而卒。子后主嗣立,其四十一年,魏师来伐,后主出降,蜀汉亡。孙权承袭先业,国号吴。及魏、蜀渐衰,亦称帝,是为大帝。子亮嗣,孙綝废之,立景帝,未几,蜀亡,景帝亦卒,吴人立皓。时魏为司马炎所篡,国号晋。及晋师来伐,皓出降,吴亡。三国疆域,魏为最大,东以江淮与吴接,西以祁山、今甘肃西和县。陈仓今陕西宝鸡县。与蜀接。吴较隘矣,然有江汉之险,荆扬之饶。蜀地虽小,而沃野千里,自成一区。故彼此相持,历数十年。

三国统系表:

魏文帝丕——明帝睿——废帝芳——废帝髦——元帝奂凡五君四十六年。

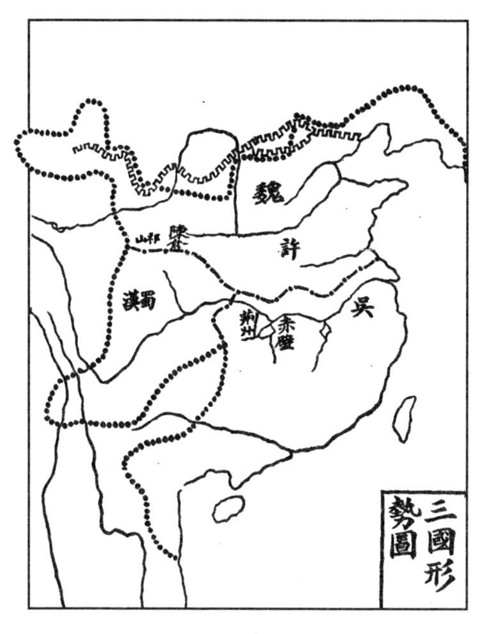

三国形势图

汉昭烈帝备——后主禅凡二君四十三年。

吴大帝权——废帝亮——景帝休——皓凡四君五十二年。

要旨

授以三国分立之事，俾知中国自统一后分裂之始。

准备

三国形势图。

预习

笔记：复习第二册第十六、第三册第一至第三课。

教授次序

（甲）预备

（一）检查预习：同前。

（二）指示目的：中国之统一始于秦，秦以后之分裂始于三国。今以其事授汝等。

（乙）提示

（一）讲第一节：起课首，至“其后遂为魏、蜀、吴三国”止。汉末以盗贼纷起，于郡国之上更置州。各州牧皆有重权，迨中央命令不行，遂成分裂之势。其起兵之由，由于何进召董卓以诛宦官。卓遂专权自恣，废少帝立献帝，又劫迁帝于长安。二册第十六。于是诸州郡以讨卓为名，纷纷起兵，势遂不可遏止矣。时献帝为诸将及群盗所劫制，绝无实权。赖曹操以兖州牧入卫，乃得迁许暂安，然自是政归曹氏。是时北方与曹操争者甚多，其最强者为袁绍，次为吕布，皆为曹操所灭。于是今直隶、山西、山东、河南之地平定。关中曹操使钟繇守之，凉州诸将虽梗化，然无大略，无能为，故是时黄河流域无事。其时据江东者为孙氏，而刘备依荆州牧刘表。使操能一鼓而下，平此二人，则天下统一矣。操伐荆州，刘表已卒，子综以地降操。刘备南走，又沿江东下，与孙权合力，破操兵于赤壁。自是曹操不能南下，而三国分立之势以成。同前。

（二）讲第二节：起“曹操相汉”，至“魏亡”止。魏亦行封建之制，然当武帝时，文帝曾与陈思王[1]争作世子，兄弟不睦，故篡汉后遂疏忌宗室，朝廷又无重臣，而司马懿常总掌兵权，与蜀汉相持。明帝卒后，废帝以幼主在位，曹爽与懿相持十年，卒为懿覆。自是大权归于司马氏，魏主仅拥虚名而已。至奂，遂为司马炎所篡。同前。

（三）讲第三节：起“刘备本无凭借”，至“蜀汉亡”止。赤壁战后，刘备遂据有荆州。然荆土荒残，人物凋敝，吴又时生觊觎，殊不足以自立也。迨后西取蜀中，又得汉中以为蜀之外障，而国家之基础以固。然蜀汉既得益州，旋失荆州，三册第二。且因此与吴酿成猇亭[2]之兵衅，遂不能进取北方。蜀汉自先主亡后，军国之责，悉诸葛亮一人任之。其时屡出兵伐魏。亮死后，无能继其业者。后主昏庸，信任宦官，遂以灭亡。同前。

（四）讲第四节：起“孙权承袭先业”，至“吴亡”止。吴恃长江之险以立国。大帝时，屡拒却魏师。明帝以后，魏常与蜀交兵，与吴兵争较少。及权归司马氏，方内谋篡国，亦不暇注意于外事。迨晋武篡魏，注意南侵。其时吴主皓淫虐，政治不修，宿将已尽，兵备废弛。又蜀已亡，上流无复屏蔽。故晋师沿江东下，而吴遂亡。同前。

（五）讲第五节：起“三国疆域”，至课末止。蜀汉之地，有今四川、云南二省，及陕西之汉中道。魏有今黄河流域，南跨淮南。其余南方之地，均为吴有。南方北伐，形胜之地，莫如荆州。至长江下流，则须得淮域，乃能自固。三国时，蜀虽有志于伐魏，而荆州既失，吴则无意于北略。又淮南北亦为魏有，故吴、蜀卒见并于魏。三国分立，是为我国南北割据之始。即据长江流域与黄河流域相对抗也。同前。

---

① 陈思王：曹植。

② 猇(xiāo)亭：古地名，今湖北宜昌境内。

(丙) 整理

(一) 回讲：同前。

(二) 约述：同前。

(三) 联络比较：[一] 曹操与王莽之比较。[二] 昭烈与光武之比较。[三] 司马懿与曹操之比较。[四] 赤壁之战与钜鹿、昆阳二战之比较。[五] 魏、蜀、吴国势之比较，疆域之比较。

(四) 思考：[一] 曹操之得志于中原，与其迁天子于许，有关系否？所谓挟天子以令诸侯也。[二] 黄河长江两流域之对抗，始于三国时乎？抑前此尚有之乎？春秋时，晋、楚争伯。[三] 先主猇亭之战，何故至于大败？[四] 使吴、蜀真能联合为一，足以当魏、晋否？[五] 设使刘禅不昏庸，孙皓不淫虐，吴、蜀可以不亡否？

(五) 作表及绘图：[一] 使学生以本课及第三册一至三课，参合列为简表如下：

- 三国大事记
  - 魏
    - 曹操迁献帝于许
    - 灭吕破袁
    - 文帝丕篡汉，都邺
    - 废帝芳时，司马氏专政，元帝奂为晋所篡
  - 蜀
    - 联吴拒魏，败操于赤壁
    - 旋得蜀汉
    - 闻曹丕篡魏，继汉称帝
    - 荆州为孙权所袭取，关羽被杀
    - 大举伐吴为羽报仇，兵败而卒
    - 诸葛亮受遗命辅后主，六出伐魏
    - 后主四十一年亡于魏
  - 吴
    - 孙权袭父兄之业，保有江东及岭南，都建业
    - 最后乃称帝
    - 晋师来伐，孙皓出降

[二] 使仿绘本课附图。

第十一　晋之初叶(一时间)

教材

司马氏在魏柄政，已灭蜀汉。及炎篡魏，是为晋武帝。旋平吴，统一中国，乃大封子弟于要地，都督军事，而撤州郡之兵。帝卒，惠帝立，贾后预政。擅杀太傅杨骏，使汝南王亮辅政。旋又使楚王玮杀亮，而以矫诏[①]之罪杀玮。于是赵王伦、齐王冏、河间王颙、成都王颖、长沙王乂、东海王越，互夺政权，自相攻杀，史称八王之乱。及其末年，内乱渐弭，外患又起。怀帝立，为汉刘聪所虏。子愍帝继位，又为所虏。

晋统系表：

武帝炎——惠帝衷——怀帝炽——愍帝业凡四世五十二年。

要旨

授以晋八王之乱，使知五胡乱华之由来。

---

① 矫诏：假传或假托皇帝诏书。

预习

笔记：复习第三册第四课。

教授次序

（甲）预备

（一）检查预习：同前。

（二）指示目的：外患之起，必乘内忧。晋室以八王之争，而召五胡之乱是也。今以其事授汝等。

（乙）提示

（一）讲第一节：起课首，至“而撤州郡之兵”止。魏以猜忌宗室，为晋所篡。故晋室反之，复分封子弟于要地。国不可一日无备，晋武平吴，遽撤州郡之兵，亦为致乱之一原。同前。

（二）讲第二节：起“帝卒”，至“史称八王之乱”止。武帝有两杨后，前杨后生惠帝。后杨后，其从父骏之女也。惠帝初立，骏受遗诏辅政。贾后利用汝南王亮以除之，又利用楚王玮以杀亮，已又杀玮，大权遂尽入于后。是为惠帝即位后十年中政局之迁变。后深沉有心计，专政十年，能任武帝旧臣，朝野相安。后死，大乱遂作。时赵王伦掌卫兵，地最切近，故先叛，废弑贾后，旋废帝自立。齐王冏、河间王颙、成都王颖讨诛之，冏专政。颙、颖复与长沙王乂合兵，乂攻杀冏。颙、颖复攻杀乂。最后东海王越起兵攻颙、颖，破之，大权尽入于越。同前。

（三）讲第三节：起“及其末年”，至课末止。时五胡中之匈奴，已起于北方。山东经大乱之后，群盗纷起，皆附而从之，于是匈奴之势大盛。惠帝没，弟怀帝立，为所虏。愍帝立于长安，又为所虏，而西晋遂东渡。同前。

（丙）整理

（一）回讲：同前。

（二）约述：同前。

（三）联络比较：［一］晋封建与汉之比较。晋时诸王，入居端揆，出作岳牧，威权尤重。［二］贾后与汉吕后之比较。［三］八王之乱与吴楚七国之乱之比较。［四］怀愍之被虏，视周幽王之被弑若何？

（四）思考：［一］使晋武不使诸王都督军事，其为乱亦至若此其烈否？［二］使武帝以后得贤明之君，晋可不至于乱否？［三］八王之相攻，亦有是非曲直可分乎？抑均为乱徒？［四］设无八王之乱，晋可不亡否？

（五）作表：使列本课简表如下：

- 八王之乱
  - 原因
    - 晋武帝大封子弟于要地，并使都督军事
    - 撤州郡之兵
    - 惠帝昏愚，贾后预政
  - 事实
    - 贾后杀汝南王亮、楚王玮
    - 赵王伦弑后废帝
    - 齐王冏、河间王颙、成都王颖讨杀伦
    - 颙、颖与长沙王乂攻杀冏
    - 颙、颖攻杀乂
    - 东海王越讨除颙、颖
  - 结果
    - 五胡乱起
    - 怀、愍被虏

第十二　五胡乱华(二时间)

教材

晋室乱时，异族之乘间割据者，其种有五，史称五胡乱华。氐种李特，据成都，今四川成都县。称王。子雄，称成帝，从子寿，改号汉，是曰蜀。匈奴种刘渊，据平阳，今山西临汾县。称汉帝。子聪嗣，虏晋怀、愍二帝。聪卒，渊族子曜，自立于长安，今陕西长安县。改号为赵，是曰前赵。羯种石勒，据襄国，今直隶邢台县。灭前赵，是曰后赵。慕容廆，鲜卑种也，据辽东。子皝，称燕王，都龙城。今热河承德县。皝子儁，称帝，都邺，今河南安阳县。是曰前燕。苻洪，亦氐种也，据关中，今陕西长安县。称秦王。子健，称帝。孙坚灭前燕、前凉，统一北方，是曰前秦。坚伐东晋，大败而归，其将姚苌，羌种也，叛坚立国，是曰后秦。自是以后，据地自立者，匈奴之国二：曰北凉，曰夏。鲜卑之国四：曰后燕，曰南凉，曰南燕，曰西秦。氐之国一：曰后凉。此外又有汉族所立之国：前凉最先，西凉次之，北燕又次之。总称十六国。此十六国中，前秦为最强，凡国于其前者，尽为所并。是时东晋亦偏安，几成南北对峙之局。惟不久分裂，割据者又先后相望，故诸国之兴灭，近者十数年，远者五六十年耳。

五胡十六国兴亡表：

种名	国名	始建国者	所据地	历年	灭亡
匈奴	前赵	刘渊	燕、晋、豫、秦四省各一部	二六	后赵
	北凉	沮渠蒙逊	甘肃、河西一部	三九	后魏
	夏	赫连勃勃	陕西北部及河套	二五	后魏
羯	后赵	石勒	中国北部之半	三八	前燕
鲜卑	前燕	慕容廆	燕、齐、晋、豫及奉天一部	五八	前秦
	后燕	慕容垂	燕、齐、晋、豫及奉天省	二四	北燕
	西秦	乞伏国仁	甘肃西南	四七	夏
	南燕	慕容德	山东、河南之一部	二一	东晋
	南凉	秃发乌孤	甘肃西部	一八	西秦
氐	前秦	苻洪	中国北部大半	四四	西秦
	后凉	吕光	甘肃西北、新疆南、河西、蒙古等地	一九	后秦
	蜀（成汉）	李特	蜀	四七	东晋
羌	后秦	姚弋仲	陕甘豫三省	三三	东晋
汉族	前凉	张轨	甘肃西北、新疆南、河西、蒙古等地	七六	前秦
	西凉	李暠	甘肃极西北部	二一	北凉
	北燕	冯跋	直隶、东北及奉天	二八	后魏

要旨

授以五胡乱华之祸，使知种族不能同化之害。

准备

东晋疆域图。

预习

笔记：复习第三册第七课。

教授次序

（甲）预备

（一）检查预习：同前。

（二）指示目的：两汉之时，中国声威极盛。然其后遂成南北对立之局。北方之地，悉为异族所据，则五胡之乱阶之厉也。

（乙）提示

（一）讲第一节：起课首，至“史称五胡乱华”止。五胡当两汉时，本皆被征服之种族。其根据地，匈奴与羯，在今山西。鲜卑在今奉天省及直隶北边。氐、羌在今陕西、甘肃。此等种族，自被征服后，均与汉人杂居，既不能完全同化，而汉族之所以待之者，又或失其道。于是愤郁思叛，遂为倡乱之远因。其近因，则八王乱后，山东群盗纷起，中央政府不复能号令四方，有以授之隙也。同前。

（二）讲第二节：起“氐种李特”，至“总称十六国”止。五胡中最先起者为前赵，晋帝即为所虏。然前赵势力，仅及山陕。其东方之地，皆为石勒所据。名为前赵臣，实不奉其命令也，其后遂据地自立。而前赵自刘渊没后，继之者聪、曜二主，均荒淫，卒为后赵所灭。是为

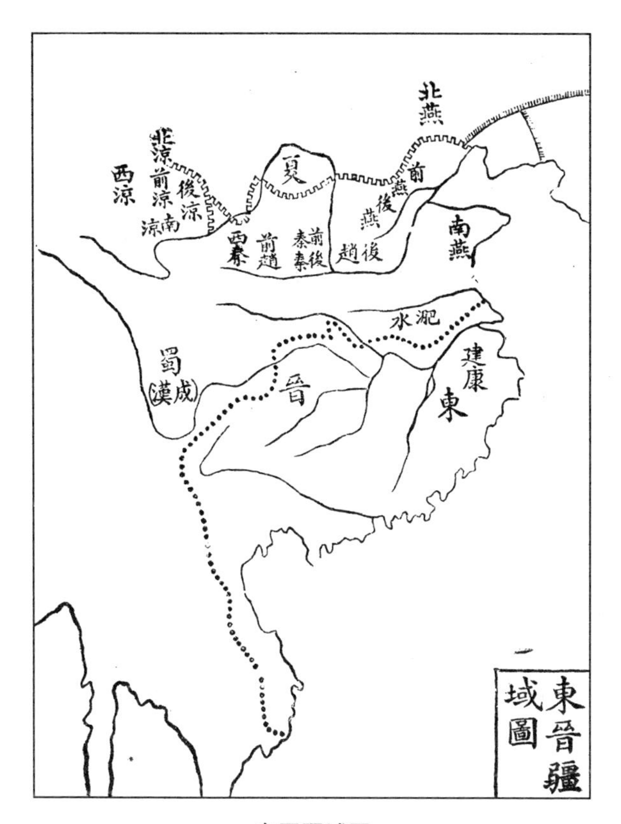

东晋疆域图

前、后赵起仆时期。后赵既灭前赵，尽并北方，存者独一前凉，前燕则尚在塞外。是为后赵极盛时期。石勒卒后，石虎亦荒淫。虎卒，诸子自相攻屠，皆为虎养子冉闵①所杀。闵，汉人也，于是大诛胡羯，复姓冉氏，建国号曰魏。匈奴及羯之势力，自是不复振。时鲜卑慕容氏，已强于塞外，乘机内犯，闵与战，马倒被杀，于是慕容氏入据河南、山东。氐种苻氏，自立于关中，是为前秦、前燕对立时期。秦王

① 冉闵：字永曾，魏郡内黄（今河南内黄县西北）人。

苻坚，以王猛[①]为相，勤修政治，大搜军实。灭前燕及前凉，北方诸种族，以次悉被征服。是为前秦统一北方时期。诸种族虽为秦所征服，然力不足，非心服。苻坚晚年，又欲灭晋以统一天下。淝水战败，诸族乘机，纷纷叛之。一时建国者甚多，而以后燕、后秦为最大，俨然前秦、前燕之东西分据，是为后秦、后燕对立时期。后秦、后燕皆不久即衰，后燕破于北魏，分裂为南、北燕。南燕及后秦，皆亡于晋。然晋亡后秦时，已值刘裕晚岁，急于南归图篡，得其地而不能守，遂复入于夏。于是北方复分裂，其后诸小国皆亡于魏。是为拓跋魏统一北方时期。同前。

（三）讲第三节：起“此十六国中”，至课末止。要之北方之地，统一之者，惟一前秦。几于统一之者，惟一后赵。此外前赵与后赵，前秦与前燕，后秦与后燕，均为东西对立之局。而南、北燕则分后燕之疆土，夏及西秦则当后秦盛时，分割其一部分之地而自立者也。此外凉州一隅，有前凉、后凉、南凉、北凉、西凉五国。蜀先号成，后号汉，其兴亡，与大局关系较少。此诸国中，除前秦外，皆未尝有意于南伐。故晋得安居江左。五胡之乱，当时虽极纷扰，然经此一度乱后，杂居诸种族，悉与汉族同化，而中国所吸收之异族乃益广。同前。

（丙）整理

（一）回讲：同前。

（二）约述：同前。

（三）联络比较：[一] 五胡与古代杂居内地诸异族之比较。[二] 十六国与古代封建诸国之比较。

（四）思考：[一] 设使五胡均不杂居内地，亦足为汉族患否？[二] 当时北方何以不能建立一统一之大国？观淝水败后，背秦自立者

① 王猛：字景略，北海郡剧县(今山东寿光市东南)人。

之纷纷，可知统一异族之难。［三］设使五胡乱时，东晋兵力足以进取北方，亦有可乘之机会否？

（五）作表及绘图：［一］使绘十六国兴亡简表如下：

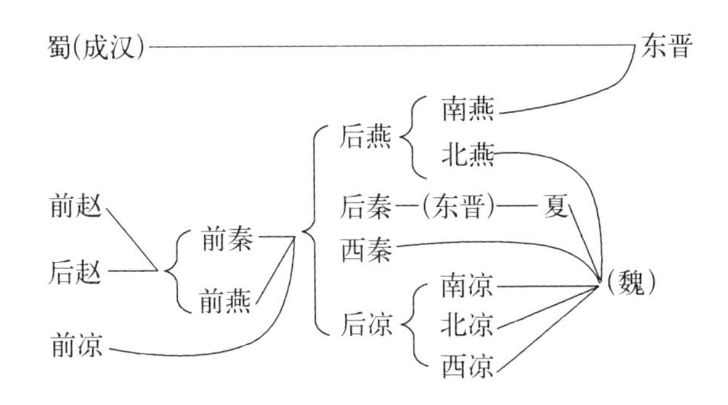

［二］使仿绘本课附图。

第十三　晋之东渡(二时间)

教材

晋怀、愍被虏，琅琊王睿即位，都建康，今江苏江宁县。是为元帝。时北方为五胡所扰，仅保东南，史因称为东晋。帝用王导辅政，王敦将兵。未几，敦据武昌今湖北武昌县。反，帝以忧卒。明帝立，敦死，乱始平。及成帝立，又有苏峻之乱，温峤、陶侃平之。穆帝以降，桓温灭蜀伐秦，遂行废立，图禅位，赖谢安镇静，温志未遂而死。孝武帝时，前秦倾国来攻，淝水今安徽寿县东北。战胜，晋乃粗安。传至安帝，温子玄复反，追帝禅位，刘裕连败之，帝乃复位。裕又北灭南燕、后秦，威名益盛，及恭帝时，遂篡晋。时北方诸国，亦次第并于魏，中国分为南北朝。

东晋世系表：

元帝睿——明帝绍——成帝衍——康帝岳——穆帝聃——哀帝丕——废帝奕——简文帝昱——孝武帝昌明——安帝德宗——恭帝德文凡十一君一百〇四年。

要旨

授以东晋之事，使知内外相猜忌，为晋室不能恢复之原因。

预习

笔记：复习第三册第五、第六课。

教授次序

（甲）预备

（一）检查预习：同前。

（二）指示目的：五胡乱时，晋尚保有南方，所谓东晋也。本课授其事迹。

（乙）提示

（一）讲第一节：起课首，至“史因称为东晋”止。琅琊王睿初督扬州军事，居下邳①。睹北方已乱，无力戡定，乃渡江保建康。愍帝凶问至，遂即帝位。晋之东渡，为异族据有北方，汉族但保南方之始。同前。

（二）讲第二节：起“帝用王导辅政”，至“遂篡晋”止。元帝初立，重用王氏兄弟。导掌机要，敦握兵权，已复忌之。使戴渊、刘隗等都督下流诸州军事，以抗敦。渊督司豫，镇合肥。隗督青徐，镇淮阴。敦举兵反，隗、渊等皆败，元帝忧愤崩。及明帝立，敦亦死，乃讨平之。是为东渡后第一次叛乱。明帝崩，成帝幼，太后庾氏临朝。后兄亮执政，与历阳内史苏峻不协，峻举兵反，陷京城。赖温峤、陶侃讨平之。是为第二次叛乱。苏峻平后，大权仍在庾氏。及穆帝时，宰相何充用桓温居上流，于是庾氏之势衰，而桓氏代盛。桓温镇荆州，灭蜀。又

① 下邳：今江苏沛县。

直后赵败亡，河南诸州多来归，温乘机收复之，于是威名大盛。朝廷忌之，用名士殷浩，以与之抗。浩北伐不胜，温乘众怨，废之。于是内外大权，一归于温。温伐后燕不胜，威命顿减，乃行废立以立威，又阴图篡。赖谢安当国，阴缓其事以折其谋。温亦寻死。是为第三次变乱。虽未至于用兵，然较王敦叛时，实尤岌岌也。晋简文、孝武二帝皆昏愚。孝武帝时，委政于其弟琅琊王道子，道子又以事委其世子元显。时桓温族子玄，势复强于上流。元显恃刘牢之①之兵以讨之，牢之叛降玄，元显败死。玄遂入京城，废帝自立，刘裕等起兵讨平之。是为第四次叛乱。桓玄平后，大权悉归于刘裕，外灭南燕、后秦，内翦除异己，遂移晋祚。要之晋自东渡后，荆、江二州即与扬州相持。除苏峻外，历次叛乱之臣，皆起于上流者也，而帝室常不胜。及北府兵强，谢玄恃以却敌淝水，事势乃有转机。桓玄之入建康，赖刘牢之之叛附，非真力能篡窃也。后牢之虽以兵权被夺自杀，而刘裕卒以牢之部曲，起兵平玄。盖自有北府之兵，然后下流之势强。自桓玄灭，然后上流之势弱。自是以后，中央势力非复外藩所能抗，而篡夺之业亦成矣。同前。

（三）讲第三节：起“时北方诸国”，至课末止。以上所言，乃东晋之内情也。至其对外，则后赵盛时，适值王敦、苏峻构难之际，自无暇及于北伐。苏峻平后，庾亮始出兵伐赵，才弱敌强，卒无成功。桓温之居上流，值后赵之亡，北方无主，时势颇有可为。而以内外相猜忌故，大功遂不克成。苻坚南伐，晋势甚为岌岌。赖秦人心力不齐，其众又多而不整。淝水之战，卒克取胜，亦幸耳。后刘裕柄政，复值北方分裂，后燕、后秦皆成强弩之末，拓跋氏势尚未盛，时势亦大有可乘。惜裕亦以翦除异己，急图篡窃，得关中而不能守。卒使拓跋坐

---

① 刘牢之：字道坚，彭城（今江苏徐州）人。

大北方，遂成南北朝分立之局。同前。

(丙) 整理

（一）回读：同前。

（二）约述：同前。

（三）联络比较：[一] 东晋与孙吴之比较。[二] 王敦、桓温、桓玄与汉末方镇之比较。[三] 淝水之战与赤壁之战之比较。

（四）思考：[一] 使晋室内外不相猜忌，恢复之业可成否？[二] 淝水之战不胜，晋室如何？

（五）作表：使列本课简表如下：

- 东晋
  - 内乱
    - 王敦之乱
    - 苏峻之乱
    - 桓温行废立，图禅位
    - 桓玄废安帝自立
    - 刘裕篡晋
  - 外患
    - 谢玄、谢石破秦淝水
    - 刘裕灭南燕、后秦

第十四　南北朝之分立(二时间)

教材

南朝为宋、齐、梁、陈。刘裕代晋，是为宋武帝。至文帝立，为魏所败，国势顿衰。后为萧道成所篡。道成即位，是为齐高帝。数传之后，为萧衍所篡。衍立，是为梁武帝。时魏已分为东、西，帝纳东魏叛臣侯景，景反，陷台城，在今江苏江宁县。帝饿死。其臣陈霸先与湘东王绎合兵讨景，景败，绎即位，是为元帝。传至敬帝，霸先篡之自立，是为陈武帝。数传至后主，不修边备，为隋所灭。南朝遂终。北朝起于拓跋魏，东晋时已建国。及太武帝灭北方诸国，与宋并峙。传至孝文帝，南迁，都洛阳，今河南洛阳县。兴学重儒，民俗一变。其后魏势日衰，至孝武帝为其臣高欢所逼，西依宇文泰，欢更立孝静帝以抗之，而魏分为东、西。后东魏禅位于欢子洋，是为北齐文宣帝。西魏禅位于泰子觉，是为北周孝闵帝。北齐传六主，为北周武帝所灭。再传至静帝，外戚杨坚迫帝禅位。北朝遂终。

南北朝世系表：

宋武帝裕——少帝义符——文帝义隆——孝武帝骏——废帝子业——明帝彧——废帝昱——顺帝准凡八君六十年。

齐高帝道成——武帝赜——废帝昭业——废帝昭文——明帝鸾——废

帝宝卷——和帝宝融凡七君二十四年。

梁武帝衍——简文帝纲——元帝绎——敬帝方智凡四君五十六年。

陈武帝霸先——文帝蒨——废帝伯宗——宣帝顼——后主叔宝凡五君三十三年。

后魏道武帝珪——明元帝嗣——太武帝焘——文成帝濬——献文帝弘——孝文帝宏——宣武帝恪——孝明帝诩——孝庄帝子攸——节闵帝恭——孝武帝修（西魏文帝宝炬——废帝钦——恭帝廓；东魏孝静帝善见）后魏凡十一君，一百四十八年。西魏三君，二十三年。东魏一君，十七年。

北齐文宣帝洋——废帝殷——孝昭帝演——武成帝湛——后主纬——幼主恒凡六君二十八年。

北周孝闵帝觉——明帝毓——武帝邕——宣帝赟——静帝阐凡五君二十五年。

要旨

授以宋、齐、梁、陈及拓跋魏之兴亡，俾知南北朝分立时之大势。

准备

南北朝形势图。

预习

笔记：复习第三册第八、第九课。

教授次序

（甲）预备

（一）检查预习：同前。

（二）指示目的：东晋亡后，北方仍为鲜卑所据，而南方有宋、齐、梁、陈四朝之递嬗，北方则后魏复分为东、西，篡于齐、周，所谓南北朝也。今以授汝等。

（乙）提示

（一）讲第一节：起课首，至“南朝遂终”止。武帝卒后，宋势已衰。而北魏适于是时复盛。宋文帝举兵伐魏，不胜，国内顾[①]大遭蹂躏。南朝之不竞于北，实基于是。南朝多昏愚之主，除四朝开国之君，及宋文帝、齐武帝、陈文帝在位时，稍称治安外，此外率治日少而乱日多。而要以梁武帝在位时，治平为最久。然其末年之大乱，亦为宋、齐、陈三朝所无。梁之乱起于侯景。初后魏自太武创业，至宣武帝时，皆称治安。较之南朝为远胜。孝明帝立，太后胡氏专政，奢侈无度，国用不足，则诛求于民，民怨思叛。又其都平城时，有所谓六镇者，怀朔、高平、御夷、怀荒、柔玄、沃野。借其力以御北族，赏赐超迁，皆极优异。南迁后不能如旧，镇人愤郁，或多逃亡。乃制令不得浮游在外，于是激而生变，并起攻剽，河北大乱，赖尒朱荣起而定之。已而荣以专权，为孝庄帝所杀。明帝与胡后不协，密召荣兵，欲以除后，已而止之。后闻之，弑帝，荣举兵弑后，而立孝庄帝。尒朱氏弑孝庄立节闵帝，其部将高欢起兵讨灭之，而立孝武。孝武复与高欢不协，奔关中倚行台宇文泰，欢亦别立孝静以抗之。于是魏分为东、西，皆仅存其名

---

① 顾：反而。

而已，实权皆在高欢、宇文泰。而高欢卒后，东魏有侯景之乱，在北方未能逞志，其余波乃以乱梁。梁武帝时，北方乘大乱之后，而南方无事。然武帝晚年好佛法，刑政废弛，兵备不修。又分封诸子及孙皆为王，出制大郡，皆互相猜忌。国势实不振也。武帝太子统早卒，立其弟纲，恐统诸子怨望，乃悉封为王，使制大郡，而又封己诸子以偶之。故景一叛莫之能御，武帝卒至饿死台城。武帝既强死侯景之手，元帝又见俘于西魏。斯时南朝几于不国，赖有陈武帝起而戡定祸乱，始未为鲜卑所并。然南方国势本弱，又益之以丧乱，势遂终于不振。及周灭齐，隋篡周，北方既复归统一，而南方又有如陈后主荒淫之君，遂终不能自存矣。同前。

（二）讲第二节：起“北朝起于拓跋魏”，至课末止。北魏亦鲜卑种落，其初居今西伯利亚，后乃南徙至漠北，又南迁，至今滦河上源。晋并州刺史刘琨，欲拒匈奴，畀以陉北①之地，拓跋氏势遂强。后灭于前秦，前秦败后，复自立。时五胡之入居中原者，皆已疲敝，惟拓跋氏处塞外，势力独完，遂渐次吞并诸国，统一北方。后魏初都平城，及孝文乃南迁，是为鲜卑种族同化于汉族之一大助力。自是文明日进，而武力日衰。东、西魏分立后，剧战十余年，皆不逞志。于是东、西分立之局定，其结果遂为周、齐。北齐文宣帝甚暴虐，武成极荒淫，后主尤甚。而北周武帝有雄略，国富兵强，故北齐遂为所并。然宣帝之荒淫，即与北齐后主无异。宣帝卒后，静帝年幼，隋高以外戚当国，遂废周而代之。于是五胡扰乱之局终，而南北统一之机至矣。同前。

（丙）整理

（一）回讲：同前。

---

① 陉北：勾注山（今山西忻州代县雁门山）以北。

（二）约述：同前。

（三）联络比较：［一］宋、齐、梁、陈，国势孰为强弱？［二］此四朝较东晋，强弱如何？［三］拓跋魏与曹魏较，强弱如何？

（四）思考：［一］使宋武帝当梁武帝时，足奏恢复之烈否？［二］孝文帝之政策，为得为失，试评论之。

（五）作表及绘图：［一］使作本课简表如下：

- 南北朝大事记
  - 南朝
    - 宋
      - 文帝为魏所败，国势顿衰
      - 后为萧道成所篡
    - 齐——为萧衍所篡
    - 梁
      - 武帝纳东魏叛臣侯景，景反，陷台城，帝饿死
      - 元帝为魏所执
      - 敬帝为陈霸先所篡
    - 陈——后主不修边备，为隋所灭
  - 北朝
    - 太武灭北方诸国，与宋并峙
    - 孝文南迁洛阳，兴学重儒，民俗一变
    - 孝武帝分为东、西，东魏为齐所篡，西魏为周所篡，齐亡于周，周亡于隋

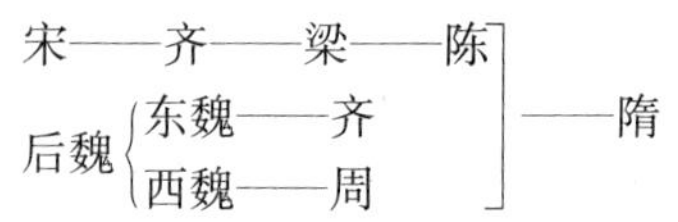

［二］使仿绘本课附图。

第十五　隋之统一（一时间）

教材

杨坚代周，国号隋，都长安，今陕西长安县。遣将平陈，南北合一。自奉甚俭，听政甚勤，制度明备。晚年偏听，废勇立广，卒为广弑，是为文帝。子广嗣位，是为炀帝，自恃富强，喜功好大，伐林邑、吐谷浑、流求、高丽。突厥诸番，相继来朝，夸以奢靡。又营东都，筑长安，开运河，巡幸江都，今江苏江都县。徭役繁兴，不恤民力。于是乱者四起，卒为宇文化及所弑。时李渊及其子世民，亦乘帝南巡，举兵直趋关中，奉其孙侑为帝，是为恭帝。未几，禅位于渊，隋亡。

隋世系表：

文帝坚——炀帝广{恭帝侑
恭帝侗凡四君三十九年。

要旨

授以隋之兴亡，使知淫侈之害。

预习

笔记：复习第三册第十课。

教授次序

(甲) 预备

(一) 检查预习：同前。

(二) 指示目的：隋文帝统一天下，颇能勤于政治。卒之二世而亡者，则炀帝之淫侈为之也。今以其事授汝等。

(乙) 提示

(一) 讲第一节：起课首，至“是为文帝”止。隋文帝听政甚勤，自奉极俭。在位时，国计之富，为古今所不逮。见《文献通考·国用门》。惟其生平，持法太严。因过严之故，转致流于偏听，遂有废勇立广之事。同前。

(二) 讲第二节：起“子广嗣位”，至课末止。炀帝性本夸大，兼之自恃富强，故侈靡之心遂生。在位时，外事征伐，内勤土木宫室。又频事游幸，民不堪命。遂至乱者四起，与秦末之局无异。炀帝所开运河，曰通济渠，自西苑[1]引谷、洛二水达于河。又自河入汴，自汴入淮，以与邗沟[2]相连续。又开江南河，自京口达余杭，凡八百里。一时虽骚扰，然实为今日大运河之先导。于便利交通，调和南北之文化，亦颇有功。隋末群盗并起，天下骚然。炀帝睹中原已乱，无心北

① 西苑：今河南洛阳市内。

② 邗沟：联系长江和淮河的古运河，由春秋时期吴国开凿。

归，久留江都，致为其下所弑。其时群雄之起于北方者，以窦建德、李密、王世充为最著。南方则萧铣、林士弘、杜伏威、辅公祐、李子通、陈稜、沈法兴等，皆次第为唐所戡定。同前。

（丙）整理

（一）回讲：同前。

（二）约述：同前。

（三）联络比较：［一］隋文帝之内治，可方古贤主否？［二］隋之兴亡与秦颇相类否？试列举其类似之点。

（四）思考：［一］隋文帝自奉甚俭，听政甚勤，制度明备。何以卒不免于乱？［二］喜功好大，以事四夷；及其来朝，又夸以奢靡。于国家有实益否？［三］营都邑，筑长城，开运河，亦非盛世所无之事。何以炀帝为之，即不免于扰乱？

（五）作表：

- 隋大事记
  - 文帝
    - 遣将平陈，南北合一
    - 自奉甚俭，听政甚勤
    - 制度明备
    - 晚年偏听，废勇立广
  - 炀帝
    - 伐林邑、叶谷浑、流求、高丽，突厥诸番，相继来朝
    - 营东都
    - 筑长城
    - 开运河
    - 巡幸江都

第十六　唐之兴盛(二时间)

教材

李渊代隋，国号唐，都长安，今陕西长安县。是为高祖。然自初起兵至削平群雄，皆世民功也，故遂禅以位。世民立，是为太宗。用房、玄龄。杜、如晦。王、珪。魏徵。诸贤辅政，命李靖、李勣、侯君集等征伐。海内无事，突厥、吐谷浑、高昌、吐蕃皆内附。子高宗立，降高丽，灭百济，败日本，又平西突厥，声威远播。印度、南洋诸国，咸入贡，东西海道，交通日远。及卒，后武氏临朝，废中宗，自称皇帝，改唐为周。及将死，中宗始复位。旋其后韦氏，欲效武后所为，进毒弑帝。睿宗子玄宗诛之。睿宗立，寻传位于玄宗，其初政颇可观，史称开元之治。

要旨

授以唐之初盛，俾知自汉以后，中国最盛之时。

准备

唐代疆域图。

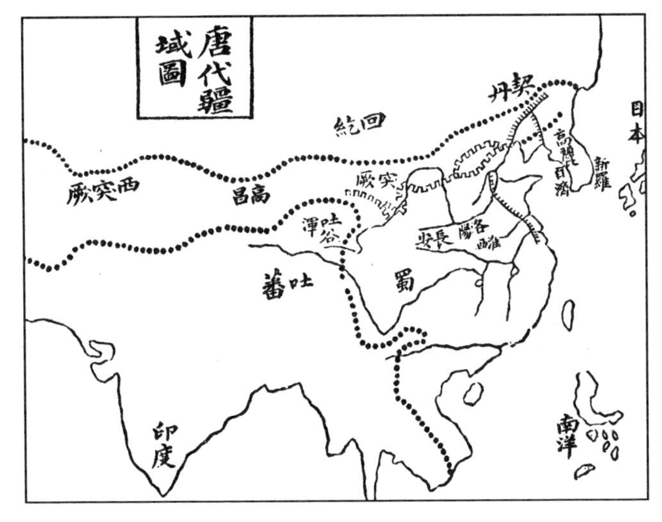

唐代疆域图

预习

笔记：复习第三册第十一、十二课。

教授次序

（甲）预备

（一）检查预习：同前。

（二）指示目的：文治武功之盛，世称汉唐。唐之极盛，则贞观、永徽、开元时也。今以其事授汝等。

（乙）提示

（一）讲第一节：起课首，至“是为太宗”止。唐太宗天赋雄略，兼资文武。高祖起兵，即由太宗之赞助。其后戡定群雄，亦均由太宗之力。及经玄武门之变，遂行内禅。同前。

（二）讲第二节：起“用房杜王魏诸贤辅政”，至“交通日远”止。唐时四裔，最强者：北有突厥，西南有吐蕃。突厥之北有铁勒，亦大部落也。回纥为铁勒十五部之一。此外，青海地方有吐谷浑，朝鲜半岛有高丽、百济、新罗三国。而西域诸国，则以高昌为最近。隋末突厥甚强，刘武周、梁师都等起北方，皆连结之。高祖初起，亦卑词以乞援焉。即位后，所以抚绥之者甚至，而突厥益骄，屡败盟为边患。太宗初年，突厥可汗颉利失政，部落内携，酋豪外叛，太宗乃因而平之。于是北自铁勒，东北自契丹，均臣服中国。铁勒薛延陀，继突厥居漠北，欲图背叛，太宗灭之。吐蕃曾一入寇，太宗遣将破之，亦尚主[①]臣服，声威遂及印度。王玄策使印度，值其国内乱，拒玄策，玄策发吐蕃泥婆罗兵击破之。西域诸国之经略，则始自高昌。其后声威远及葱岭以西。惟高丽负固不服，太宗大举亲征之，未能得志。高宗时乃灭之，并灭百济。日本以兵来援，亦大败而归。此中国与日本交兵之始也。唐之内治，太宗时为极盛。其时海内升平，民安其业，至于外户不闭，道不拾遗，固由诸臣夹辅之功，亦帝留心民事，虚怀纳谏，有以致之也。永徽初政，亦足继武贞观。及宠武后，委以政事，治乃衰。同前。

（三）讲第三节：起“及卒”，至课末止。武后以一女主易姓革命，挟刑赏权术，以御天下者十五年，实为自古所无之事。吕后未尝易姓革命，亦未尝诛汉宗室。然其在位时，刑罚不中，政治不修，对外之策，亦不讲。是时突厥、契丹皆叛，大肆扰乱。徒任酷吏，挟术数，以保一己之权位。唐治之衰，实由于此。中宗性极昏庸，始与韦后同幽闭房陵，备尝艰苦，情好甚笃。尝私誓曰：“异日若复见天日，当惟卿所欲，不相禁御。”于是即位后，大权遂入于后及其女安乐公主，反与武

① 尚主：迎娶文成公主。

氏余党相连结，致酿成弑逆之祸。玄宗诛韦氏有功，睿宗立为太子。寻以武后女太平公主之交构[1]，储位几危。卒克除去公主，遂行内禅。其事与唐太宗之即位颇相似。开元初政，任用姚崇、宋璟，亦克与贞观媲隆。时突厥余众复盛，帝戡定之。吐蕃亦强，灭吐谷浑，数侵略陇右。帝命将力战，收回河西九曲之地。武功文治，颇有可观。中叶荒淫，内任李林甫，外任安禄山。林甫死后，杨国忠以嬖佞居相位，而大乱作矣。同前。

（丙）整理

（一）回讲：同前。

（二）约述：同前。

（三）联络比较：[一] 唐贞观与汉文景之治之比较。[二] 唐武功与汉武宣、后汉明章之比较。[三] 武后之乱与吕后之比较。

（四）思考：[一] 何以炀帝事四夷卒召内乱，而唐太宗则不然？[二] 何以武后能易姓革命，而韦后则事卒不成？[三] 唐之衰始于何时？试以意说之。

（五）作表及绘图：[一] 使作本课简表如下：

唐之初盛
- 贞观之治
- 永徽之治
- 武韦之乱
- 开元之治

[二] 使仿绘本课地图。

① 交构：相互构陷。

第十七　唐之中叶(二时间)

教材

玄宗晚年失政，酿成安禄山之叛，连陷两京，洛阳、长安。帝出奔蜀。寻禅位于肃宗，乃借回纥之兵，与郭子仪、李光弼等共图恢复，贼党始平。然河北诸镇，自是拥兵据地，不受朝命。历肃、代、德三宗，如仆固怀恩、田承嗣、李希烈、朱泚、李怀光辈皆尝称兵叛乱。加以回纥轻唐，与吐蕃连兵内侵，赖李泌、陆贽筹画于内，郭子仪、李晟、马燧宣力于外，借免危亡。然藩镇之跋扈如故也。宪宗立，用武元衡、裴度平淮西，今河南汝南、信阳、潢川，湖北汉阳、安陆。诛吴元济，诸镇始稍戢。而宦官典兵，自肃宗以来，已成惯例，宪宗竟为所弑。

要旨

授以唐中叶之事，使知藩镇专横，官宦典兵之害。

预习

笔记：复习第三册第十四、第十五课。

教授次序

(甲) 预备

(一) 检查预习：同前。

(二) 指示目的：唐中叶后之大患曰藩镇，其事始于安史之乱。而内兵又擅于宦官，此其魁柄所由日以下移也。本课即授其事。

(乙) 提示

(一) 讲第一节：起课首，至"贼党始平"止。唐初行府兵之制，民有事则出战，无事则归耕。既无养兵之费，天下为府六百二十四，而在关中者二百六十一焉，故亦无外重之弊。中叶后，府兵之制废坏，内地几于无兵，而藩镇之兵顾日强。西北二边，尤为精兵良将之所萃。天下之势偏重，此为致乱之一因。唐初边将，皆不久任，不遥领，不兼统。蕃将虽累勋劳，不为元帅。玄宗时，锐意经略外国，往往以皇子宰臣遥领，以重其事，而实则边帅亘十余年不易，又有一人兼统数镇者。时相李林甫，忌边帅之入为宰相也，始奏用胡人为节度。于是安禄山以营州杂胡，而兼范阳、平卢、河东三镇节钺，遂生觊觎之心。此为致乱之又一因。玄宗在位岁久，倦于政事，军国大计，一委李林甫，蔽聪塞明，以成其奸。林甫死，杨国忠以佞幸居相位，与安禄山不协，数言其将反，而帝不之信。国忠则务以事激禄山，使速反，以信其言。此为致乱之最近因。时范阳兵精天下，而内地守备空虚，故禄山举兵数月，而东西两京皆陷，玄宗幸蜀。幸贼党亦无远略，内部又不甚统一，既得西京，不复图进取。禄山死后，号令愈不行。而肃宗正位灵武，颇足以系天下之望。又得郭子仪、李光弼等良将，竭忠效力，故大难卒克敉平。同前。

(二) 讲第二节：起"然河北诸镇"，至"诸镇始稍戢"止。禄山叛时，自置节度使如唐。势败，皆以地降，朝廷惮更易，悉就以节钺授之，皆据地，擅赋税，修兵备，相约以土地传子孙。朝廷所置之节度使，亦从而效之。是为唐藩镇跋扈之始。又平安禄山时，尝借用回纥兵，回纥自是遂骄横。而诸镇节度，各以其兵入援，边备空虚。吐蕃乘之，尽取河西陇右之地，烽烟常迫于畿辅。文宗时，回纥为黠戛斯所破，汉坚昆，元吉利吉思，今高加索也。西走天山南北路。宣宗时，吐蕃亦内乱，遽衰，不复为患。而藩镇之祸，则与唐相终始。仆固怀恩者，铁勒之仆骨部人。仆固即仆骨之异译。平安史时，往来发回纥兵有功，而与河东节度使辛云京不协。代宗时，遂举兵反，合吐蕃、回纥入寇，势张甚。幸怀恩道死，郭子仪单骑往见回纥，说下之。吐蕃乃退。藩镇之祸，养痈于肃、代二世，而祸发于德宗之时。田承嗣者，安史降将，据魏博。德宗时，其侄悦，与恒赵、淄青联兵以叛，山南东道节度使梁崇义亦应之。德宗使淮西节度李希烈讨平崇义，又遣兵攻魏博，未下，而希烈复叛。更发泾原兵讨之，过京师，作乱，奉朱泚为主。幽州节度，时以弟滔为留后，而身入朝。帝奔奉天，泚兵犯行在，河中节度李怀光入援，乃退。怀光以时相卢杞奸邪，抗章劾之。帝不得已，为贬杞，而心实右之。怀光惧，复叛，帝再奔梁州，于是用陆贽策，赦他镇，专讨泚及怀光，平之。而河北及淮西，遂终擅命矣。宪宗时，淮西擅命已三十年，州人不复知有朝廷。而其境内，又处处筑栅垒以守，攻之甚难，用兵久不能克。廷臣多主罢兵，惟宰相武元衡、裴度力持之。吴元济遣盗刺杀元衡，击度伤首。度请自督师，许之。会唐邓节度李愬用降将策，雪夜袭入蔡州，执元济，槛送京师，诛之。时藩镇以淮西为最强，淮西既下，诸镇皆畏威听命。肃、代以降，方镇之专横，至此作一小结束。同前。

（三）讲第三节：起“而宦官典兵”，至课末止。宦官典兵，始于肃宗，而盛于德宗时。唐初宿卫，皆出府兵，所谓番上也。惟开国从征讨之军，有不愿归里者，处以渭北闲田，谓之元从禁军。是在府兵之外，然为数极少。神策军者，本置于洮西，以拒吐蕃。安史之乱，军将以兵入援，事平，遂屯陕。代宗时，吐蕃入寇，神策军入卫京师，遂亦列于禁军。维时吐蕃据陇右，逼近京师，关辅置戍綦众，皆遥隶神策，神策军数遂滋多。德宗自奉天还，举不信群臣，乃专以宦者主之，宦官势遂大重。终唐之世，南北司①如水火，而士大夫常不胜，实唐亡之最大原因也。同前。

（丙）整理

（一）回讲：同前。

（二）约述：同前。

（三）联络比较：[一] 安禄山与王敦、桓温之比较。[二] 唐藩镇与后汉州郡之比较。[三] 唐宦官与后汉之比较。后汉宦官，未尝典兵，惟灵帝尝以蹇硕为校尉而已。

（四）思考：[一] 安禄山之兵，远强于唐室，何以不能成功？[二] 唐借回纥之兵，为得为失？[三] 使宦官典兵，其为害若何？试以意言之。

（五）作表，授以安史之乱之简表如下：

安史之乱
- 原因
  - 府兵之废坏
  - 藩镇之权太重，精兵良将偏重西北
  - 天宝后政治之腐败
- 事实
  - 安禄山连陷两京，玄宗奔蜀
  - 肃宗即位于灵武
  - 安禄山为其子所弑，贼党解体
  - 郭子仪等收复两京，围安庆绪于邺
  - 史思明降而复叛，解邺围，杀安庆绪
  - 思明为其子所杀，乱平
- 结果
  - 藩镇专横
  - 吐蕃、回纥连年侵寇

① 南北司：唐代宰相办公场所在宫禁之南，宦官机构在宫禁之北，故名。

第十八　唐之末世(一时间)

教材

宪宗以后，宦官益横，诸帝皆为所立。驭之稍严，或谋诛之，则变端立起，如敬宗之遇弑，文宗时大臣之被戮，是也。而朝臣亦于宪宗时渐分朋党，牛李相倾，垂四十年，历穆宗、敬宗、文宗、武宗、宣宗五朝始已。及懿宗、僖宗，流寇四起，以黄巢为尤悍，剽掠殆遍。旋入长安，称帝。僖宗召李克用破之，巢将朱温来降。未几，温忌克用，互相攻伐，诸藩效尤。及昭宗时，宦官复作乱于内，崔胤召朱温入，尽诛宦官。温遂迁帝于洛阳，今河南洛阳县。弑之，立昭宣帝，篡其位，唐亡。

唐世系表：

高祖渊——太宗世民——高宗治——中宗显——睿宗旦——玄宗隆基——肃宗亨——代宗豫——德宗适——顺宗诵——宪宗纯——穆宗恒——敬宗湛——文宗昂——武宗炎——宣宗忱——懿宗漼——僖宗儇——昭宗晔——昭宣帝柷凡二十君二百九十年。

要旨

授以唐之末世，使知宦官、朋党、藩镇、流寇之祸。

预习

笔记：复习第三册第十七课。

教授次序

(甲) 预备

（一）检查预习：同前。

（二）指示目的：宦官内横，藩镇外叛，唐已不能复振矣。而末年复益之以流寇，中央命令，不复能行于四方。此唐之所以卒为五代也。今以其事授汝等。

(乙) 提示

（一）讲第一节：起课首，至"始已"止。唐德宗后，宦官兵权既重，后虽欲除去之，而卒无如何。敬宗为刘克明所弑，王守澄讨诛之，而立文宗。文宗立敬宗子成美为太子，疾笃，仇士良、鱼弘志等矫诏以武宗为太弟，文宗崩，武宗杀成美自立。武宗无子，宦官定策，立宣宗。宣宗未立太子，属三子夔王滋于枢密使王归长，帝崩，左军中尉王宗实排归长等而立懿宗。懿宗亦未立太子，中尉刘行深、韩文约等共立僖宗，昭宗亦宦官杨复恭所立。唐诸帝欲除宦官者，无过于文宗，始用宋申锡为宰相，谋诛王守澄，为宦官所诬，被逐。又不次擢用李训、郑注，与谋诛宦官，亦为宦官所杀，并杀宰相王涯、贾𫗧。中朝实权，既入宦官之手，而士大夫复分党互争，故政治益无振起之望。同前。

（二）讲第二节：起"及懿宗僖宗"，至课末止。唐之亡，由宦寺专权，藩镇外叛，而所以促成之者，则又由于流寇。盖自僖宗以前，藩镇中真据地自擅者，惟河北三镇。至黄巢乱后，然后四方解体，唐室之命令，不能行于国门以外也。流寇之乱，起于懿宗元年，浙东贼裘甫作乱，讨平之。九年，徐泗之卒戍桂州者作乱，推粮料判官庞勋为主，势张甚，用沙陀兵讨平之。及黄巢作乱，入京城，强藩莫肯赴援，宰相郑畋、王铎先后以诸道行营兵攻贼不克，卒不得不复召沙陀之兵，于是沙陀之势张。而自关以东，唐之命令，不复能行，遂卒成分裂之局。自黄巢乱平，僖宗复返京师后，唐之命令，已不能行于关外，而关内复为神策诸将所分据。王行瑜据邠宁，李茂贞据凤翔，韩建据镇国。其时强藩之逼处河东者为李克用，据汴州者为朱全忠。全忠之势，初不敌克用。关内诸镇跋扈，唐尝借克用之力以制之。已而全忠勤修政治，全忠最能任用牧民之吏，在五代时，赋税亦最轻，虽于私德有惭，然自政治上言之，实较李克用远胜。搜讨军实，势顿强。河东势弱，乃复借全忠以制关内诸镇。及昭宗末年，谋诛宦官，反为刘季述等所幽，虽借神策指挥使孙德昭之力复辟，然兵权仍在宦官之手。崔胤欲尽诛之，乃不得不召朱全忠之兵，于是劫帝迁洛之事起，而唐亡矣。同前。

（丙）整理

（一）回讲：同前。

（二）约述：同前。

（三）联络比较：［一］唐朋党与后汉党锢之比较。［二］唐流寇与后汉黄巾之比较。［三］崔胤召朱全忠与何进召董卓之比较。唐之亡，与后汉最相似。

（四）思考：［一］设无宦官，纵藩镇外叛，唐室可不据亡否？［二］朝臣结党相倾，其害若何？［三］召沙陀以平黄巢，为得策乎？失策乎？［四］召外兵以诛宦官者，其结果常不善。何也？

（五）作表：授以唐室衰亡表如下：参合本课前课及第三册十五、十七二课。

- 唐之衰亡
  - 藩镇
    - 肃代时诸镇之据土
    - 德宗时田承嗣、李希烈、朱泚、李怀光之叛
    - 宪宗平淮西，诸镇稍戢
    - 黄巢乱后，诸藩互相攻伐，王室命令不行
  - 宦官
    - 自肃宗以来典兵
    - 弑君始于宪宗，立君始于穆宗
    - 文宗时，大臣被戮
    - 昭宗时，崔胤召朱温入，尽诛宦官
  - 流寇
    - 懿宗、僖宗时，流寇四起
    - 黄巢入长安，召李克用破之

第十九　三国至隋唐之政教学术上(一时间)

教材

三国相持，故刺史、太守多握兵权。晋初去州郡兵，以兵付之王国。及东晋时，州郡兵又盛。北齐之制，十八受田，二十充兵，六十免役，颇得古意。北周开府置军，隋唐因之，是为府兵。及唐中叶，易以彍骑①。后世专用募兵始此。赋税，则自唐改租庸调为两税，遂为定制。若刑有笞、杖、徒、流、死罪，亦隋所定也。自晋以降，历代皆设太学，然教育之事无闻。惟唐初学校颇备，东西诸国，且有遣其子弟就学者。其后士以科举进，学校渐轻。

要旨

授以三国至隋唐之政教，俾知是时国家之治法。

---

① 彍骑(guō jì)：唐代宿卫兵名。

预习

笔记。

教授次序

(甲) 预备

(一) 检查预习：同前。

(二) 指示目的：一代之治制，恒与其盛衰治乱相关。本课授三国至唐之政教。

(乙) 提示

(一) 讲第一节：起课首，至“后世专用募兵始此”止。吾国往者，每当升平之时，辄重郡县之职；战伐之际，即隆方镇之权。故如秦并六国，意在销灭乱源；汉定天下，意在与民休息，则皆以郡国直隶中央。及后汉末，流寇四起，则于郡守之上复置州牧矣。三国以还，州之疆域愈缩愈小，其后乃与汉时之郡无异。及隋唐，遂并州郡为一级。其时之掌握兵权者，则有都督。唐时节度使，率亦兼领数州。盖民事宜分，兵事宜合，治制不得不随之而变也。民兵之制，惟竞争剧烈时能行之。自三国至于隋唐，其间竞争最剧烈者，则北齐、北周之时也。故民兵之制，即于是时发生，及唐而犹存其制。

(二) 讲第二节：起“赋税”，至“亦隋所定也”止。唐之租庸调法，盖仿古者粟米布缕力役之征。租田税，庸身税，调家税也。其法与口分[①]、世

---

① 口分：按人口分田，人死后要交还。

业[①]之制并行。民年十八以上，受田一顷，以二十亩为永业，余为口分。开元以后，户籍法坏，兼并盛行。天宝之乱，民物凋耗，田亩换易，苛敛日增，天下残瘁。德宗时，杨炎[②]为相，乃创两税之法。夏输无过六月，秋输无过十一月。户无主客，以见居为簿。人无丁中，以贫富为差。天下颇称其便云。汉时萧何所定律太简，吏多舍律而用令及比。嗣后屡有以删定律令为言者，迄未实行，至隋时乃定五刑之制，是为我国法律一大变革。同前。

（三）讲第三节：起“自晋以降”，至课末止。科举取士，始于隋而盛于唐。隋炀帝始置进士科，以诗赋取士。唐代科目甚多，常行者为进士、明经二科。然俗轻明经而重进士，而进士实浮华无实，遂成专尚文词，不求实用之弊。学校以汉时为盛，三国后遂衰，唐初学校复盛，然亦不久，盖士多趋于科举也。同前。

（丙）整理

（一）回讲：同前。

（二）约述：同前。

（三）联络比较：[一] 晋初兵制与八王之乱，唐中叶兵制与安史之乱之关系。[二] 府兵与古兵制之比较。[三] 租庸调与古税法之比较。[四] 隋刑法与秦汉之比较。

（四）思考：[一] 今日兵制，宜师府兵遗意欤？抑宜用募兵？[二] 租庸调法，尚可行于今日否？[三] 学校与科举孰善？

（五）作表：使列本课简表如下：

---

① 世业：又称永业田，世代承耕的田制。

② 杨炎：字公南，凤翔府天兴县（今陕西宝鸡市凤翔区）人。

- 三国至隋唐
  - 兵制
    - 三国刺史太守多握兵权
    - 晋初去州郡兵，以兵付之王国
    - 东晋时州郡兵又盛
    - 府兵始于北周，唐中叶乃易以彍骑
  - 赋税
    - 唐初行租庸调
    - 后改两税
  - 刑制—五刑之制始于隋
  - 学校
    - 唐初颇备
    - 其后士以科举进，渐衰

第二十　三国至隋唐之政教学术下(二时间)

教材

魏晋崇尚清谈，佛老渐盛。及鸠摩罗什译经，南梁北魏皆崇佛法。唐初玄奘西游，佛教尤盛。道教向不甚著，北魏太武帝信奉之，符箓斋醮，纷然并起。至唐尊老子为玄元皇帝，道观几遍全国矣。此外如火教、景教、回教，皆于唐时流入中国。魏晋诗文，渐尚华藻，南北朝承之，对偶声韵之学大兴。梁昭明太子[①]辑《文选》一书，文以体分，学者称便。隋初虽禁章奏浮词，然风会所趋，至唐未改。韩(愈)、柳(宗元)辈出，古文乃复。而诗赋之学，亦以唐为最盛。发明品之足述者，翻车及桶，创于魏马钧；木牛流马及连弩矢，造于蜀诸葛亮。其关于乐器者，胡笳，魏初蔡文姬归国所传也。月琴、拍板，西晋阮咸、宋识所作也。唐初浮梁今江西浮梁县。陶氏善作瓷器，至有重名。若北朝之摹拓石碑，隋代之开雕经像，印刷之术又肇其端矣。

---

① 昭明太子：梁武帝萧衍长子，名萧统。

要旨

授以三国至唐之学术宗教及发明品，俾知是时社会情形。

预习

笔记。

教授次序

（甲）预备

（一）检查预习：同前。

（二）指示目的：自三国至唐，社会之学术、宗教、风俗等又逐渐变迁。本课述其大略。

（乙）提示

（一）讲第一节：起课首，至“皆于唐时流入中国”止。佛教之入中国，自后汉时始。而其教义之广布，则实由僧徒及居士多从事于译经。自东晋以降，译经者甚多，而西僧鸠摩罗什，其首创者也。当时中国僧徒西游者甚多，西僧东来者亦众。如唐时之玄奘，历百二十八国而至印度，赍还经典千三百余部，尤为其中之卓卓者。自三国至唐，惟魏太武、周武帝、唐武宗尝毁寺院，勒令僧尼还俗。而太武至欲坑诛僧徒，佛家谓之三武之祸。然佛教势力，皆不久即恢复。道教之在社会，其势力不如佛教之盛。君主之崇信道教者，亦不如信佛教者之多。惟唐以道教奉老子为祖，与已同姓，故特加优礼。唐时国威远播，东西之交通极盛。故火教、景教、回教等，皆乘机流入中国。当时于各种宗教，均许宣传。颇有合于近世信教自由之义。同前。

（二）讲第二节：起“魏晋诗文”，至“亦以唐为最盛”止。西汉多经师，崇尚礼法；东汉末，气节极盛。自魏晋以降，乃相率崇尚清谈。是为学术风俗之一变。清谈之徒，专讲玄理，亦尚清净无为，与佛教之旨颇近，故佛学乘之而盛。崇尚文学之风，始于魏之三祖①。嗣后益趋华靡，遂成为南北朝时之文学。至韩、柳出而一变。中国文字，本无骈散之分，自东汉至南北朝，文字日趋齐整，几于义不单行，词皆偶俪。至韩、柳出而变之，以复古为的。世遂目前一派为骈文，后一派为散文，亦曰古文。至诗赋之盛，以是时以此取士故也。同前。

（三）讲第三节：起“发明品之足述者”，至课末止。各种发明品中，以印刷术之关系为最巨。唐宋以后，学问之传布日广，皆印刷术之赐也。其次则连弩矢及木牛流马等，关于军械及运输器具之改良。翻车及桶，为日用至切近之器械。又如乐器及瓷器，则文学美术上之发明品也。同前。

（丙）整理

（一）回讲：同前。

（二）约述：同前。

（三）联络比较：[一] 三国至唐之宗教与秦汉之比较。[二] 自秦至唐，异国宗教传入我国者，以何时为最盛？[三] 崇尚文学之风，南北朝隋唐较秦汉孰甚？[四] 发明木牛流马与发明舟车之比较。[五] 雕板与刻石之比较。

（四）思考：[一] 崇尚清谈之得失如何？[二] 译经与佛教之关

---

① 魏之三祖：曹操、曹丕、曹植。

系如何？[三] 散文与骈文，孰为适用？[四] 古代发明之品，何故至今日多失传？设使发明之后，日益从事改良，至今日，我国物质文明之发达，当如何？

（五）作表：使作本课简表如下：

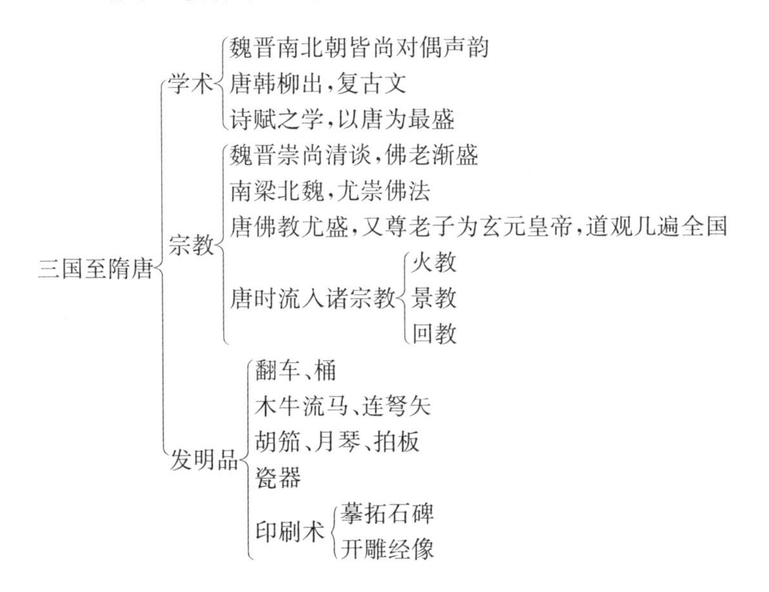

备考

鸠摩罗什，天竺人，生于龟兹。吕光破龟兹，与俱东还，专以大乘为化，诸学者尊师之。姚兴灭凉，迎以归，尊为国师，与其徒译大乘经甚多。玄奘，陈留人，陈姓。自幼出家，贞观初自长安西行，经天山南路迦湿弥罗今克什米尔。而至印度。留十余年，乃经吐蕃逾通天河今木鲁乌苏。而归。

火教，亦曰祆教，波斯祚禄亚斯大所创，谓世界有阴阳二神，阴神污秽，为众恶之本；阳神清净，为至善之源。人当就阳神，避阴神，以火为阳神之代表而崇拜之。唐太宗时，尝立祆寺于长安，置萨宝府，以掌其祭，有祆正、祓祝等官，皆以胡人充之。

景教者，基督教之一派也。宋文帝时，罗马东都之基督教徒有曰乃司脱利安者，以倡道新义，为众教友所不容，谪居西方亚细亚。其地之基督教徒从之者日多，号曰乃司脱利安派。后波斯王非鲁日斯，定为国教。唐太宗时，其教徒阿罗本赍其经典来长安，太宗使两京及诸州为作波斯寺，其教徒自称曰景教，取光辉发扬之义也。玄宗时，改波斯寺为大秦寺。德宗时，寺僧景净等立景教流行碑，以志其教流传之盛。武宗时，大秦寺与佛寺共废，碑没地中。至明末，始复出土焉。

回教之入中国，实由南方海道之互市，当时在广州亦许其建寺。黄巢乱时，尝杀回教徒十二万人于澉浦。见阿剌伯商人阿波斋多所著《东洋纪行》。回教之名，以回纥人尊信之而起。当时葱岭以西，悉为大食所并，其教渐传至天山南路。回纥自为黠戛斯所破，西南走西域，适与相值，遂大尊信之。

《魏略》："马钧，巧思绝人，世居京都。有地可以为园，而无水以灌，乃作翻车，令儿童转之，而灌水自覆，更出更入，巧百倍常。"又桶亦钧作，见《事物绀珠》。

建兴九年，诸葛亮出祁山，以木牛运。十二年，出斜谷，以流马运。见《三国志》本传。亮损益连弩，谓之元戎，以铁为矢，长八寸，一弩十矢俱发。见《三国志》注引《魏氏春秋》。

《蔡琰别传》："琰，字文姬，先适河东卫仲道，夫亡无子，归宁于家。汉末大乱，为胡骑所获，在左贤王部伍中，春日登胡殿，感笳之音，作诗言志。"

《国史纂异》："有人破古冢，得铜器，似琵琶，身正圆。人莫能辨。元行冲曰：此阮咸所作器也。命易以木而弦之，其声亮，雅乐家谓之阮咸。"《事物原始》:"月琴,以其形似月,声合琴,故名。"

拍板,以木为之。古人乐歌用击节。晋魏二代,有宋识,善击节,以拍板代之。见《合璧事类》。

唐初浮梁之昌南镇,有陶氏,善作瓷器,载以入关,贡于朝。按昌南镇,地在昌江之南,故名。

印刷之术,大行于五代时。后唐明宗长兴三年,令判国子监田敏校正九经,刻板印卖。自是锓①板之风盛行,手写之事遂渐少。然其事实始于隋,隋文帝敕废像遗经,悉令雕板,已变石刻为锓木矣。

① 锓(qǐn):雕刻。

第六册

第一　五代及十国之兴亡(二时间)

教材

五代为梁、唐、晋、汉、周。朱温篡唐称帝，是为梁太祖。再传至末帝，李存勖灭而代之，是为后唐庄宗。三传至废帝，石敬瑭以幽蓟十六州地在今直隶山西。赂契丹，借其兵灭之，称帝，是为晋高祖。传至出帝，亡于契丹。及契丹北去，刘知远入即帝位，是为后汉高祖。子隐帝立，其臣郭威篡之，是为周太祖。历世宗、恭帝，其臣赵匡胤受周禅，五代以终。当时割据一方者，除岐①、燕②不久即亡外，以十国为著。其建国最早，与梁并列者为吴、楚、闽、前蜀、南汉、吴越、南平，亦称荆南。及后唐庄宗灭前蜀，阅八年，后蜀继起。至晋高祖时，南唐代吴而兴，未几，并闽灭楚，一时称盛。东汉亦称北汉。起于周太祖时，建国最后。及赵氏代周，垂二十年，诸国始灭。

五代世系表：

后梁太祖晃——末帝瑱凡二君十七年。

---

① 岐：李茂贞所据，今陕西、甘肃一带。
② 燕：刘守光所据，今北京、河北北部。

后唐庄宗存勖——明宗嗣源——闵帝从厚——废帝从珂凡四君十五年。

后晋高祖敬瑭——出帝重贵凡二君十一年。

后汉高祖暠——隐帝承祐凡二君四年。

后周太祖威——世宗荣——恭帝宗训凡三君十年。

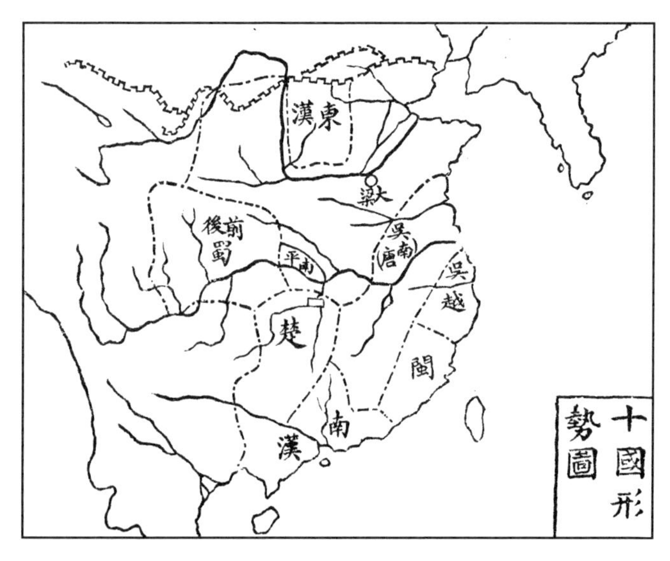

十国形势图

要旨

授以五代十国之兴亡，俾知当时分裂及统一情形。

准备

十国形势图。

预习

笔记：复习第三册第十八、十九课。

教授次序

（甲）豫备

（一）检查预习：同前。

（二）指示目的：五代十国为中国分裂最甚之时，本课授其大略。

（乙）提示

（一）讲第一节：起课首，至“是为后唐庄宗”止。沙陀之入中原，契丹之割幽蓟，均为历史上一大事变。沙陀者，西突厥别部处月。朱邪即处月之异译。西突厥亡后，其众依北庭都护府以居，地在金娑山之阳，蒲类海之阴。今巴里坤湖。有大碛[①]曰沙陀，故号沙陀突厥云。安史乱后，河西陇右皆没于吐蕃。安西北庭，朝贡道绝。德宗时，假道回鹘，乃得达。回鹘由是求索无厌，沙陀亦深苦之。密引吐蕃寇北庭，回鹘与战，大败。沙陀由是附吐蕃。懿宗时，回鹘取凉州，吐蕃疑沙陀之贰，将徙其部众于河外，举部愁恐，其酋长朱邪尽忠乃与其子执宜，悉众归唐。吐蕃追之，战且走，尽忠死，执宜以残众二千款灵州塞。诏处其众于盐州，其后又徙河东。庞勋之乱，康承训以沙陀军讨平之，于是执宜子赤心，赐姓名曰李国昌，镇大同，寻又移镇振武。已而与其子克用俱叛，幽州节度使李

① 碛：qì，浅水中的沙石，沙漠。

可举讨破之，国昌、克用皆走鞑靼。黄巢之乱，官军不能讨，召克用平之，以功镇河东，自是沙陀遂以河东为根据地。盖自安禄山以胡人用蕃兵乱中国后，异族之扰乱中原，自此始。沙陀既盛，当时中原之地能与之抗者，则为后梁太祖朱全忠。全忠本黄巢降将，镇宣武①。时黄巢虽降，而秦宗权复炽，蔡州节度，李克用复长安，黄巢东走，攻蔡州，宗权降之。纵兵剽掠，北自卫滑，西至关辅，东迄青齐，南尽江淮，无复烟火。全忠居围城之中，外无应援，内无宿储，而勇气弥厉。卒乘宗权兵势之衰，灭之。于是汴州始足自立，以次服河北三镇及今河南、山东地方，进兵河东，取邢洺磁及泽潞，连岁攻逼晋阳，克用不能抗也。会唐宰相崔胤以尽诛宦官召全忠，遂迁昭宗于洛，卒篡唐室。然太祖诸子皆不才，而后唐庄宗雄武，故至末帝时，形势遂一变。夹河之战，不过十五年，而梁卒为唐并。同前。

（二）讲第二节：起“三传至废帝”，至“是为后汉高祖”止。后唐庄宗，初雄武善用兵。灭梁后，遽骄侈。宠任伶人宦官，不修政治，致为明宗所篡。明宗卒，养子从厚立，从珂弑而代之。又与明宗婿石敬瑭不协，于是敬瑭举兵以反，遂至召契丹之兵。契丹者，鲜卑别部，处潢水今西喇木伦河。之南。唐末，其部酋耶律阿保机吞并八部，势始强，是为契丹太祖。传子太宗德光，石敬瑭来求援，许之。南下，败唐兵，立敬瑭为晋帝。敬瑭割幽蓟十六州以赂之。幽州，今京兆。蓟州，今蓟县。瀛州，今河间县。莫州，今肃宁县。涿州，今涿县。檀州，今密云县。顺州，今顺义县。新州，今涿鹿县。妫州，今怀来县。儒州，今延庆县。武州，今宣仁县。云州，今大同县。应州，今应县。寰州，今朔县东北。朔州，今朔县西北。蔚州，今朔县。自是中国北边，无险可

① 宣武：即宣武节度使，治所在汴州（今河南开封）。

扼。河东尚有雁门内险,河北则虏骑南下,直抵大名矣。宋代世受其患,若负疽[1]在背,卒成北狩南渡之祸。五代时,中国凋敝已甚。晋高祖知不能与契丹敌,故事之甚谨。及末帝立,大反其所为,遂取灭亡。幸时契丹人未知治中国之法,致叛者四起,太宗遂无心居中国,北归,殂于道。又有李胡、世宗争立之变,汉高祖乃得乘之自立。同前。

（三）讲第三节:起"子隐帝立",至"五代以终"止。后唐、后晋、后汉三代皆沙陀人。周太祖立,主北方者始复为汉族。五代之主,惟周世宗为有雄略。西破蜀,南破唐,北破契丹,惜中道崩殂,未竟其业。然宋太祖之削平宇内,犹蒙其遗绪也。同前。

（四）讲第四节:起"当时割据一方者",至课末止。割据诸国,南唐最大,闽、楚皆为所灭,尝与契丹结约共谋北方,故周世宗首膺惩之。吴越享国最久。东汉恃辽援,故最后亡。十国之称,特以时无共主而然。其实与唐时藩镇无异,皆不成为国。同前。

（丙）整理

（一）回讲:同前。

（二）约述:同前。

（三）联络比较:[一] 五代十国与三国之比较。[二] 沙陀与五胡之比较。[三] 南唐与孙吴、东晋之比较。[四] 前后蜀与蜀汉、成汉之比较。

（四）思考:[一] 设唐无藩镇之祸,亦能成为五代十国之分裂否?[二] 后梁何故不敌后唐?[三] 借用外兵之弊若何?试据所已授者言之。唐借回纥、沙陀之兵,石晋借契丹之兵。

---

① 疽(jū):毒疮。

（五）作表及绘图：［一］授以五代十国兴亡表如下。

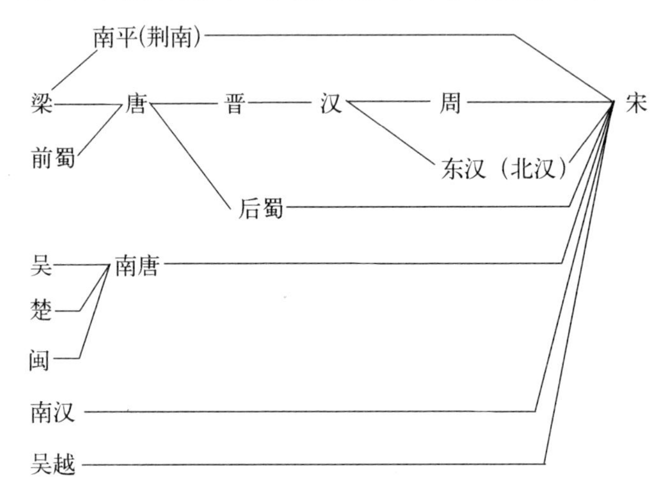

［二］使仿绘本课附图。

第二　宋之初叶(一时间)

教材

赵匡胤即帝位，国号宋，都汴，今河南开封县。是为宋太祖。先罢故人宿将典禁卫兵，渐削诸镇，以文臣知州事，置转运使管理租税，由是大权集于中央，而荆南、后蜀、南汉、江南南唐改名。亦以次平定。弟太宗立，吴越纳土，又灭东汉，中国遂统一。惟幽蓟十六州，仍为契丹所有。命将北伐无功。子真宗立，契丹大举南侵。帝任用寇准，率师亲征，两国议和，是为澶渊今直隶濮阳县。之盟。传子仁宗，夏势又盛。夏主赵元昊，据银、今陕西米脂县。夏今陕西横山县。等州地，称帝扰边。宋与战，互有胜负。后以二国厌兵，乃和。于是宋之疆域，东南滨海，西邻溱(秦)陇，北界三关。瓦桥、益津、高阳。

要旨

授以宋太祖至仁宗时之事，俾知宋初之国势。

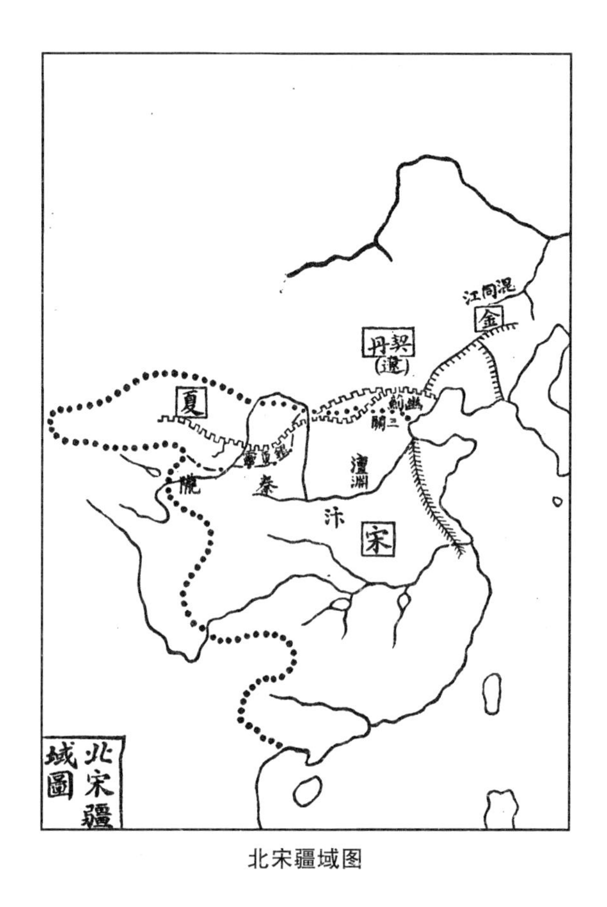

北宋疆域图

准备

宋疆域图。

预习

笔记：复习第三册第二十至二十三课。

教授次序

(甲) 豫备

（一）检查预习：同前。

（二）指示目的：五代纷扰，至宋而复归统一。然对外终于不振，辽金元之祸，遂迭起而相乘。本课授宋初叶之事。

(乙) 提示

（一）讲第一节：起课首，至“亦以次平定”止。唐中叶后，祸源有二：一藩镇专横，一禁卫军太强，而政府不能制也。其弊至五代时未革，及宋太祖始革除之。宋太祖集权中央之要，在收揽兵权与财权。诸路财赋，悉隶转运使，以总属于三司。诸州厢兵[1]，仅以给役，精锐悉选充禁兵。四方戍守，由禁军更递任之，谓之番戍。既以强干弱枝，亦使士卒习劳，不至骄惰也。同前。

（二）讲第二节：起“弟太宗立”，至“命将北伐无功”止。五代偏方诸国，惟东汉北汉。恃辽援，猝不易下。宋太祖亦以其控扼二面，辽及银夏。姑置之，至太宗时始亡。吴越最恭顺，亦至太宗时始纳土。其余诸国，当太祖时皆已戡定，于是中国复统一，惟辽所割之地未还而已。周世宗伐辽，取瀛、莫、易三州，又平、滦二州，则当五代唐时，没于契丹。辽之国势，太祖、太宗时，为初兴之期。世宗在位未久，为其下所弑。穆宗立，沈湎于酒，不恤国事，是为中衰时期。故周取三州，辽不能敌。太祖时，穆宗被弑，景宗继之，辽势复张。故太宗伐辽，屡不得志。第一次灭东汉后，即亲率大军攻幽州，辽援兵至，大败于高梁河。太平兴国七年，辽景宗卒，圣宗立。圣宗时，为辽极盛之世。

---

[1] 厢兵：宋代驻扎地方，承担各种杂役的军队。

而太宗轻听边将之言，谓辽主年少，太后用事，有机可乘。复遣曹彬、潘美等分道北伐，又大败。自是宋不复能进取，惟专力于防御，而辽兵顾频岁南侵。及真宗时，成澶渊之盟，两国乃息兵讲和。同前。

（三）讲第三节：起“子真宗立”，至课末止。宋之战祸，澹[①]于澶渊之盟；而其腐败，亦始于此时。不思厉兵秣马，乘闲暇之时，为自强之计。顾以辽人信天，欲借天书符瑞之说恐喝[②]之，使不败盟。于是斋醮[③]营建之事起，财政遂大为竭蹶。而言和之后，兵备不修。仁宗时，并不能御区区之西夏，终至縻以岁币，而后言和。盖宋是时，已成积衰难挽之势矣。同前。

（丙）整理

（一）回讲：同前。

（二）约述：同前。

（三）联络比较：[一] 宋削平割据诸国与唐戡定群雄，孰为难易？[二] 契丹与匈奴、突厥之比较。匈奴、突厥皆纯为行国，契丹则演进之程度较深。[三] 宋疆域图与前课晋割幽蓟十六州联络。俾知宋之不竞，其原因亦由于失地利。

（四）思考：[一] 人谓唐重藩镇之权而强，宋削藩镇之权而弱，其信然欤？[二] 澶渊之盟，辽果畏宋而请和欤？抑厌兵祸，本有言和之志邪？[三] 夏地小民寡，何以宋攻之竟不能胜？

（五）作表及绘图：[一] 使作本课简表如下。

---

① 澹（dàn）：减轻，消除。

② 喝：吓。

③ 斋醮：道场，法事。

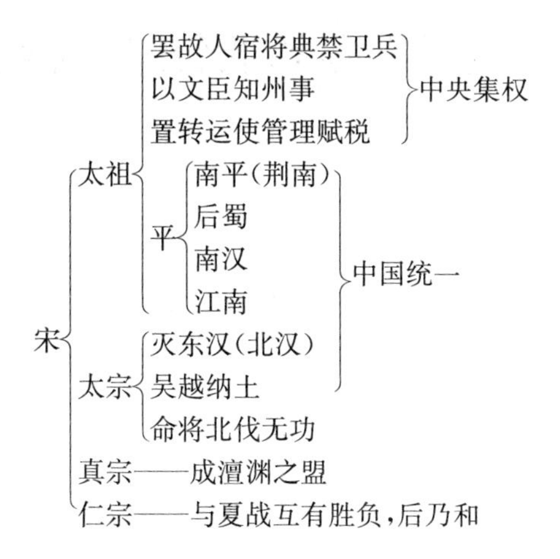
宋
太祖
罢故人宿将典禁卫兵
以文臣知州事
置转运使管理赋税
中央集权
平
南平(荆南)
后蜀
南汉
江南
中国统一
太宗
灭东汉(北汉)
吴越纳土
命将北伐无功
真宗——成澶渊之盟
仁宗——与夏战互有胜负,后乃和

[二] 使仿绘本课附图。

第三　神宗变法及徽钦北狩[①]（二时间）

教材

宋自仁宗以后，朝臣渐分朋党。神宗立，愤国势不振，用王安石为相，行青苗、均输、免役、市易、保甲、保马、方田诸新法，以图富强。司马光、苏轼等交争以为不便。安石卒行之，光、轼等皆罢黜。子哲宗立，宣仁太后听政，以光为相，尽罢新法，而旧党复分洛、蜀、朔三派。及哲宗亲政，徽宗继之，任相非人，重行新法。于是党哄于朝，民怨于下，边衅亦启。时辽属女真叛辽，建国曰金，势颇强。宋约之夹攻辽，得空城七。既而金怒宋纳叛，举兵南侵。宋议和战，未决，金兵已逼，徽宗急禅位于钦宗。已而汴京陷，金虏徽、钦二宗北去。

要旨

授以神宗以后事，使知党争及外交失策，为宋之所以失败。

---

① 北狩：皇帝被掳或逃难到北方的婉言。

预习

笔记：复习第三册第二十四、二十五课。

教授次序

（甲）豫备

（一）检查预习：同前。

（二）指示目的：宋至神宗时，已有不能不变革之势，乃因变革故而召起党争，以致政治益坏，而强敌又乘之于北，宋遂不能自立矣。本课述神宗至徽、钦时之事。

（乙）提示

（一）讲第一节：起课首，至“边衅亦启”止。宋之中叶，养兵百余万而不能战。租税之重，当太平无事之日，即已至于不可复加，而国库曾无余蓄。辽、夏二寇，又耽伺于西北。其非变法无以自存明矣。故神宗及王安石，有行新法之举。安石所行新法，如青苗、均输、免役、市易、方田，所以利民而谋富国也。保甲、保马，所以强兵也。徒以行之太骤，且奉行者或非其人，未著成效。及元祐，新法悉罢，未为持平。蔡京出，借口新法，大肆聚敛。举天下之财，悉敛之于中央，以供徽宗一人之淫侈。兵则利其阙额，封桩[1]其饷，以备上供，致前此之以多兵为患者，末年更患无兵。以陕西多兵之地，靖康入援，仅得万五千人。盖新旧党各怀政见，均未能贯澈实行。其实行之而收其恶果者，则蔡京之聚敛政策而已。呜

① 封桩：费用上交中央专库储藏。

呼！同前。

（二）讲第二节：起“时辽属女真叛辽”，至课末止。女真初起，绝无土地思想，故初与宋约夹攻边，曰取得之地，即自有之。及宋攻辽不能克，燕京及诸郡县之下，仍借金兵力。然卒以燕京及蓟、景、檀、顺、涿、易六州来归。太宗立，复归武、朔二州之地。平、滦二州，则本五代唐时陷入契丹之地，非石晋所割，本不在原约之内。乃宋违约而受张珏之降，故此事曲实在宋。燕山之复，仅得空城，一切守备，皆未及措置。而金兵已长驱南下，河东一方面，尚有张孝纯固守太原。河北一方面，则梁方平之师，溃于黎阳。敌骑长驱，无复限隔，于是京城被围。卒以输金五百万、银五千万两、牛马万头、表段百万匹，尊金帝为伯父，《宋史·钦宗纪》作叔父，误。《高宗纪》亦作伯父。割太原、河间、中山三镇，以亲王宰相为质，与宗望成和议。一时宗翰围太原未下，闻之，亦使来求赂。此事曲在金。宋人执之。宗翰怒，分兵趋汴京，入威胜军，下隆德府。宋人以为背约，复诏三镇固守，留金使萧仲恭。意谓仲恭，辽戚也，与之蜡书，使招辽降臣耶律余睹。仲恭还，献其书于宗翰，宗翰、宗望再分道入寇，汴京遂陷，徽、钦北狩。同前。

（丙）整理

（一）回讲：同前。

（二）约述：同前。

（三）联络比较：[一] 宋朋党与唐牛李之比较。[二] 王安石与商鞅之比较。[三] 宋约金攻辽与石晋借用辽兵之比较。

（四）思考：[一] 神宗时有变法之必要否？[二] 新旧党之政见，孰较优长？[三] 既同为旧党，则应政见相同，何以复分洛、蜀、朔三派？[四] 和战不定之害如何？

（五）作表：授以宋神宗后政局变迁之大要，如下：

宋政局变迁
- 神宗变法
- 元祐复旧
- 绍圣复行新法
- 徽宗任用蔡京

备考

青苗法者，以常平籴[①]本作青苗钱，散与人户，令出息二分，春散秋敛。

均输法者，以发运之职改为均输，假以钱货。凡上供之物，皆得徙贵就贱，用近易远，预知在京仓库所当办者，得以便宜蓄买。

免役法者，据家资高下，各令出钱雇人充役。下至单丁女户，本来无役者，亦一概输钱，谓之助役钱。

市易法者，听人赊贷县官财货，以田宅或金帛为抵当，出息十分之二，过期不输，息外每月更加罚钱百分之二。

保甲法者，籍乡村之民，二丁取一，十家为保。保丁皆授以弓弩，教之战阵。

保马法者，凡五路义保，愿养马者户一匹，以监牧见马给之。或官与其直，使自市。岁一阅其肥瘠，病死者补偿。

方田法者，以东西南北各千步，当四十一顷六十六亩一百六十步，为一方。岁以九月令佐分地计量，验地土肥瘠，定其色号，分为五等。以地之等，均定税数。

洛、蜀、朔三党，在哲宗时，吕公著当国，群贤咸立朝，不能不以

---

① 籴(dí)：买米。

类相从，遂有洛党、蜀党、朔党之称。洛党以程颐为首，而朱光庭、贾易为辅。蜀党以苏轼为首，而吕陶等为辅。朔党以刘挚、梁焘、王岩叟、刘安世为首，而辅之者尤众。

第四　宋之南渡(二时间)

教材

宋室无君，钦宗弟构即位于南京，今河南商丘县。是为高宗，徙都临安。今浙江杭县。赖岳飞、韩世忠屡败金人，始保有江淮以南地，史称南宋。然帝性庸懦，卒从秦桧言，称臣割地，请和于金，且杀岳飞。孝宗立，伐金无功，复申和议。宁宗时，韩侂胄执政，又伐金，大败，卒诛侂胄以谢金。传至理宗，金势日衰，蒙古又强。宋始会蒙古师以灭金，寻又与蒙古开衅，及贾似道用事，匿败邀功，边事日坏。度宗继立，蒙古建国号曰元。帝㬎立，元兵入临安，执之北去。宋立端宗于福州，今福建闽侯县。未几，卒。又立帝昺于厓山，今广东赤溪县东。元兵进迫之，帝溺于海。陆秀夫、张世杰、文天祥先后殉国，宋亡。

宋世系表：

宋太祖匡胤——太宗炅——真宗恒——仁宗祯——英宗曙——神宗顼——哲宗煦——徽宗佶——钦宗桓凡九君一百六十七年。

南宋高宗构——孝宗昚——光宗惇——宁宗扩——理宗昀——度宗禥——恭宗㬎——端宗昰——帝昺凡九君一百五十二年。

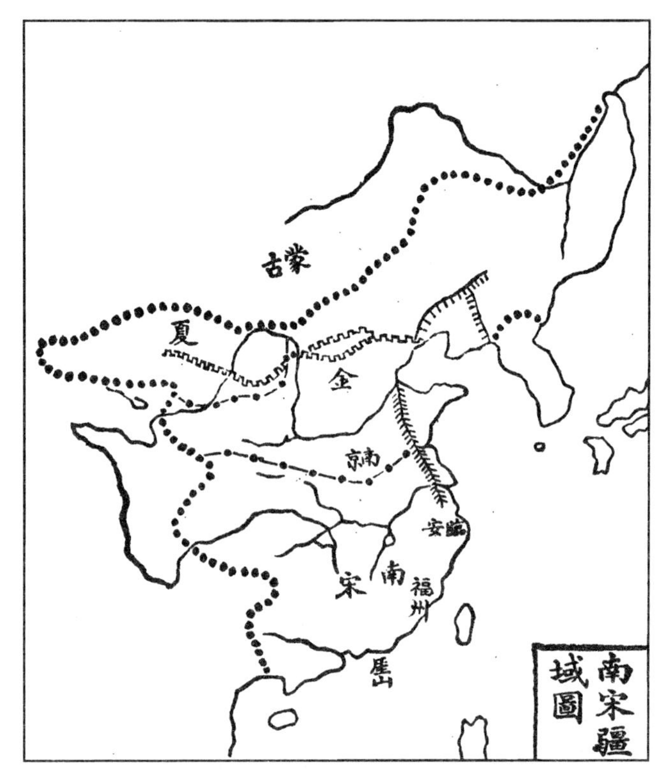

南宋疆域图

要旨

授以宋南渡以后之事，俾知当时不能恢复之故。

准备

南宋疆域图。

预习

笔记：复习第三册第二十五、二十六、二十九、三十课。

教授次序

(甲) 预备

(一) 检查预习：同前。

(二) 指示目的：自高宗南渡，中国之土地，已亡其半。至胡元灭宋，中国遂全为异族所据。此历史上一大变也。本课授宋南渡以后之事。

(乙) 提示

(一) 讲第一节：起课首，至“且杀岳飞”止。金之破汴京也，以徽、钦二宗北去，而立张邦昌为楚帝。金兵退，邦昌知人心弗与，复去帝号。于是高宗即位于南京。高宗即位之初，宗泽抚群盗于汴京，张所招杂散于河北，时事尚有可为。而高宗不能听宗泽还都汴京之言，并不能从李纲巡幸关陕驻跸南阳之请。节节退守，自南京而扬州，而镇江，而杭州，而明州，且为金兵迫逐入海。而恢复之业，遂无可望矣。河南陕西之地，金人初无意取之，故始得之而立张邦昌。邦昌废，则以畀刘豫。豫废，并欲以之畀宋。然此为挞懒等之意，至宗弼，则始终持进取主义。故及挞懒反谋露，被诛，遂进兵以取河南陕西，卒至称臣割地，然后言和。宋金和战始末，及其真相，本局出版之《关岳合传》论之最详，可供参考。同前。

(二) 讲第二节：起“孝宗立”，至课末止。自绍兴和议成后，至海陵庶人南伐时，始破裂。是时以兵势论，宋殊岌岌可危，然海陵亦不能用其众。师未渡江，内乱遽作，身死军人之手。宋人乘之，收复两淮州郡，于是恢复之论复起。其结果，有苻离[1]之败，而金兵反自河南进攻两淮，于是复息战言和。南渡诸帝中，孝宗最有志于恢复，惜金方强，无能为。章宗时，金势渐衰，北边叛乱者数岁。河南山东，又值荒歉。此皆事实，见诸《金史》，非宋边将之张大其词也。且蒙古之南伐，与章宗之殁，仅隔一年，则金是时，兵力亦确已不振。侂胄北伐之无成，由宋太弱，非金之强也。时韩侂胄以斥逐道学之徒，为清议所不与，思立大功以自旌异[2]。于是有伐金之举，其结果，累战皆北，襄阳淮东西，相继失陷，于是侂胄死而和议复成。金宣宗自为蒙古所败，南迁。以国用窘蹙，乃南伐宋，冀有所得。此为当时金宋开衅之实情，语见《金史》。盖冀宋为所胁，则可以籴粮等事，列入媾和条件中也。其结果，兵连祸结，胜负不甚分明。目的卒不得达，国力反因之益疲。而宋于是时，则恢复之议复起。至哀宗时，金势益坏，复弃汴南奔蔡州。宋人乘之，遂有会师灭金之举。金元兴亡之详情，于下一课授之。金亡之后，元势方张。守约言和，尚虑不能自保，乃复用赵葵、赵范等恢复三京之议，轻率与元开衅。其结果，三京不可复，而反因此招致元兵。国是不定之祸，可胜叹哉！元之伐宋，始自宪宗时，与世祖分两道南下，宪宗入蜀，世祖攻鄂。宪宗攻合州，未克而卒。宋人云中流矢，《元史》则无其词。然元人各种纪载，均未述及宪宗病状，似亦可疑。世祖以急欲自立北还，见下。遂以称臣画江，岁输银绢之条件，与贾似道议和。而似道匿不以报，反以战胜闻。于是元一方面以为宋已言和，责其背约。而宋一方面则尚以战胜自居，情形隔膜，国事益坏，卒底于亡。同前。

（丙）整理

（一）回讲：同前。

---

① 苻离：今安徽宿州埇桥区。

② 旌异：旌表，褒奖。

（二）约述：同前。

（三）联络比较：[一] 南宋与东晋之比较。东晋时，北方势分。南宋时，北方势合。东晋未尝称臣割地，而南宋则有之。东晋借淝水之战，不亡于秦；南宋借采石之战，不亡于金。[二] 孝宗时议和条件与高宗时之异同。[三] 约元伐金与约金攻辽之比较。

（四）思考：[一] 使高宗不用秦桧，亦能成恢复之业否？[二] 约元灭金，又与元开衅，为得为失？[三] 与人言和，转以胜报，除贾似道外，古今尚有其人否？[四] 陆秀夫、张世杰、文天祥等，皆忠义之士，何以宋得之，卒无救于亡？

（五）[一] 作表及绘图：

南渡后大事
- 岳飞、韩世宗等屡败金人
- 从秦桧言，称臣割地，请和于金
- 孝宗伐金无功，复申和议
- 韩侂胄伐金，大败
- 令蒙古灭金
- 与蒙古开衅
- 帝㬎时，元兵入临安
- 端宗立于福州，未几卒。帝昺立于厓山，为元兵所迫赴海

[二] 使仿绘本课附图。

第五　辽夏金之兴亡(三时间)

教材

辽初号契丹，居潢河即西木剌伦河上游。附近。唐末耶律阿保机并吞诸部，称帝，是为太祖。用汉人韩延徽为谋主，筑城郭，立市里，规模日拓。子德光立，得幽蓟十六州地，灭晋，定国号为辽，是为太宗。传至圣宗，与宋订盟，境内宁息。数传及延禧，为金所俘。耶律大石率余众西走建国，史称西辽。至南宋宁宗时，乃蛮[1]遗裔篡之。唐末，拓跋思恭以讨黄巢功，赐姓李，封夏国公，子孙世有灵、今甘肃灵武县。夏今陕西横山县。诸州地。历五代至宋，时叛时服。及元昊嗣位，用兵并吞附近诸部，得地万里，遂称帝，国号夏。置官属，制文字。数以兵疲宋，后乃议和。南宋初，受金册命，历数十年，蒙古来侵，金不救，与金构兵，两国俱敝。传至晛，蒙古灭之，时在南宋理宗之世。金为女真族，世居混同江完颜部。在今乌苏里江以东俄领地。及阿骨打叛辽称帝，国号金，是为太祖。太宗立，灭辽侵宋，虏徽、钦北去，中国土地，半为所有。及熙宗立，与南宋议和，慕中国文物制度，强武之风渐替。及蒙古强，金势遂大蹙。哀宗时，蒙古来伐，哀

---

① 乃蛮：蒙古高原西部操突厥语的部落。

宗殉国，金亡。时亦在南宋理宗之世。

辽世系表：

太祖阿保机——太宗德光——世宗阮——穆宗璟——景宗贤——圣宗隆绪——兴宗宗真——道宗洪基——帝延禧凡九君二百十年。

夏世系表：

太祖继迁——太宗德明——景宗元昊——毅宗谅祚——惠宗秉常——崇宗乾顺——仁宗仁孝——桓宗纯祐——襄宗安全——神宗遵顼——献帝德旺——末帝晛凡十二君二百四十六年。

金世系表：

太祖旻——太宗晟——熙宗亶——废宗亮——世宗雍——章宗璟——废帝永济——宣宗珣——哀宗守绪凡九君一百二十年。

要旨

授以辽、夏、金之兴亡，俾知当时北族情形。

预习

笔记：复习第三册第二十二、二十七课。

教授次序

（甲）预备

（一）检查预习：同前。

（二）指示目的：有宋一代，对外终于不竞，固由中国之弱，亦由异族之强也。本课授辽、夏、金之事。

（乙）提示

（一）讲第一节：起课首，至“乃蛮遗裔篡之”止。自古北族，皆纯为行国。惟契丹太祖，当初起时，即筑城郭，立市里，招致汉人，其后复得幽蓟十六州之地。故其性质，与匈奴、突厥等微异。组织契丹国家之原素有三：奚、契丹，一也；诸部族，二也；汉人，三也。天祚荒淫，诸蕃既不听令，汉人本非心服，即其本部族，亦均离逖①。南戴秦晋国王淳，北立梁王雅里。故其亡也忽焉。耶律大石，辽太祖八世孙。辽亡，大石西走北庭，唐北庭都护府。会十八部王众，率之而西。初，唐中叶后，大食强，葱岭以西之地悉为所并，分设酋长以治之。大食衰，诸酋皆自擅其地，哈利发仅拥空名而已。大石西走时，塞而柱克朝方强，大石败其兵，建都于吹河上流，名其地曰虎思斡耳朵，是为西辽德宗。至直鲁古，为乃蛮遗孽古出鲁克所灭。大石传子夷列，是为仁宗，卒，子幼，妹普速完摄政，号感天皇后，为其下所弑。仁宗子直鲁古立，时乃蛮太阳罕为蒙古所灭，子古出鲁克来奔，直鲁古妻以女，古出鲁克乘其出猎，袭执之，而窃其国。塞而柱克，乌古斯部长也。乌古斯，即汉乌孙。元魏以降，西从葱岭，其后散布于今咸海、里海附近。宋之中叶，南略地甚广。西史中以塞而柱克朝称之，《辽史》作呼罗珊，则其都城名也。同前。

（二）讲第二节：起“唐末”，至“时在南宋理宗之世”止。灵、夏一隅，地本形胜，俗尤鸷悍。故拓跋氏据之，亦传国二百载。然当继迁、德明时，实蕞尔②无能为。宋果师武臣力者，未尝不可一举荡平之。乃“豪毛勿拔，终寻斧柯”③，则可见宋兵备之不修，自开国时已然矣。元昊臣吐蕃，唐中叶后，吐蕃陷河西陇右，后虽收复，然其种落留居其地者极多。破回鹘，取河西地。立制度，制文字，实为西夏之雄主。南宋

---

① 离逖(lí tì)：疏远，远离。

② 蕞尔(zuì ěr)：小。

③ 豪毛勿拔，终寻斧柯：小患不除，终酿大祸。

以后,西夏亦弱,常臣服于金。西夏强盛时,不徒与中国抗,辽人两伐之,亦不利。末年与金构兵,国益疲敝,遂为蒙古所灭。同前。

(三) 讲第三节:起“金为女真族”,至课末止。完颜部为女真之一部落。女真者,即南北朝时之靺鞨,两汉时号挹娄,三代时之肃慎也。金始祖函普,则为新罗人。《金史》云来自高丽。然考其时代,则高丽已亡矣。今从《朝鲜国史》。来居完颜,娶其部女,后遂以完颜为氏。盖以女系也。女真初起,兵不满万。其后用兵,亦至多不过数万。然能以之灭辽侵宋,割中国土地之半,其兵之强,实不可及。《关岳合传》论此最详,可参考。金之衰弱,由南迁后其部人多入居中原,浸失其尚武之风,而又不能勤事生产。惟耽逸游,好饮酒。盖与现今满人之居内地者,情形全同。金之亡,其事可分为四期:卫绍王之时,成吉思汗南侵,独吉思忠等以四十万众,败绩于会河堡,而二国强弱之势遂定。此第一期也。宣宗南迁,置河北于不顾,惟列精兵,西守潼关,东扼黄河沿岸。此第二期也。三峰山之战及潼关之溃,良将精兵,荡焉以尽,并汴京亦不能守。此第三期也。蔡州播迁,宋、元二国,环而攻之,以至于亡。此第四期也。总之,金当世宗之时,外观虽盛,兵力已衰。章宗时南北皆有兵役,国力益疲。至卫绍王时,事势已无可为矣。同前。

(丙) 整理

(一) 回讲:同前。

(二) 约述:同前。

(三) 联络比较:[一] 辽、夏、金与匈奴、突厥之比较。[二] 辽、夏、金与五胡之比较。[三] 辽、夏、金相互比较。

(四) 思考:[一] 使辽不得幽蓟十六州,亦能如此强盛否?[二] 西夏以蕞尔之地,亦能自立于辽宋之间,其故何也?[三] 设使金不南迁,可不至衰弱否?

（五）作表：使作辽、夏、金兴亡简表，如下：

国名	初居地	所侵中国之地	兴盛	衰亡
辽（契丹）	潢河附近	幽蓟十六州	太祖、太宗为初兴时期，圣宗为极盛时期。	道宗后渐衰，至延禧为金所俘。
夏	黄河上流	灵夏诸州	李继迁为初兴时期，至元昊而极盛。	其后渐衰，至晛为蒙古所灭。
金（女真）	混同江下流	中国之半	太祖、太宗时为初兴时期，至世宗而极盛。	章宗后渐衰，至哀宗为蒙古所灭。

第六　蒙古崛兴（二时间）

教材

蒙古初建国，在斡难河即鄂诺河。源。及铁木真嗣位，连克旁近诸部，伐乃蛮，攻西夏，遂自号成吉思汗。既而降辉和尔[①]，取金河北诸县，灭乃蛮后裔，得西辽故地。又破花剌子模，逾太和岭，入欧洲，追其余众。于是破钦察，败阿罗斯，掠其东南。及还，遂灭夏，是为太祖。子太宗立，武功亦盛。征钦察，伐宋，灭金，臣服高丽。旋又遣将西征，陷墨斯科。转而东南，再破钦察，下儿富，占波兰，克马札儿。分军西徇，直抵地中海北。欧洲北部，连兵抵御，亦为所败，遂扰及日耳曼诸邦。再传至宪宗，灭大理，入吐蕃，破安南，西南夷悉平。灭波斯，入印度，袭叙利亚，略天方[②]，西亚细亚亦定。虽自将攻宋，未克而卒，而累代以来，疆域已跨有欧亚。

要旨

授蒙古太祖至宪宗时事，俾知蒙古初兴时之国势。

---

① 辉和尔：今新疆吐鲁番地区。

② 天方：原指伊斯兰教发源地麦加，在此泛指阿拉伯地区。

预习

笔记：复习第四册第一课。

教授次序

（甲）豫备

（一）检查预习：同前。

（二）指示目的：元之疆域，跨连欧、亚。其兵力，亦横绝一时。欧人震其声威，黄祸之说，流传至今。皆太祖至宪宗时事也。本课授其崖略。

（乙）提示

（一）讲第一节：起课首，至“是为太祖”止。蒙古为室韦别部，唐时居望建河南，今黑龙江。其后乃西徙斡难河之源不儿罕山。至有元帝室，则系出吐蕃赞普，以遭奸臣篡弑之祸，出奔，至斡难河源止焉。其后世遂为蒙古人，亦犹函普之后，遂为完颜部人也。见《元秘史》《蒙古源流考》，鄙著《蒙古种族考》于蒙古种族元室帝系，辩证极详。见《大中华杂志》第十期。铁木真之前，奇渥温氏哈不勒、忽都剌，尝两世为汗。忽都剌卒，蒙古无共主，部落离散，中衰。铁木真幼时，屡为其邻近之部落泰赤兀、塔塔儿等所侮，后悉吞灭之。时漠南北地方，以乃蛮为最大，铁木真又灭之，声威遂直达辉和尔。即回纥。于是宋开禧二年，大会诸部族于斡难河源，受成吉思汗之尊号，遂进兵侵金。成吉思汗攻金，既蹂躏河北。其时复有花剌子模王，杀害蒙古人之事，遂起西征之师。花剌子模者，城名，即唐时之货利习弥，故属塞而柱克。塞而柱克衰，其酋始据地自立。已而攻西辽，败绩，纳贡请和。

其主谟罕默德耻之，阴与古出鲁克表里，西辽之亡，谟罕默德有力焉。尽取锡尔河以南之地，又吞并旁近诸地方，于是其疆域：西包波斯，东南越印度河，东北抵锡尔河，北抵里海，为葱岭以西一大国。成吉思汗之伐金也，古出鲁克乘之，诱诸部族，以攻蒙古。成吉思汗使哲别灭之，于是蒙古与花剌子模接壤。成吉思汗因西域商人以修好于谟罕默德，谟罕默德许之。已而蒙古人四百余，随回纥商人西行购货，行经花剌子模所属之讹打剌城，城主尽杀之。成吉思汗怒，起兵西征。谟罕默德走死里海，于是哲别、速不台二将，本追谟罕默德者。更西北出，破钦察、阿罗斯之兵，乃还。此蒙古第一次西征也。同前。

（二）讲第二节：起“子太宗立”，至课末止。至第二次西征，则在太宗时。诸王拔都为元帅，陷墨斯科，今俄旧都。破几富，即今之波兰。下马札儿，今匈牙利。分兵略地，直至地中海北。会太宗卒，乃还。第三次西征，在宪宗时。皇弟旭烈兀为之帅，攻破回教共主所都之根达，波斯、阿剌伯、叙利亚等地，悉于是时宾服，西域大定。灭大理，入吐蕃，破安南，均宪宗初年事。将其兵者，则元世祖也。自临洮行山谷中二千余里，渡金沙江，入大理国，虏其王段智兴。大理者，汉哀牢夷。唐时部众分为六，号六诏，后为最南之蒙舍诏所并，遂号南诏。亦受唐封，为云南王。懿宗时，僭称帝，国号大理。屡寇蜀，为高骈所败，后遂不与中国通。宋太祖既平蜀，或劝取大理。太祖以玉斧画地图，至大渡河为界，曰：“自此以外，非吾有也。”石晋初，王大理者为段氏。熙宁中，中绝，高氏代之。元符初，段氏复兴。进兵攻吐蕃，其酋唆火脱出降。乌良哈达别将下云南诸蛮部，遂伐安南。其王陈日煚走海岛，后禅位于其子光昺，遂纳款。同前。

（丙）整理

（一）回讲：同前。

（二）约述：同前。

（三）联络比较：［一］蒙古兵力与汉唐盛时之比较。［二］与辽、金之比较。［三］以兵力蹂躏欧洲者，除元外，历代尚有之乎？

（四）思考：［一］蒙古兵力，何以能如是其盛？［二］设使成吉思汗生今日，亦能成此丰功否？

（五）作表：使作本课简表，如下：

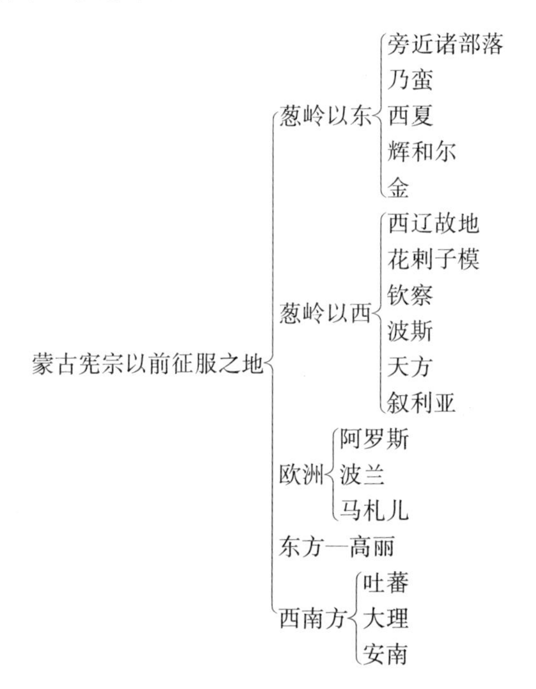

第七　元主中国及其末世(二时间)

教材

世祖嗣位，建国号曰元，南下灭宋，迁都大都，今北京。遂入主中国。然历代所分封之窝阔台、钦察、察合台、伊兰四汗国，各行其政，不相统一。初，蒙古之立大汗也，例由诸王开会公推。及太宗子定宗卒，已启争端。宪宗之立，失位者怨之，宪宗因诛谪其党，于是嫌隙愈深。世祖立，其弟阿里不哥亦称大汗，结窝阔台、察合台为助，惟钦察、伊兰不与。后终为世祖所胜，而窝阔台汗海都仍不服，与元相攻，历数十年，诸汗国亦纷扰不已。世祖之后，君位继承，仍多变故。计臣权相，又结怨于民。顺帝时，重以天灾徭役，中国豪杰相继并起。明太祖朱元璋起兵淮上，既定东南，命将北伐，顺帝退走，而元主中国之局终。

元世系表：

太祖铁木真——太宗窝阔台——定宗贵由——宪宗蒙哥——世祖忽必烈——成宗铁木耳——武宗海山——仁宗爱育黎拔力八达——英宗硕德八剌——泰定帝也孙铁木儿——明宗和世竦(㻋)——文宗图帖睦尔——宁宗懿璘质班——顺帝妥欢帖睦尔凡十四君一百五十八年。

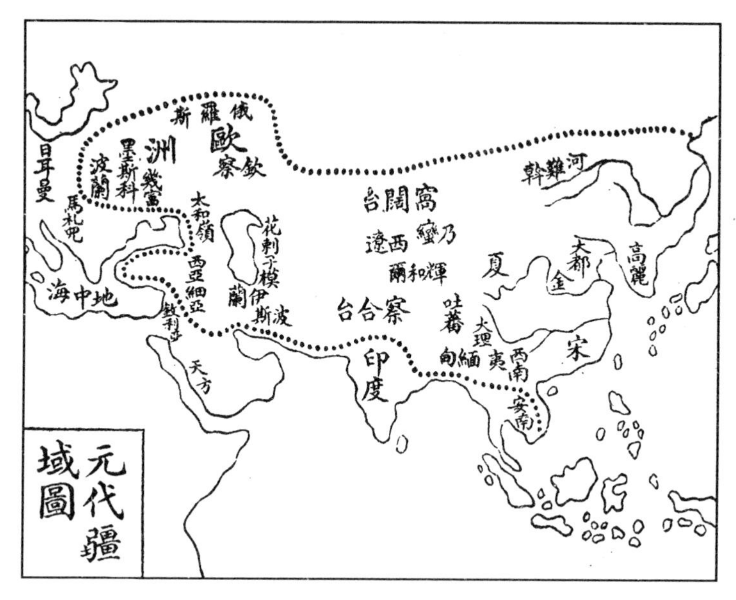

元代疆域图

要旨

授元世祖以后事，俾知元室衰亡之由。

准备

元代疆域图。

预习

笔记：复习第四册第一下半及第三课。

教授次序

(甲) 豫备

(一) 检查预习：同前。

(二) 指示目的：元代疆域，旷古未有。然因内争故，未几即瓦解。又以施政失宜故，其主中国亦不久。本课授其事。

(乙) 提示

(一) 讲第一节：起课首，至“不相统一”止。蒙古系行封建之制，而以太祖四子分地为尤大。窝阔台汗国，太宗之后。钦察汗国，太祖长子术赤之后。察合台汗国，二子察合台之后。伊兰汗国，四子拖雷之后也。其分地皆定于太祖时。同前。

(二) 讲第二节：起“初蒙古之立大汗也”，至“历数十年未已”止。蒙古汗位，本由部族公推，无其人则阙。及成吉思征服漠南北诸部族，始由蒙古本族之汗，进而为诸部族之大汗。然汗位之继承，由诸部族公推如故。所谓忽烈而台也。亦作库里泰，译言大会。太宗之继位，由太祖以遗命定之，与于忽烈而台者，皆无异言。太宗卒后，拖雷之后，即与太宗之后互争。宪宗被举，太宗后人谋叛。事觉，悉遭戮逐。宪宗卒后，世祖北还至开平，不待忽烈而台推戴，即自立。于是宪宗弟阿里不哥，据和林抗之。未几，败降。而太宗之孙海都，以窝阔台、钦察、察合台三汗国之推戴，正位为蒙古大汗。惟伊兰汗以拖雷后，不附。以蒙古国法言之，则海都为正，而世祖为僭逆。兵争历数十年，后虽卒为世祖所胜，然蒙古大汗之号令，自此不复行于诸汗。旷代之大帝国，无形间遂分裂矣。同前。

(三) 讲第三节：起“世祖之后”，至课末止。世祖以后，忽烈而台之法既废，而皇位继承之法不立。故立君之际，必有争端。世祖始立太子，然系采汉法，本部族人，不甚谓然。后其视太子，殊不尊严，废立篡夺，恬不为怪。世祖太子又早卒，孙成宗之立，由宿将伯颜挟兵力定之。成宗卒，其后欲立世祖次子安西王阿难答，右丞相哈剌哈孙欲立武宗，以其远在北边，先召其弟爱育黎拔力八达入京师，平乱。武宗至，弑成宗后，杀阿难答而自立，以爱育黎拔力八达为太子，即仁宗也。武宗崩，仁宗立，立子英宗为太子，而出武宗子和世竦(瑓)于云南，武宗旧臣奉之奔阿尔泰山，依察合台后裔，英宗为其下所弑，迎立泰定帝，世祖太子真金之孙也。四年而卒，子阿速吉八即位上都，是为天顺帝。知密院事燕帖木儿胁百官迎立和世竦(瑓)，先召其弟文宗于江陵，攻上都，城陷，泰定帝不知所终。和世竦(瑓)即位和林，是为明宗。至漠南，文宗入见，暴崩。盖弑之也。文宗即位，已而悔之，遗命必立明宗之子。燕铁木儿欲违之，皇后不可，迎立宪宗，明宗次子也。数月而卒，更迎立明宗长子，而燕帖木儿不欲。至京师，迁延数月，会燕帖木儿死，乃即位，是为顺帝。及长，追举明宗暴崩事，文宗后迁东安州，其子燕帖古思流高丽，道死，并毁文宗之庙焉。蒙古以异族入主中国，不甚知治中国之法，惟思敛民财以自利。当世祖时，即用卢世荣①、僧格、阿合马特等言利之臣。三人中惟卢世荣为有才，所行之政，亦极合财政学原理，未可与彼二人等观也。又历代皆有权臣，治国之经制既未尝立，则政治愈益浊乱。及顺帝时，更益以水旱、蝗疫、山崩、地震、河决之灾。恤民之政，一无所闻。而赋役之重，降而弥甚。群雄并起，元室遂不可支矣。群雄之中，据台州者为方国珍，据苏州者为张士诚，据湖北、江西者为徐寿辉，据集庆者为明太祖。而其首出兵扰乱北方者，则实为韩林儿、刘福通。福通尝分军为三：一出晋冀，逾雁门，北掠上都。一入关中，陷兴元，破巩昌，攻凤翔。一入山东，克济南，陷蓟州，以逼元都。后攻上都之兵，败于辽东，余二军为察罕帖木儿、李思齐所破。惟其军无节制，故卒为察罕帖木儿、李思齐所破。察罕卒，子库库帖木儿②继之。自淮以北，几肃清矣。而诸将或与库库分党相

① 卢世荣：今河北大名县人。

② 库库帖木儿：即扩廓帖木儿，汉名王保保。

攻，太子又与朝臣老的沙不协。老的沙以大同守将孛罗帖木儿之兵犯阙，太子出奔，借库库平定之。又欲使库库以兵胁帝，传位于己。库库不可，复合诸将攻之。纷扰未已，而明太祖已西定陈友谅，徐寿辉将，杀寿辉自立。东战张士诚，南降方国珍，自河南、山东分道北伐。顺帝仓卒无所为计，举族北走，而元亡矣。

（丙）整理

（一）回讲：同前。

（二）约述：同前。

（三）联络比较：［一］元代封建与中国古代封建之比较。［二］公推大汗与选举总统，异点何在？元之政治与后魏及金之比较。

（四）思考：［一］使元不行封建制，可不遽至瓦解乎？［二］元之衰，由于外力，抑由于自溃？［三］元主中国，何以不能长久？

（五）作表及绘图：［一］使作本课简表，如下：

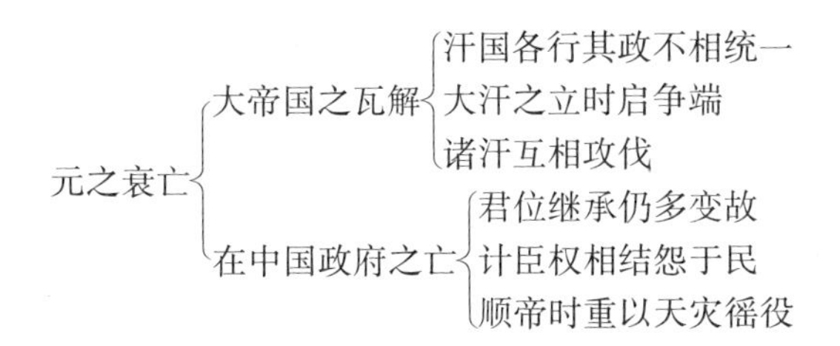

［二］使仿绘本课附图。

第八　明之兴盛(一时间)

教材

方朱元璋之命将北伐也，已由吴王即皇帝位，定都应天，今江苏江宁县。国号曰明。及顺帝北去，又平西蜀，克云南，海内统一，大封子弟为王。孙惠帝嗣立，虑诸王难制，议削其地。成祖时为燕王，遂举兵南陷应天，即位，迁都顺天。今北京。时元裔鞑靼，与其属部瓦剌，屡为边患，帝亲征破之。乃东征奴儿干，在今库页岛西岸。册封日本，西封乌斯藏①僧为法王，南灭安南。命郑和七下西洋，航路远通，朝贡者相属。仁宗、宣宗继之，留心内治，廉能在位，纲纪修饬，人民乐业，称盛世焉。

要旨

授以太祖至宣宗时事，俾知明初内修外攘之功。

① 乌斯藏：今西藏。

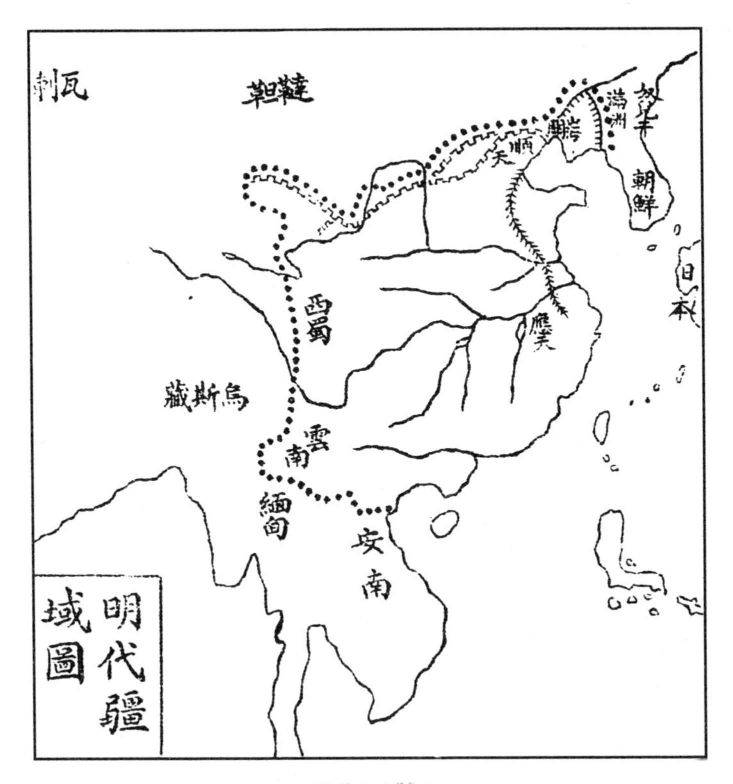

明代疆域图

准备

明代疆域图。

预习

笔记：复习第四册第四第五课。

教授次序

(甲) 豫备

(一) 检查预习：同前。

(二) 指示目的：明之统一中国，在太祖时。外征之功，以明成祖时为最。仁宣两朝，则其守成时也。

(乙) 提示

(一) 讲第一节：起课首，至“迁都顺天”止。元末群雄割据者：陈友谅、张士诚、方国珍、韩林儿等，均于明祖北伐之前戡定。惟明玉珍之子昇，尚据四川。元梁王把匝剌瓦尔密，尚据云南，至元室亡后，乃讨定。明太祖复行封建政策，子弟皆分处大都，各置傅相官属，并设护卫兵，典礼极为隆重。惟地方大政仍归有司，与汉代封建不同而已。燕王棣、晋王㭎等以守御北边，并得节制诸将，权任甚重。而棣屡出塞征讨，兵尤强，故卒有靖难之变。

(二) 讲第二节：起“时元裔鞑靼”，至课末止。元顺帝虽北走应昌①，尚拥蒙古大汗之号。及卒，子爱猷识理达腊嗣，走和林，依库库帖木儿。卒，子子脱古思帖木儿嗣，蓝玉袭败之于捕鱼海，北走，为其下所弑。于是蒙古大汗，声威扫地。又五传，为其臣鬼力赤所弑，改称鞑靼。蒙古与鞑靼，种族混淆，蒙人亦尝以鞑靼自称。其详，见予所著《蒙古种族考》。鬼力赤复为其臣阿鲁台所杀，迎立元裔本雅失里，仍以鞑靼自号。已而为瓦剌部所袭破，《元史》称斡亦剌部，即清时之卫拉特。东走胪朐河。成祖久居北边，知北族虽失统驭，部落尚众，未可轻视。故即位后，久居顺天。永乐八年、十一年、二十年、二十二

① 应昌：今内蒙古赤峰市境内。

年，尝四次亲征。本雅失里奔瓦剌，为其酋长马哈木所弑，阿鲁台来降，马哈木亦为帝所击破，一时声威颇盛。安南本中国郡县，五代时始自立为国。明成祖时复之，然未久复失。同前。

（丙）整理

（一）回讲：同前。

（二）约述：同前。

（三）联络比较：［一］明封建与汉、魏、元三朝之比较。［二］成祖迁都与晋元帝、宋高宗同异若何？一为退守，一为进取；一自南而北，一自北而南。［三］明初武功与汉唐之比较。

（四）思考：［一］使惠帝不削诸王地，靖难之变可不作否？［二］明自宣宗以前，何时为开创之时？何时为守成之时？

（五）作表绘图：［一］使作本课简表如下：

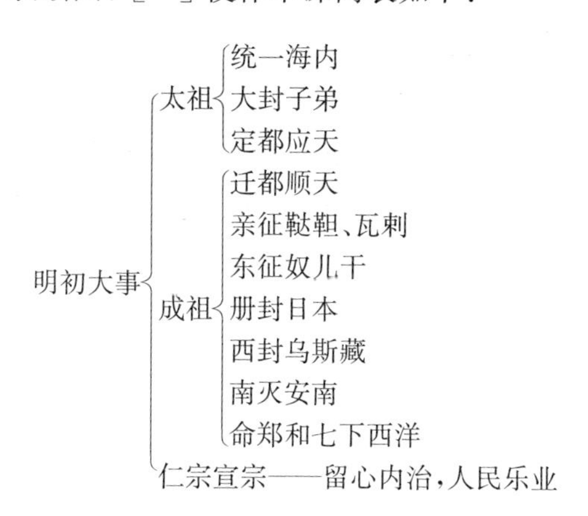

［二］使仿绘本课附图。

第九　明之中叶(一时间)

教材

英宗时，瓦剌酋长也先率诸部侵扰，宦官王振拥帝亲征，帝为所虏。赖于谦固守，请立景帝，英宗获返。未几，英宗又复辟。子宪宗立，宠宦官，塞言路，惑异端，弊政颇多。孝宗反之，执政得人，国威尚振。至武宗立，宦官又大得志。安化王寘𫓹、宁王宸濠，先后反。幸仇钺及王守仁平之。世宗入嗣，初相杨廷和，弊政以革。继相严嵩，边患大启。北有俺答之侵，南有倭人之寇。其后倭患为戚继光等所剿平，而俺答内附，则在穆宗之世矣。

要旨

授以明中叶之内忧外患，使知明室衰亡之因。

预习

笔记：复习第四册第六至第八课。

教授次序

(甲) 豫备

(一) 检查预习：同前。

(二) 指示目的：明自中叶以后，昏庸之主极多。政治不修，外患又亟，衰亡之因，实在于是。今以授汝等。

(乙) 提示

(一) 讲第一节：起课首，至“英宗又复辟”止。明太祖、成祖时，国势极盛，北狄詟①服。及英宗时，马哈木之孙也先统一诸部，势复强。而中国适值宦官专政，欲借亲征以邀功，遂召土木之变，是为明代见侮于北族之始。土木之变，群臣多主迁都者，幸赖于谦固守，卒克保全京师，迎还上皇。然初主和议者，多内自惭。又石亨等武人，怨赏薄，遂肇夺门之变。同前。

(二) 讲第二节：起“子宪宗立”，至“幸仇钺及王守仁平之”止。明初御内监最严，不许读书，又不许与外廷交通。及靖难兵起，宦官多漏言于北军，成祖以为有功，信任之，其法始坏。而其尤甚者，则使宦官司东厂，伺察群臣，遂为有明一代阉竖乱法之原。王振之威慑朝右，亦缘以其党与主镇抚司事。朝臣有与抗者，辄下狱，送镇抚司治罪也。宪宗时，于东厂之外别置西厂，以太监汪直领之。武宗时，又置内厂，以刘瑾领之。使宦官握司法之权，以陷害士夫，黩乱朝政，实历代所未有也。同前。

(三) 讲第三节：起“世宗入嗣”，至课末止。明之内乱，始于武宗时。而其外患，则至世宗时而大亟。世宗性严，果于刑戮。严嵩因

① 詟(zhé)：畏惧，害怕。

之，激帝怒以入人罪。帝又好神仙，罕亲政事，一以委嵩。嵩遂蔽聪塞明，以成其奸。嘉靖二十九、三十八、四十二年，虏骑三犯畿辅，纵兵剽掠，诸将不能得一俘。而帝皆不知其真相，蒙蔽之甚，史所罕有也。倭寇之患，遍于沿海七省，甚且沿江深入。俺答根据河套，频岁侵掠边陲，皆前后数十年。倭寇明初即有之，但不甚剧。明之元气，由是大伤。同前。

（丙）整理

（一）回讲：同前。

（二）约述：同前。

（三）联络比较：［一］英宗北狩，与宋徽、钦二帝之比较。［二］明宦官之祸，与汉唐之比较。唐宦官掌握兵权，明宦官则挠乱司法。［三］海寇与盗贼之比较。

（四）思考：［一］使宋徽钦时，有臣如于谦，汴都可不失否？设英宗北狩，明遽南迁，其结果将若何？［二］世宗时之外患，较英宗时孰深？［三］明中叶后，何帝可称贤君？

（五）作表：使作本课简表，如下：

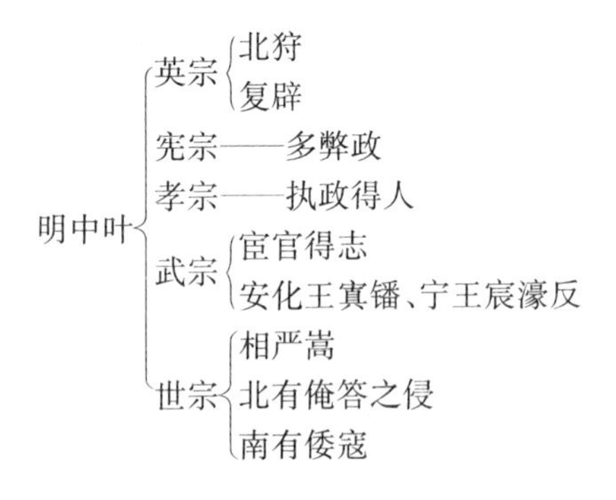

第十　明之末世(三时间)

教材

穆宗之后，神宗继立。初用张居正为相，吏治整饬，蓟辽诸镇，付托得人，边境亦靖。居正卒，帝怠于政事，于是宦官以开矿扰民，朝士以营私树党。会顾宪成罢官，讲学东林，相与是非朝政，有与之声气交通者，称为东林党，独负重名。其时外患：有日本丰臣秀吉之攻陷朝鲜，遣师援之，不能胜也。有缅甸之侵扰滇边，出师破之，不能服也。而满洲兴于东北，明人御之，战辄不利，尤为亡国之源。历光宗至熹宗，朋党益盛。其所争者，为梃击、红丸、移宫三大案。适宦官魏忠贤用事，无耻之徒，遂结纳忠贤，摭①他事以罪东林。而善类一空，群小争以媚阉为事。知兵诸将，如熊廷弼、孙承宗、袁崇焕等，或诛或去，于是辽左诸城，亦尽为满洲所有。怀宗立，首诛忠贤，天下称快。然是时满洲已建国号曰清，日益进逼。加以用兵加赋，民困盗起。流寇李自成、张献忠蹂躏诸省，所过成墟。未几，自成陷京师，怀宗殉国。吴三桂方屯兵山海关以备清，闻变，引清兵入关，灭自成、献忠，清遂代明。明之后裔，先后立于南方，并为清灭，

① 摭(zhí)：拾取，此指寻出。

明亡。

明世系表：

太祖元璋——惠帝允炆——成祖棣——仁宗高炽——宣宗瞻基——英宗祁镇——景帝祁钰——宪宗见深——孝宗祐樘——武宗厚照——世宗厚熜——穆宗载垕——神宗翊钧——光宗常洛——熹宗由校——怀宗由检——帝由崧——帝聿键——帝由榔凡十九君二百九十五年。

要旨

授以神宗以后之事，使知内忧外患之交迫，为明之所以亡。

预习

笔记：复习第四册第九、第十、第十二至十五课。

教授次序

（甲）预备

（一）检查预习：同前。

（二）指示目的：内忧外患之交迫，此明之所以亡；而主昏政乱，则又内忧外患交迫之因也。今以授汝等。

（乙）提示

（一）讲第一节：起课首，至"独负重名"止。明中叶之边患，以蒙古为最甚。俺答虽于穆宗时受抚，然其部落之处东方者，尚时出侵扰。至神宗初，用良将戚继光、李成梁以守蓟辽，而北方始得敉宁。明治之坏，由于纲纪废弛。故张居正执政，矫之以严，遂成神宗初年之治。神宗之怠荒，尤甚于世宗，不视朝者，至二十余年。群臣遂植党互攻，帝悉留中不发，而台谏一攻，其人辄自去，故言路之势积重。其时适有东林讲学之徒，讽议执政，裁量人物，而党祸遂起。神宗时，弊政甚多，而其最甚者，莫如中官之言矿利。首开畿辅诸矿，遍及各行省，皆以中官主其事。勘无所得，则勒民偿之。良田美宅，则指为下有矿脉。以阻挠诬官吏，以盗采陷富家，毒痡①天下。同前。

（二）讲第二节：起"其时外患"，至"尤为亡国之源"止。明神宗时，外患之大者有二：一则缅甸之侵扰滇边，一则日本之攻朝鲜是也。而日攻朝鲜一役，关系尤巨。朝鲜李氏，建国明初，世受封册，修职贡②。初日本东北有种人号虾夷者，世与日本争，日本置征夷大将军以扞③之。唐德宗时。时日本诸王，多好传位于其子弟，而自称太上皇，至其子弟复然。于是数上皇同时并立，往往互争政权，皆倚幕府为援，实权遂尽入幕府之手，天皇拥虚号而已。而幕府复遍置武职于诸方，其所置之武职，又各以地分封其将士，遂成破碎不可收拾之势。神宗时，有丰臣秀吉者，起而讨定之。念其乱源终未尽绝，乃欲驱其人战之于国外，而侵朝之事以起。中国发兵援之，糜饷丧师，皆数十万，迄无胜算也。同前。

（三）讲第二节：起"历光宗至熹宗"，至"亦尽为满洲所有"止。满洲之初起，未必遂不可制。而杨镐轻率，以二十万师深入致败，辽事形势遂日棘。其后熊廷弼、袁崇焕之被诛，孙承宗之去职，亦俱为边事败坏之因。可知兵威之不振，仍由于政治之不修。明之党祸，以争三案时为最烈。其后卒致魏忠贤起，大兴党狱，善类一空。可知意气之争持太甚，必致为小人所乘。同前。

---

① 痡(pū)：危害，疲劳致病。
② 职贡：藩属向朝廷按时纳贡。
③ 扞：同"捍"，抵御。

（四）讲第四节：起“怀宗立”，至课末止。明之亡，可谓直接亡于流寇，而间接亡于满洲。盖满洲强，则辽左之兵事亟，遂不得不加饷。既加饷，则民益困穷，而思乱者遂众。及其乱之既起，则又以满洲兵时时深入，不得不分兵防御，不能专其力于剿寇也。流寇之起，亦由中叶以后朝政浊乱。居州郡者，皆贪黩之臣，争剥民以行贿赂。可知政治之不善，实酿成内乱之大原因。凡流寇，必不能以兵力平之。盖因民穷财尽，思乱者众。剿不胜剿，抚无可抚也。同前。

（丙）整理

（一）回讲：同前。

（二）约述：同前。

（三）联络比较：[一] 张居正与王安石之比较。[二] 东林与汉党锢、唐牛李、宋洛蜀朔之比较。[三] 明末流寇与元末之比较。

（四）思考　[一] 开矿本兴利之政，何以明时反致扰民？[二] 明时力争之三案，果有关系否？[三] 日本攻朝鲜之役，何以明糜饷丧师数十万迄无胜算？[四] 设使明廷终用熊廷弼等，能御清否？[五] 设无吴三桂之降，清兵亦能入关否？

（五）作表　使作本课简表，如下：

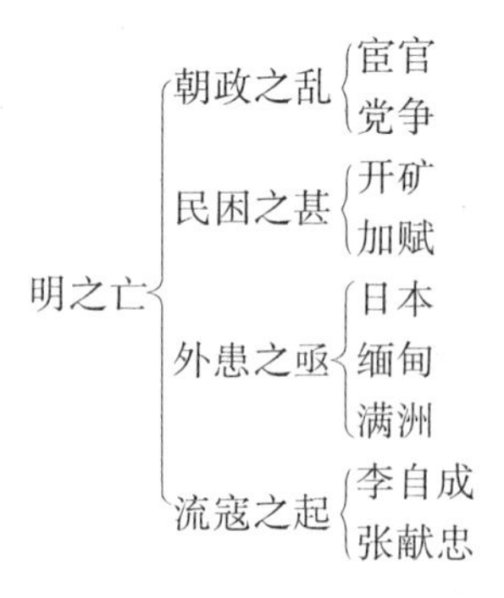

第十一　五代至明之政教学术上（一时间）

教材

五代内轻外重，兵士骄横。宋始革之，列营京畿，有事则调遣。及南渡后，外兵渐盛，仍听中央节制。元初，尽人皆兵。入主中国，乃以户与丁论。明则京兵、边兵，内地卫所兵，均由召募。赋税以五代为重，宋初轻减之，并有支移、折变之法。及南宋军兴，又名目纷繁，一切取盈矣。元之赋税，大略仿唐。明专用其两税法，而英宗时之折银，神宗时之一条鞭，尤为后世所乐用。至于刑制，惟五代较为严酷，历宋、元、明，与隋唐无大异。

要旨

授以五代至明兵、刑、赋税制度大略，俾知当时政治情形。

预习

笔记。

教授次序

(甲)豫备

(一)检查预习:同前。

(二)指示目的:五代至明之治乱,汝辈既略闻之矣。今以其制度授汝等。

(乙)提示

(一)讲第一节:起课首,至“均由召募”止。唐中叶后,藩镇骄横,其弊极于五代,至宋初然后革。宋时外兵,谓之厢军,给役而已。凡有征戍,悉用禁军。南渡后,恃韩、岳、张、刘诸将之兵,以外御女真,内靖寇盗。其后仍列名禁军,特各有驻地而已。蒙古未入中国前,尽人皆兵。此为游牧社会之通例。明时兵制,以五千六百人为卫,千二百人为千户所,百二十人为百户所。卫所之军,皆授以地,使之屯田。颇得唐府兵遗意。其后兵政日弊,卫所之兵,皆徒有虚籍而已。同前。

(二)讲第二节:起“赋税以五代为重”,至课末止。五代重税,可分二种:一固有之税,而加重其额。二新立税目,繁琐异常。宋初虽革除之,然税终重于前代。故有宋一代,民生常困。至南渡后之苛敛,则因外有强敌,军费甚大而起者也。南宋苛敛,多起于建炎、绍兴时,后乃益甚。元之租税,取之北方者,曰丁税、地税,仿唐之租庸调也。取之南方者,曰夏税、秋粮,仿唐之两税也。明时专用其秋粮、夏税之法,役者则因赋而定。至神宗时,行一条鞭法,遂并丁粮二者为一。中国刑法,至隋为一大变,自是历宋、元、明无大异。同前。

(丙)整理

(一)回讲:同前。

（二）约述：同前。

（三）联络比较：〔一〕唐、宋、明三代兵制之比较。〔二〕元、明税法之比较。

（四）思考：〔一〕何以元初能行尽人皆兵之制，入中国后即不能？〔二〕军兴与租税之重轻，有何关系？〔三〕折银及一条鞭之法，何以为后世所乐用？

（五）作表：使作本课简表如下：

	五代	宋	元	明
兵制	内轻外重	列营京畿，有事则调遣。南渡后，外兵渐盛，仍听中央节制。	其初尽人皆兵，入中国后以户与丁论。	京兵、边兵、内地卫所兵，均由召募。
税制	最重	初减五代之税。南渡后又名目纷繁，一切取盈。	大略仿唐。	专用两税法。
刑制	较严酷	与隋唐无大异。	同上。	同上。

第十二　五代至明之政教学术下(二时间)

教材

学校之制，以宋之太学三舍及四大书院为著。沿及元、明，亦兼学校书院。但自宋以来，科举盛行，肄业者仍纳入考试一途。我国儒风，莫敝于五代。自北宋之周、敦颐。张、载。二程，颢、颐。南宋之朱、熹。陆，九渊。元之许、衡。姚，枢。明之薛、瑄。王，守仁。相继阐明理学，儒教为之大振。然佛、道二教，亦互为消长。如宋太宗建塔译经，明太祖选僧侍王，宋徽宗置道官，明世宗崇斋醮，皆所谓上行下效者也。而元代尊西僧为国师、帝师，佛之支派喇嘛教①又盛行焉。基督教元已有之，至明而盛。盖神宗时利玛窦、庞迪我等，相继来华传教，并挟其历算、火器诸学，沟通东西文化，士大夫乐与之游故也。惟回教则宋、元以来，仅限于西北。五代文学销亡，惟南唐、吴越及蜀，尚有可观。宋兴，欧阳、修。曾、巩。苏、洵、轼、辙。王安石。诸氏，各擅古文，直与唐之韩、柳齐誉。其后元之杨、载。虞，集。明之方、孝孺。归，有光。亦多著作。至于书画，则宋有苏、轼。黄、庭坚。米、芾。蔡，襄。元有赵，孟頫。明有倪、瓒。董、其昌。艺术则周有柴

① 喇嘛教：即藏传佛教。

窑，宋有宋锦，明有景泰蓝、宣德炉，皆为后世所宝贵。他如印刷之精，首称宋板。而毕昇之活字，亦兴于宋仁宗时焉。若夫推为火器之祖者，则有宋之霹雳炮，金之震天雷等。

要旨

授以五代至明之学术、宗教、文艺，俾知当时社会情形。

预习

笔记：复习第四册第十一课。

教授次序

(甲) 预备

(一) 检查预习：同前。

(二) 指示目的：前课所授，为五代至明治制大略。今更进授其社会情形。

(乙) 提示

(一) 讲第一节：起课首，至“仍纳入考试一途”止。自唐以后，科举日盛。学校虽有其名，而无其实。至明定制度，入学校者，仍须考试，然后录用，则始于明。所谓学校储才，以待科举也。三舍者，外舍、内舍、上舍。其法创于宋神宗时，当时视学校颇为注重。徽宗时，并尝废科举而专行学校焉。四大书院者：白鹿洞，庐山。石鼓，衡州。应天府，应天府。岳麓。潭州。书院之性质，近乎现在公私立之学校。同前。

(二) 讲第二节：起“我国儒风”，至“仅限于南(西)北”。儒家之学，西汉时专主传经，笃守古人之口说。东汉而后，守家法始不若西汉之严。魏晋而降，诸经多失其传，乃转而求之于笺注。于是有义疏之学，然皆以说经为主也。其不拘拘于说经，而直以己意，探求古人之义理者，则始于宋儒。其学称为理学，亦曰道学，后世与汉学对举，则曰宋学。实学术上之一进化也。宋学，以其起源之地言之，则有濂、洛、关、闽之别。以其学术之宗旨言之，则可分朱、陆二派。考亭之学[①]，受之伊川。姚江之学[②]，近于象山。亦称程朱与陆王。后世君主崇信宗教者，大抵其盛不过一时，惟元代之崇信喇嘛教，则与其国祚相终始。西僧多恃势横行，凌虐氓庶，实为元代致亡之一因。明季基督教之宣传，实为东西文化接触之始。盖当时士大夫信其教者虽少，然多好其徒之艺术，乐与之游故也。同前。

（三）讲第三节：自“五代文学销亡”，至课末止。自宋至明，散文比较的视骈文为盛。盖一则物穷则变，自魏晋至唐，文章多尚词华，至宋而风尚遂异。一则此时代，义理之学最盛，与专尚藻采之文学不相容故也。书画艺术，皆为美术之一。观于自宋至明，善书画者之多，及各种艺术之精，可知擅长美术者代有其人。印刷之术，虽导源已久，而各种书籍皆刊刻流传，实大盛于宋。宋时军器，颇为精利。宋之弓弩，远非女真所及，战时每借此却敌。而火器之发明，尤与战争上以甚大之变动。其事亦始于宋。西人之知火器，亦由间接传诸我国。可见我国各种发明，并不后人，惜乎其停滞不进也。同前。

（丙）整理

（一）回讲：同前。

（二）约述：同前。

---

① 考亭之学：朱熹的学说。

② 姚江之学：王守仁的学说。

（三）联络比较：［一］学校与科举之比较。［二］书院与学校之异同。［三］宋学与汉学之比较。［四］喇嘛教与佛教之比较。［五］基督教与回教之比较。

（四）思考：［一］喇嘛教何以自元以后即在中国阒焉绝响？［二］柴窑、宋锦、景泰蓝、宣德炉等艺术，何以多失其传，仅有景泰蓝一种？［三］火器之发明，较印刷术之发明关系孰大？

（五）作表：使作本课简表如下：

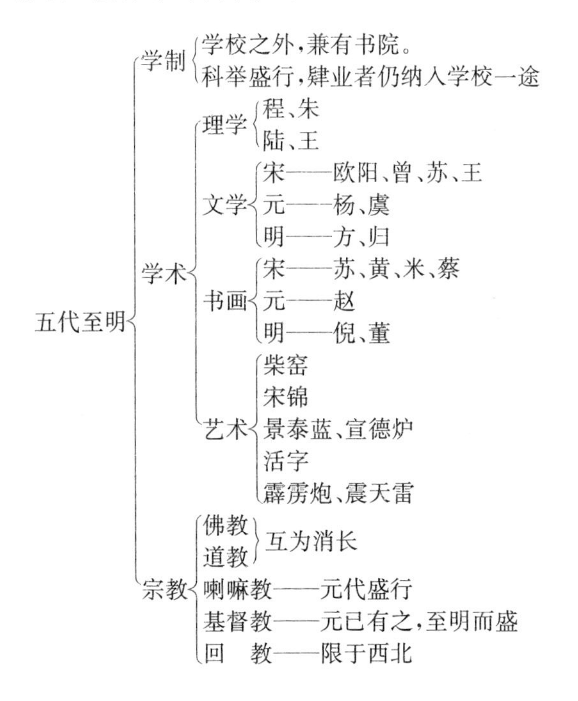

备考

柴窑，或云周世宗时所造。所司请其色，御批云："雨过天青云破处，这般颜色做将来。"今瓷器之雨过天青色者，犹仿柴窑焉。或曰：始造器者，柴姓也。

宋锦，为宋时所织。《博物要览》载其名，凡四十二种。因其织造精美，故装潢书画碑帖所用旧锦，皆袭宋锦之名。

景泰蓝，于铜器表面涂以珐琅①质，烧成各种花纹。花纹四周，或嵌银丝。明景泰时所造最精。今京师仿为之者，犹沿其名焉。

宣德炉，明宣德时所铸。相传宣庙欲铸炉，问铸工铜何法炼而佳，工奏炼至六，则现珠光宝色。上曰："炼十二。"炼已，条之，置铁网筛格，赤炭镕之。其铜之精萃者，先滴，则以铸炉。见《博物要览》。

印刷术，至宋而大盛。唐时益州始有墨板。后唐明宗时，冯道请校正九经，刻板印卖。周太祖之末，刻板始成。然工巨费重，以政府之财力，仅克举之，寒士不能办此也。至宋则椠本②广行，赍及寒素矣。毕昇又创为陶印活版之法，为今活字排印之权舆。西人称活版为东来法，盖自吾国传之也。

金亮至江北，掠民船欲济③。虞允文伏舟七宝山，发一霹雳炮。盖以纸为之，实以石灰硫黄，自空而下，坠水中。硫黄得水，火自跳出，其声如雷，纸裂而石灰散为烟雾，眯其人马之目。遂压虏舟，大败之。见杨诚斋《海蝤船赋》序。震天雷，以铁罐盛火药，以火点之，用以攻城。见《金史·赤盏合喜传》。

---

① 珐琅(fà láng)：涂料名。

② 椠本(qiàn běn)：用木板雕字所印的图书。

③ 济：渡河，过河。

第十三　清起满洲及入主中国（三时间）

教材

清为女真之裔，世居长白山附近。明神宗时努尔哈赤统一满洲部落，建满洲国，兵势日强。遂灭叶赫[1]，在今吉林伊通县西。败明师，取明辽东地，定都沈阳，今奉天沈阳县。降服科尔沁[2]，今奉天洮南县。后世尊为清太祖。子太宗立，降朝鲜，平察哈尔[3]，在今内蒙古。漠南悉定。乃专力攻明，规取关外诸城，宁远、锦州、松山、杏山。惟宁远未下。明廷大震，有媾和之议，时明怀宗之世也。子世祖立，年幼，叔父多尔衮摄政。会李自成陷明都，吴三桂来乞援，多尔衮遂引兵入关，逐李自成，迎世祖迁都，入主中国。时明裔福王、鲁王、唐王、桂王相继据南方，图恢复，分兵一一破之。乃以云南地封吴三桂，广东地封尚可喜，福建地封耿继茂，是为三藩。圣祖即位，明室遗臣，惟郑氏尚据台湾。未几，三藩起兵拒清，各省响应，卒遣师平之。旋克台湾，降喀尔喀，在今外蒙古。与俄罗斯定国界。及败准噶尔，漠北既平，青海亦附。旋又征西藏，收为藩属。疆宇日辟，安南亦奉贡。

---

① 叶赫：女真族部落。

② 科尔沁：漠南蒙古族部落。

③ 察哈尔：漠南蒙古族部落。

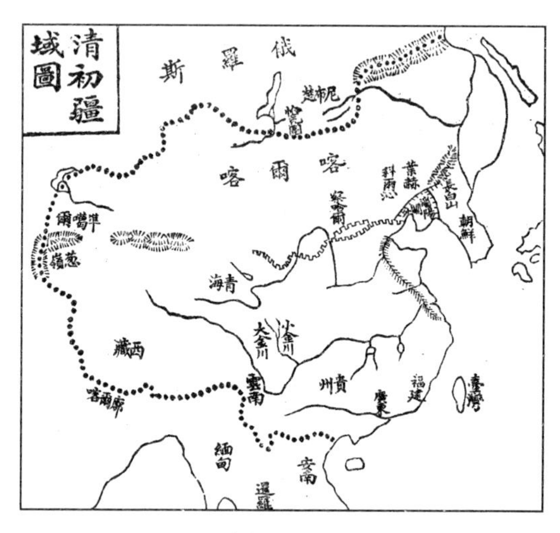

清初疆域图

世宗立，青海、西藏复叛，仍遣年羹尧等平之。而俄人求互市，则与订《恰克图条约》。及高宗立，命兆惠平准部、回部，张广泗平贵州苗，傅恒、阿桂平大小金川。又用兵缅甸、安南、廓尔喀，即今泥泊尔。使奉朝贡。于是暹罗请封，葱岭以西诸国，皆遣使纳款。清之帝业，于斯为盛。

要旨

授以清始起至高宗时事，俾知清之初盛。

准备

清初疆域图。

预习

笔记：复习第四册第十课及第十三至第十八课。

教授次序

（甲）豫备

（一）检查预习：同前。

（二）指示目的：清起塞外，入主中国。至高宗时，皆清强盛之时期也。本课授其事。

（乙）提示

（一）讲第一节：起课首，至“时明怀宗之世也”止。明初疆域，东北极于开原、铁岭，自此以外，皆女真遗族也。其初分裂，故势力不强。及努尔哈赤统一之，遂俨然为东北一强敌矣。明清对抗，可分为三时期：辽东未失，朝鲜尚存，海陆两路皆有以牵制清兵。此一时期也。辽、沈既陷，以宁锦为重镇。此二时期也。宁锦亦不能守，专恃山海关为屏蔽。而漠南蒙古又亡，清兵岁自长城入，掠近畿。此第三时期也。至吴三桂开关以迎清兵，遂无复藩篱之限。同前。

（二）讲第二节：起“子世祖立”，至“是为三藩”止。李自成虽剽悍，特起流寇，无大略。故清兵入关，遂不能御。内乱不已，必召外侮。明清已事，可为殷鉴。明三王中：福王尚袭半壁之势，而昏愚特甚。唐王志欲有为，而受制于郑芝龙。桂王所据之地较为僻远，然可恃之臣，亦惟瞿式耜、何腾蛟。至后辗转倚孙可望、李定国，则虽无满洲，亦无以自立矣。要之明末握兵之臣非叛逆，如吴三桂等。即骄蹇，如左良玉等。公忠体国者绝少。其忠义自矢者，则皆本无兵柄，仓卒起义之人也，故卒无救于亡。凡异族入主中国，必非徒恃其本族之兵力，而必借汉人为之驱除。辽、金、元三朝皆如此，辽之得幽蓟十六州，乃中国自赠之，其亡石晋，则赵延寿为之先驱。金自陷汴京后，所用者多河北人，兼收用北方群盗。元人之攻宋，为之发策者，亦刘整之徒也。而清之于三藩为尤著。同前。

（三）讲第三节：起“圣祖即位”，至“安南亦奉贡”止。清初势力，在黄河流域最为稳固，至长江流域次之，至粤江流域，则专恃降人即三藩。为之戡定。其势力实属有限。故明亡之后，仍以封三桂等，使镇摄之。未能遽用其亲信之臣也。三藩中，惟三桂兵力为最强，然暮气不振，不能用其下弃滇北上之策，致始终局促南方，不能越湖南一步。至耿、尚二藩，则本无能为，故卒为清所戡定。然圣祖之能临大事，遇变不挠，则于此可见矣。清之用兵塞外，最大者有四事：（一）服喀尔喀，（二）灭准噶尔，（三）平回部，（四）定西藏是也。喀尔喀之服，在圣祖时。而西藏之定，亦于是时肇其端。清圣祖时，俄人在东方之势力尚未张大，故尼布楚之约，未敢与清廷固争。然清廷自此以后，未能注意于东三省及外蒙古之边务，亦为失策。同前。

（四）讲第四节：起“世宗立”，至课末止。清塞外兵事，始终以准噶尔及西藏之第巴桑结为枢纽。事实均见第四册。桑结既死，乱源已去其半。而高宗时，准部复内乱，遂因而亡之，则乱事可云大定。然复有继此而起者，则回部是也。回部虽未能统一，然其人民之性质，极强悍坚忍。而大、小和卓木，本其教主摩诃末之裔，又有以坚其信仰之心。故亦颇烦兵力，然后戡定。清初用兵西北，皆极胜利。至其用兵南方，则不能如西北之得手。如安南之役是也。而大、小金川一役，丧师糜饷尤巨。固由中叶以后，兵力渐衰。亦可见其用兵塞外，常有天幸一语，非史家之诬词矣。高宗之时，为清室极盛之世。然兵力之弱，财政之窘，民生之困，种种已伏于此时。至其末年，而乱事遂以猝发。同前。

（丙）整理

（一）回讲：同前。

（二）约述：同前。

（三）联络比较：[一] 清初起时势力与金之比较。[二] 清入主中国与元之比较。[三] 清经略塞外与汉唐之比较。

（四）思考：[一] 漠南、蒙古之亡，与明清之强弱有何关系？[二] 明福、鲁、唐、桂诸王，何以终不能自立？[三] 清廷何以必用三藩之兵乎？[四] 使准噶尔不自乱，清廷亦能亡之否？使准噶尔、喀尔喀与青海、西藏，均为强固之结合，则形势如何？[五] 高宗用兵南方常不甚得利，何也？

（五）作表及绘图：[一] 使作本课简表如下：

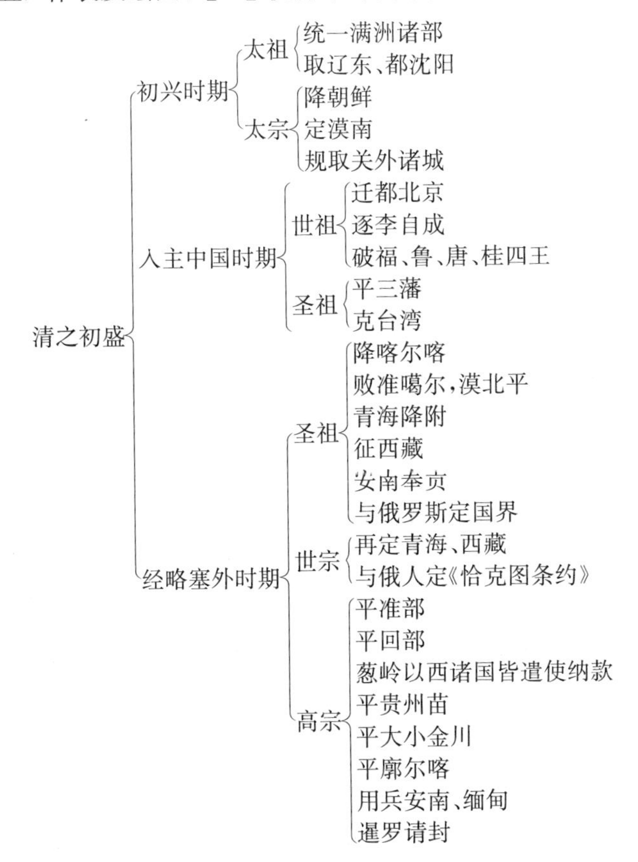

[二] 使仿绘本课附图。

第十四　清之中叶(二时间)

教材

清之入主中国也，以威力迫人民剃发，不从者斩。群情不附，乃为收拾人心计，仿行科举，征聘遗老，纂修书籍，建阁藏《四库全书》，诞敷文教。然文字之狱，亦屡起于是时。高宗晚年，任用和珅，黩货乱政，官吏因之贪暴，遂起苗乱。及仁宗受禅，教匪海贼，相继作难。用兵十年，始次第就平。后又有天理教匪，交通内监为变。幸巨魁就捕，不久即定。宣宗立，回酋张格尔叛，西征数年，始渐平定。而欧洲交涉，亦自此始，鸦片一战，偿金割地，遂开后世外侮之端。及其末年，洪秀全又起事于金田在今广西桂平县。矣。文宗即位，秀全进据永安，今广西蒙山县。号太平天国，自称天王，其势日炽。旋出广西，攻湖南，下武昌，拥众而东，据江宁为都城，分兵北上，清与相持，互有胜负。而北方之捻，云南之回，亦相继骚乱，清无如何也。同时又有外患，英法联军，南陷广州，今广东番禺县。粤督被虏，北入京师，文宗出避，许其要求，与之订约，乃退。俄人乘间订《瑷珲》、《北京》二条约，取黑龙江北，乌苏里河东地。穆宗立，陕、甘、滇三省及新疆，又有回乱。然自曾国藩练湘军，设长江水师以来，至是叠克沿江要害，洪氏势孤，江宁遂克复。既而各省之捻匪叛回，以次平定。论者谓之中兴，惟新疆之回，势仍猖獗，俄人且乘机进占伊犁今新疆绥定县。焉。

要旨

授以嘉庆至同治时之内忧外患，使知清朝衰弱之真相。

预习

笔记：复习第四册第十九至二十四课。

教授次序

(甲) 预备

(一) 检查预习：同前。

(二) 指示目的：中国现在之情势，其起因皆在清中叶时。本课授其事。

(乙) 提示

(一) 讲第一节：起课首，至“亦屡起于是时”止。自清以前，外夷入主中国，未有迫汉人全易其衣冠，从其剃发之俗者。辫发为北族旧俗。有之，自清始。清廷之纂修书籍，建阁藏《四库全书》，虽于诞敷[①]文教，亦有微劳。然书籍之为其所毁弃者，亦不少。所谓禁书是也。凡排除异族，光复故国，其思想之源泉，恒出于中流社会。故清廷之仿行科举，征聘遗老，又大兴文字之狱，均以收拾士林之心，及摧折

① 诞敷：遍布，散播。

士气为主。同前。

（二）讲第二节：起“高宗晚年”，至“又起事于金田矣”止。高宗时，兵役之频繁，南巡之骚扰，固均足为致乱之源。然其乱源最大者，则实为和珅之专政。盖珅之黩货，为前古所未闻。其时中外官吏，为贿赂和珅起见，不得不刻剥人民，而乱机遂至四伏。其起于西南者，则为苗乱。起于东南者，则为海贼。起于中原者，则为川楚教匪。其后林清之变，事亦与川楚教匪相承。动乱遍于天下，其原因则一贯也。张格尔之变，清廷兵力虽竭蹶，犹克勉强戡定。盖袭康雍乾三朝之余威使然也。时葱岭以西诸国，未敢力助张格尔，即由慑于中国旧时威力使然。鸦片一战，遂为后此外交屈辱之始。

（三）讲第三节：起“文宗即位”，至课末止。清代有二大内乱：一川楚教匪，一洪杨之军是也。而洪杨之势，较川楚教匪为尤盛。当时洪氏定都金陵，即江宁。几与清廷成南北对抗之势矣。洪氏之所以终于失败者：一由其初起时北出之军，为僧格林沁所歼灭，未能直捣清廷之巢穴。二由其定都金陵后，沉溺晏安。三由其始起诸王，互相残杀。而当时湘淮诸军之勇悍，与夫诸将之智勇兼备，亦不可没。广州之陷，督臣之被虏，甚至首都沦陷，乘舆播迁。实为我国之最大耻辱。而《瑷珲》、《北京》二条约，损失尤巨。可见外患必乘内乱而起。洪杨既崛起于南，捻匪又骚扰于北，加以陕、甘、云南之回乱，当时内外十八省，实无一省无兵祸。然卒克戡定，不可谓非清廷之幸事。同前。

（丙）整理

（一）回讲：同前。

（二）约述：同前。

（三）联络比较：[一] 清政治与元之比较。[二] 和珅与明严嵩之比较。[三] 川楚教匪与洪杨军之比较。[四] 陕甘云南回乱与天山南路回乱之比较。

（四）思考：[一] 清廷收拾人心之政，果有效否？[二] 朝有黩货之臣，何以常至引起内乱？[三] 文宗时动乱遍全国，何以卒克戡定？[四] 咸丰时设无内乱，对英法之交涉，亦至如此失败否？[五] 穆宗果克当中兴之称否？

（五）作表：使作本课简表如下：

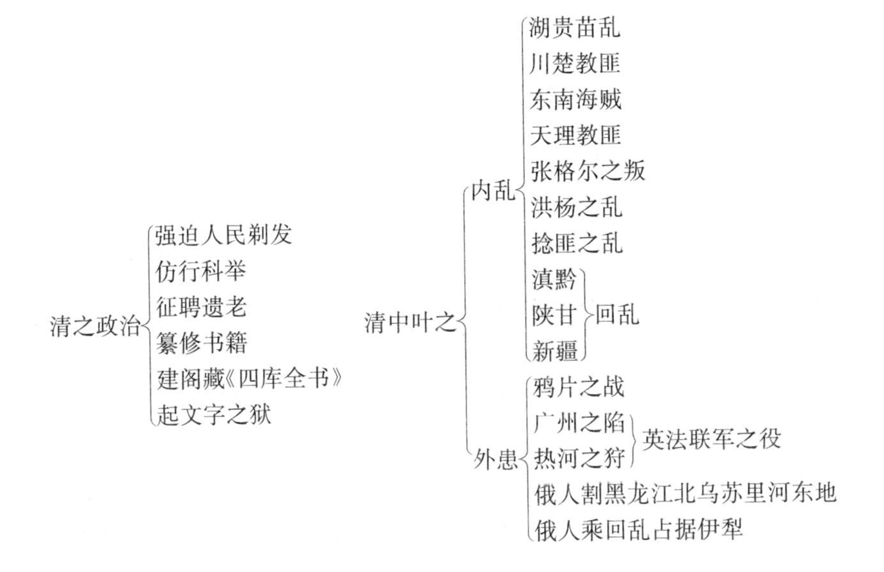

第十五　清之季世(二时间)

教材

德宗初立，孝钦太后听政。左宗棠先平回乱，继与俄人交涉。曾纪泽使俄力争，乃得偿款返地。未几，又有中法之战，承认越南为法保护国，乃和。而日县[①]琉球，英亡缅甸，清皆不能问。及德宗亲政，中日交战，大败议和，朝鲜脱藩，台、澎永让。英、俄、德、法相率索租胶州湾、旅顺、大连湾、威海卫、广州湾、九龙诸海港，国势大蹙。适康有为等倡变法维新之议，遂擢用之。规画未竟，而守旧派怂恿太后，重出听政。杀新党谭嗣同等六人，尽罢新政，有为逃海外，是为戊戌政变。未几，北方有拳匪之乱。拳匪设坛演拳，诡言不畏枪炮。愚民信之，党徒益众，遂传入京师。守旧派载漪、刚毅等，纵令为无意识之排外，攻各国使馆，戕德使及日本书记。于是英、法、俄、德、美、日、意、奥八国联军赴援，直陷京师。太后、德宗西奔西安，今陕西长安县。命奕劻、李鸿章议和，赔款谢罪。及联军退，两宫始反，自是渐次举行新政。寻日俄起衅，以满洲为战场，清不能问，中立而已。其结果俄为日败，于是国人竞言立宪，因日本以立宪胜也。清

① 县：以……为县。

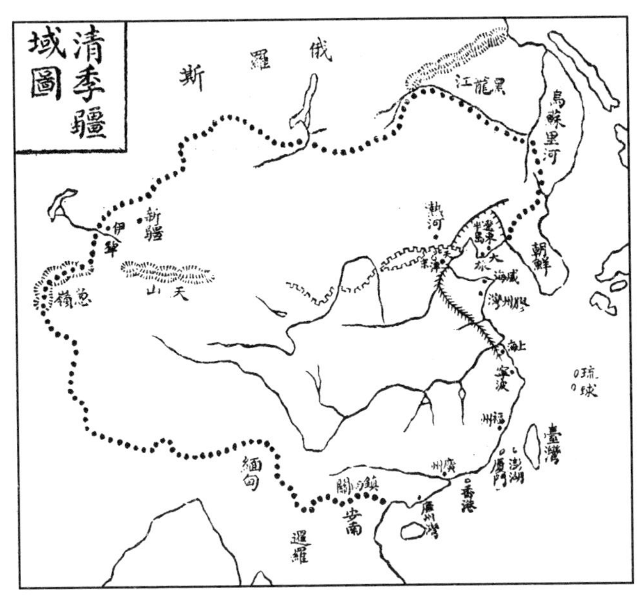

清季疆域图

遂下预备立宪之诏，未及实行，德宗、太后皆卒。宣统帝立，亲贵用事，朝政益乱。其三年秋，武昌革命军起，各省响应。清惧，下诏逊位，清亡。乃以人民公意，定民主立宪政体，是为中华民国。

清世系表：

太祖努尔哈赤——太宗皇太极——世祖福临——圣祖玄烨——世宗胤禛——高宗弘历——仁宗颙琰——宣宗旻宁——文宗奕詝——穆宗载淳——德宗载湉——宣统帝溥仪凡十二君二百九十六年。

要旨

授以光宣二朝之事，使知清之所以亡。

准备

清季疆域图。

预习

笔记：复习第四册第二十四至二十九课。

教授次序

（甲）豫备

（一）检查预习：同前。

（二）指示目的：前课所授，为清自中叶后衰乱之事。本课所授，则清末世之衰乱以致灭亡之事。清之亡，则民国之所由建也。

（乙）提示

（一）讲第一节：起课首，至“是为戊戌政变”止。光绪以后之外交，惟争回伊犁一役，差强人意。此后则失败更甚。而此役之所以受亏较小者，实缘左宗棠新定天山南北路，军声颇振，俄人未敢轻视故。可见外交必恃兵力为后盾。中国前此，茫然不知外情。自经鸦片战役，及咸丰庚申两次之巨创，始略知外人之足畏。又剿平洪杨时，尝借用洋兵。当时将帅，缘是深知外人兵力之强。洪杨定后，遂有陆军改练洋操，及振兴海军之举。然成师未几，遽败于马江。于是中国军政，虽行改革，究不足与外人敌之端倪见矣。然马江败后，中国仍振兴海军，陆军亦貌为整顿。各种新政，亦有枝节仿行者。外人尚未敢轻量也。自甲午一败，而积弱腐败之情形，始尽暴露于天下。

于是瓜分及保全之论，相继而起。中国士大夫愤国势之不振，始有言变法者，于是有戊戌政变之举。故甲午一役，实为中国对外情势变迁之枢纽，亦为国内变更动力之源泉。同前。

（二）讲第二节：起“未几”，至“自是渐次举行新政”止。拳匪即白莲、天理等邪教之支流余裔，以愚民迷信之故，乃至酿成千古未有之奇变。足见迷信为祸之烈。而其事，实出诸守旧大臣之纵容。可见立朝者昏庸之害。然溯其原，则实由太后与德宗不和，意存废立，有以激成之。可知君主专制之弊矣。戊戌变法，颇有精神。辛丑以后，貌行新政，则特以纵容拳匪，辱国殃民，无以自解于天下，乃以此塞人民之望而已，非其心之所欲也。故行之绝无精神，未享其利，或转以贻害。同前。

（三）讲第三节：起“寻日俄起衅”，至课末止。戊戌以后，人民群望举行新政。辛丑以后，新政行矣，而国事之败坏如故，或更甚焉。于是人民知政治之不良，其弊由于政体，乃有立宪之议。又得日俄之胜负，以为之证明，于是立宪之议大炽。清廷亦知民心之不可逆也，乃貌言豫备立宪以慰安之，而阴实行其专制之策。人民始犹属望于皇室之改图，及德宗、孝钦相继崩殂，宣统即位，载沣监国，亲贵用事，朝政之乱益甚于前。人民于是望无可望，忍无可忍，遂群起而图革命。革命易姓者，历史上多矣。革命而创民主，此我国前此所未闻。有之，自辛亥之役始。要之近二十年来，始焉为变法维新时期，继焉为改革政体时期，终焉乃入于改革国体时期。舆情[①]之变迁，固历历可睹。而清室之措施不善，有以自取灭亡，亦无可讳言矣。同前。

（丙）整理

（一）回讲：同前。

---

① 舆情：舆论情况。

（二）约述：同前。

（三）联络比较：[一] 伊犁交涉与《尼布楚条约》，及咸丰《北京》、《瑷珲》两条约之比较。[二] 戊戌政变，与宋神宗变法，及元祐复行旧法之比较。[三] 拳匪与白莲、天理教匪之比较。[四] 庚子之役与咸丰、庚申之役之比较。[五] 辛亥革命，与前此易姓革命之异同。

（四）思考：[一] 同光以后，清亦从事练兵，然不免于败北，亦较前此略知外情，然交涉仍不免于失败。何也？[二] 设使戊戌新政不被推翻，中国今日情形如何？[三] 设使清室真能立宪，可不至灭亡否？

（五）作表及绘图：[一] 使列本课简表，如下：

清季之政治
- 戊戌政变
- 辛丑后复行新政
- 预备立宪
- 辛亥革命

[二] 使仿绘本课附图。

第十六　清之外交(三时间)

教材

清初兵力甚强，罕与外国交接。惟俄以壤地相错，圣祖与订《尼布楚约》，世宗与订《恰克图约》，勘界而通商。自宣宗之世，以鸦片之战与英订《江宁条约》，是为外交失败之始。自是以后，外交之事渐繁，或遣信使，或通往来，多为寻常之缔盟。及文宗时，有英法之约，有俄人之约，交涉乃无一不败。穆宗继立，订约通商，列国踵至。及德宗时，交涉在在屈辱。俄乘回乱，占及伊犁，遣使争回，偿以卢布。此其一。琉球旧属，日本灭之。此其二。法败安南，往援无功，扰及闽粤，承认脱藩。此其三。英灭缅甸，不能力争，十年一贡，只拥虚名。此其四。朝鲜内政，日本干涉，清军与战，海陆俱败，于是割台、澎地，偿银二万万三千万两，认朝鲜自主。此其五。德租胶澳，后于民国十一年收回。俄租旅大，英租威海卫，拓九龙界址，法租广州湾。沿海军港，悉落人手。此其六。愤于积弱，听拳匪排外，而八国联军攻入京师，于是严惩首祸，遣使谢罪，赔款四万万五千万两，撤毁炮台，许各国屯兵境内。此其七。他如满洲开放，西藏被兵，以及勘界蹙地，税权旁落，路矿让与，尤难历数。及宣统立，日并朝鲜，英侵片马①,警告频闻,而清帝已逊位矣。

要旨

授以清代外交之失败,使知现在对外情势之由来。

预习

笔记:复习第四册第二十及第二十三至二十七课。

教授次序

(甲) 预备

(一) 检查预习:同前。

(二) 指示目的:外交之失败,为清衰亡之一原因。而其遗害,至今日犹蒙其影响也。前已授其大略,今更贯串其始末,以授汝等。

(乙) 提示

(一) 讲第一节:起课首,至"勘界而通商"止。自西力东渐以前,中国邻敌,非小国,即游牧部落,即其兵力甚强,而文化固远逊于我,自西力东渐,而形势乃一变。中国犹以故态遇之,此其所以失败之总原因也。康熙雍正时,俄人东侵之力,尚未甚充足。而清袭开国之余烈,兵力尚强。故交涉未甚失败。至鸦片之战,而情见势绌矣。同前。

(二) 讲第二节:起"自宣宗之世",至"交涉乃无一不败"止。西力东渐,凡分两路:一为陆路,自东欧越乌拉岭而来。一为海路,自西欧经印度洋而至。鸦片战役,则西人自海路来势力发展之始也。《北

---

① 片马:位于云南西部,中缅两国边界处。

京》、《瑷珲》两条约，则西人自陆路来侵略成功之渐也。贩运鸦片，固为英人之无理，然我国前此对英交涉，亦多不合公理者。其大原因，则在以天朝自居，而以朝贡国待人。坐是故，每与人争无谓之礼节，而实际交涉之策，反置不讲。又其时于外国情形，全然不晓。绝不知何谓世界，何谓列国。因暗[1]生疑，因疑生畏。于外人之来华通商者，辄加以种种无谓之限制，于是两国间猜疑丛积，而兵端不能不启矣。此可见外交之事，所最忌者为蒙昧不知外情。而《北京》、《瑷珲》两条约，贸然举三百万方里之地而断送之，更无论矣。同前。

（三）讲第三节：起"穆宗继立"，至课末止。清廷于边疆之地不甚措意，故《北京》、《瑷珲》二条约，丧地至三百万方里。而回乱一起，俄人复乘机占据伊犁，致来交涉之困难。向使平时留意国防，注重边务，固不至此。此可见外交之失败，仍由于内政之不修。清廷于藩属，向亦不甚注意。琉球、安南、缅甸之亡，及日本之干涉朝鲜，其原皆在于此。法越之役，我国海军虽败，而陆军胜利。法国是时，议院多不主战，政府势甚岌岌。乃有机会而不能乘，仍订损失屈辱之条约，实为失机可惜。日本之侵略朝鲜，实以俄据黑龙江北之地，势力日益扩张。为自卫计，不得不然。于是有甲午之役。中国士大夫，耻以大国而败于小夷。当战时，即有联俄拒日之议，及事后实行其政策，于是有中俄密约。有中俄密约，而后有各国纷纷租占军港之事。而后庚子拳乱，俄人乃乘机占据东三省，于是有日俄之战。有日俄之战，而后东三省乃成今日之情势。俄人既失败于东，思取偿于西，于是俄蒙交构之消息日恶，而西藏喇嘛亦有被俄人煽惑之说。英人为保卫印度起见，于是有入藏之举，其余波迄今未已。于是有民国以来蒙藏之交涉。此其荦荦大者，其他权利之丧失，荣誉

---

① 暗：指愚昧，昏昧。

之堕落，则皆其相因而至者也。骤观之，似外力之日逼日紧，而推寻因果，则事事皆线索相承。可见外交之失败，实由措置之乖方。而一端之措置偶违，即贻后来以无穷之患。此当外交之冲者所为可惧。而历史因果之学，所以能益人智慧，而资其鉴戒也。同前。

（丙）整理

（一）回讲：同前。

（二）约述：同前。

（三）联络比较：[一] 清代外交与前代之异点何在？[二] 清割吉、黑二省之东北地，与石晋割幽蓟十六州之比较。[三] 失藩属与割地之比较。[四] 租借地与割让地之比较。与地理科联络。

（四）思考：本课所述清代外交之失败，其总原因何在？其每一事之分原因又何在？试以意述之。

（五）作表：使作本课简表，如下：

- 清之外交
  - 圣祖—与俄订《尼布楚条约》
  - 世宗—与俄订《恰克图条约》
  - 宣宗—鸦片战役
  - 文宗
    - 英法联军陷京城
    - 俄人割黑龙江以北，乌苏里江以东之地
  - 德宗
    - 俄占伊犁，遣使争回，偿以卢布
    - 日本灭琉球
    - 法灭安南
    - 英灭缅甸
    - 与日战败，割地、偿款，认朝鲜自主
    - 德租胶澳，俄租旅大，英租威海卫，法租广州湾
    - 八国联军入京师，遣使谢罪，赔款四万万五千万两
    - 满洲开放
    - 西藏被兵
    - 勘界蹙地
    - 税权旁落
    - 路矿让与
  - 宣统
    - 日并朝鲜
    - 英侵片马

第十七　清之政教学术(三时间)

教材

清初以内阁掌机务，六部九卿分理国政，类皆满、汉人参用。世宗时，大权改归军机处。至德宗朝，屡有改并，增设外务、民政、邮传、学、农、工商等部。宣统嗣位，预备宪政，设内阁总理及十部大臣。外官有督抚、司、道、府、厅、州、县，又有审判、检察等厅。兵制初用旗兵，内为禁旅，外为驻防。各省汉兵，则为绿营。洪秀全之乱，改为练军①，又设水师。德宗之世，始创海军。及中日战败，海军既歼，拟用征兵制，练陆军为三十六镇，未尽实行也。清初赋税，略沿明制，地丁并重。圣祖诏滋生人丁，永不加赋，遂并丁于地。征商则初设常关，继设海关。及文宗时，军需孔急②，始设卡抽厘，谓之厘金。拳匪乱后，摊还赔款、房铺、烟酒、印花诸税，亦相继举办。刑制无异前代，惟预备立宪时，有编订新刑律之举。学制以科举盛行，故虽京师有国子监，各府县有学，等于虚文。及德宗举行新政，各等学堂，次第兴起。儒者自三大儒顾炎武、黄宗羲、王夫之。以下，理学有汤、斌。陆、陇

---

① 练军：仿照湘军、淮军营制编练的军队。

② 孔急：非常急迫。

其。经学有阎、若璩。胡，渭。直兼汉宋两代之长。其余宗教，则有因本来固有，听其自由者，曰佛教、道教。因种族习惯，加以整理者，曰喇嘛教、回回教。因外交关系，计之流传者：曰天主教、耶稣教。若白莲、天理诸邪教，则以法令禁止之。文学之著者，古文有桐城、方苞、姚鼐。阳湖，恽敬。诗学有南施、闰章。北宋，琬。而史之万、斯同。马，骕。地理之顾、祖禹。魏，默深。算数之梅、文鼎、瑴成。华，蘅芳、世芳。又与科学有合。美术首推书画，若翁、方纲。刘、墉。梁、同书。王，文治。若三王、时敏、鉴、翚。吴、历。恽，格。皆擅重名。而工艺出品，玉瓷牙漆，均称特色。其他关于物质文明者，自欧学东来，仿行日众。

要旨

授以清之政教学术，俾知近世治制及社会情形。

预习

笔记

教授次序

（甲）预备

（一）检查预习：同前。

（二）指示目的：现今之政教学术，皆承之于清。故清代之政教学术，实研究历史者所不可不知也。本课授其事。

（乙）提示

（一）讲第一节：起课首，至“又有审判、检察等厅”止。汉代相职最崇，魏晋而后，权归尚侍等官。明代不设宰相，其后实权乃归于内阁。清代因之。雍正而后，实权又归于军机处。至清季世，改订官制，内官[①]既非复六部之旧，户部改为度支部，兵部改为陆军部，刑部改为法部，工部并入农商部，惟吏、礼二部仍旧，而礼部则以太常、光禄、鸿胪三寺并入焉。此外增设者为外务部，以总理衙门改。理藩部，以理藩院改。又增设巡警部，后为民政部，及学、邮传二部。而内阁亦设总理大臣。是为清世官制一大变革，采近世各国所行之制者也。至于外官[②]，则于明所设布政使司之上，更设总督、巡抚，虽非治民之官，然布政实权，浸为所夺。至审判、检察等厅，则亦季世所增设，以采取司法独立之制也。

（二）讲第二节：起“兵制”，至“未尽实行也”止。清初用八旗之兵。正黄、镶黄、正白、镶白、正红、镶红、正蓝、镶蓝。其后征服蒙古，及得明降人，均使服兵役。故满洲八旗外，又有蒙古八旗及汉军八旗。入关以后，以汉人编制成军者，以绿旗为号，故曰绿营。三藩之平，即多得绿营之力。及川楚教匪之难，绿营举不足用，于是始用乡兵。洪杨之难，亦借湘淮诸将帅。各募其乡里子弟以从军，是为勇营。而长江水师之制，亦创于是时。海军创于光绪朝，初败于甲申，继歼于甲午之役，几于不能成军。至其末年，拟仿行各国征兵之制，常备三年，续备三年，后备四年。练陆军三十六镇，未及成军而亡。同前。

（三）讲第三节：起“清初赋税”，至“有编订新刑律之举”止。清初丁税，本有编审之法，五年一举，丁增而赋亦随之。康熙二十四年，始诏以本年丁册为准，以后新增者，为盛世滋生人丁，但报实数，永不加赋。至雍正五年，遂并丁银于地粮。至征商，则有常关、海关二种。常关设于内地，就经过之物品而税之。海关以税外国贸易出入之货。而常关之外，又有厘金，则洪杨乱时所创，本期事平即行裁撤，然遂相沿至今。清代法律，本与前代无异。光绪二十八年，始有参照各国法律修正之

① 内官：中央官职。
② 外官：地方官职。

举。至豫备立宪时，又另行编订新律，然亦未及实行。同前。

（四）讲第四节：起“学制”，至“次第兴起”止。清代学校科举制度，亦与明代大同。戊戌变政，始诏设立学校，废八股文，改试策论。政变后复之。辛丑回銮后，复废八股，试策论。已而废科举，又颁定学制。其后并于内设学部，外设提学使，以领教育行政焉。同前。

（五）讲第五节：起“儒者”，至“则以法令禁止之”。清代学术，凡分三派：一为汉学派，一为宋学派，一为汉宋兼采派。而宋学中仍有程朱、陆王二派之别，汉学中又有主东汉经师与上溯西汉之殊，其学术可谓兼有汉宋两代之长。而古学湮晦，时逾千载，得清儒之深思博考，而涣然复明，不可谓非学术史上一异彩也。清代崇尚喇嘛教，以怀柔蒙、藏，颇得其效。至回族，亦听其信教自由，故能相安无事。惟对于天主、耶稣教士，中国只有保护之责，而无管束之权，于国际上颇不平等，然亦与宗教无涉也。同前。

（六）讲第六节：起“文章之著者”，至课末止。明代文体颇敝，清儒始求义法于古。方苞、姚鼐皆桐城人，故师其义法者称桐城派。阳湖派则又私淑桐城派之义法者也。以诗名家者，无虑千余，而南施、北宋为最著。史学则马骕之《绎史》，万斯同之《历代史表》。地理则顾祖禹之《读史方舆纪要》，魏默深之《海国图志》，此书在今日虽陈旧，然为中国人周知外情之始。均为极有名之著作。而书法则自唐宋而上溯六朝汉魏。画学则山水、人物、花鸟，各有擅长。算学如梅文鼎、华蘅芳等，又能调和中西二法。盖清代一切学术，皆视唐宋元明为胜。其能迎受欧西之新学，亦旧时学术界之昌盛，有以使之然也。同前。

（丙）整理

（一）回讲：同前。

（二）约述：同前。

（三）联络比较：[一] 内阁与汉代宰相之比较。[二] 郡县与监司,监司与督抚之比较。[三] 征兵与练兵孰优?[四] 常关与海关之异同。[五] 新旧刑律之异点。[六] 固有之国子监、府县学等,与后来创设之学校,异点安在?[七] 清代宗教与唐代之比较。[八] 清代学术与唐宋元明之比较。

(四) 思考:[一] 清季于各种制度均有变革,何以仍不能救亡?[二] 并丁于地为宽政欤,抑徒以优无业之民?[三] 既有常关,复课厘金,重复否?[四] 何以有科举,学校即同虚设?[五] 白莲、天理诸教,何以不能听人自由信仰?

(五) 作表:使作本课简表如下:

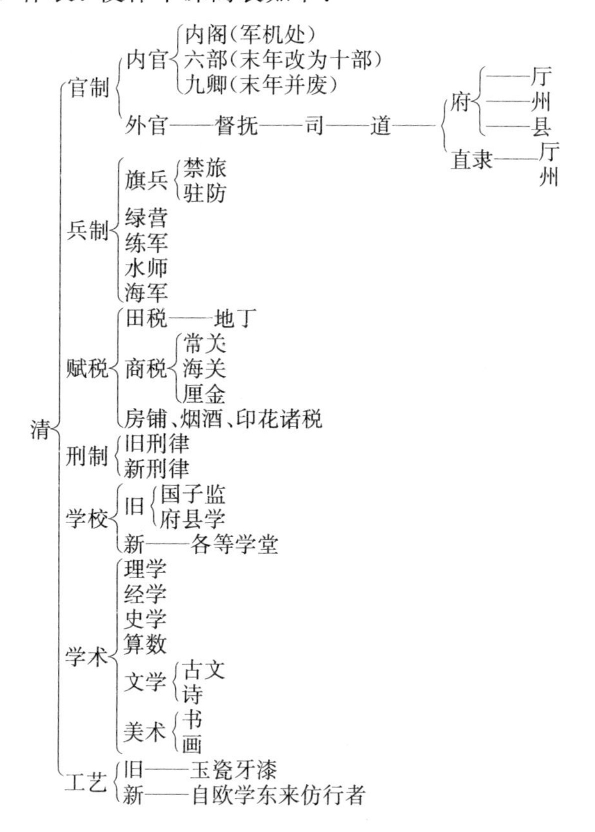

第十八　中国历史结论(一时间)

教材

中国之历史，至有荣誉之历史也。自黄帝以来，举凡民生日用所资，与夫国民所托命之声名文物，无不随世运而进步。及秦汉以降，又创成大一统之规模，使国基日臻巩固，卓然为东亚名邦。虽其间亦有纷争割据，或竟为外力所侵逼，然不久即复于其初，且因以收绝域为一家，致他族于同化。此其日辟百里，谓非先民之遗泽，足为历史光者欤！所可慨者，近数十年间，外侮洊至①，稽诸纪载，国耻较多。然前事不忘者，后事之师也。但使居于中国之人，各爱敬其固有之历史，力求所以不坠荣誉，则多难兴邦，古今来数见之矣。读史者，其知所自处哉！

要旨

授以中国历史结论，以统括前此所授各课。且使知爱敬中国之历史，以兴起其爱国之心。

---

① 洊至：接连而来。洊，再，又，接连。

预习

笔记：复习第五册第一、第六及第九、第十九、第二十，第六册第十一、第十二、第十七各课。

教授次序

（甲）预备

（一）检查预习：同前。

（二）指示目的：凡一国民，必自爱敬其历史。中国之历史，则至有荣誉之历史也。今统括其义，以示汝等。

（乙）提示

（一）讲第一节：起课首，至“卓然为东亚名邦”止。自黄帝战胜蚩尤，大辟土宇，而中国民族，克自树于神州大陆之基础以固。至秦汉两朝，而中国为一大国之规模遂定。国家之发荣滋长，于其社会之文化，最有关系。葱岭以东，古代错处之民族，盖亦十数。惟中国独能发荣滋长，成一大国者，以其文化独优也。同前。

（二）讲第二节：起“虽其间亦有纷争割据”，至“足为历史光者欤”止。国家之灭亡与否，以国民性之销失与否为断。中国国民性，最为强固。异族如五胡，如辽、金，虽尝割据中国土地之一部分，或占据其半。如元、清，虽尝入主中国。然中国之国民性，丝毫未尝消失。故中国自建立以后，实未尝暂亡。现今立国，民族血系，不贵单纯。中国国民，以其同化力之强大，能合异族为一家，实为广土众民之本。同前。

（三）讲第三节：起“所可慨者”，至课末止。近世所遇之外敌，与前古异。前此所遇，非小国，即游牧部落，兵力虽强，文化固远逊于我。现今所遇，则皆组织完美，文化发达之国家。故近数十年，外侮荐至，亦为前此所未有。惟多难兴邦，古有明训。我国家在历史上，根柢至为深厚。苟能人人宝爱其历史，以发扬其爱国之心，而又能臧往知来，以增益其智慧。则今后历史之荣誉，又将开前古未有之局矣。同前。

(丙) 整理

(一) 回讲：同前。

(二) 约述：同前。

(三) 联络比较：[一] 历史中所授之异国，有建国之久，土宇之广，文化之优，如我国者否？[二] 近世所遇之外敌，与前此所遇者，异点何在？

(四) 思考：[一] 使中国之文化，不能随世运而进步，能至今存否？[二] 设无秦汉之大一统，中国亦能成为一大国否？[三] 设为外力所侵逼，而不能复其初，则如何？[四] 爱敬固有之历史，力求不坠荣誉，其道当如何？

(五) 作表：使作本课简表如下：

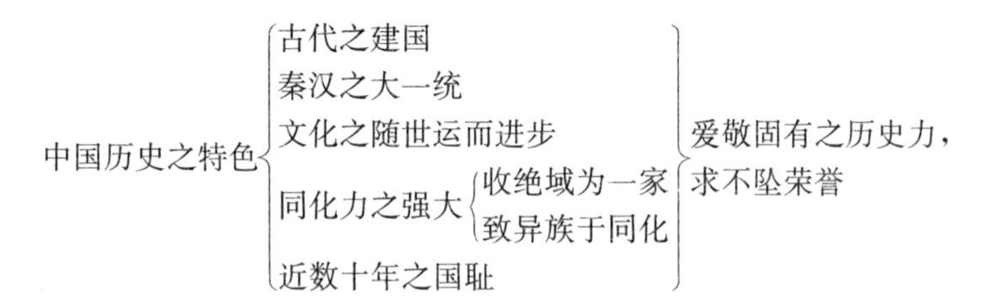